식인문화의 수수께끼

식인문화의 수수께끼

마빈 해리스 지음　정도영 옮김

마빈 해리스 | 문화인류학 3부작 · 2

한길사

CANNIBALS AND KINGS
The Origins of Cultures

by Marvin Harris

translated by Chung Dawyung

급속하게 멸종된 거대동물
구세계와 신세계에서 생활양식이 발전하는 추이가 달랐던 이유는
거대동물이 멸종된 뒤 두 세계에는 서로 다른 종류의 동식물이
군생을 형성해 존재했기 때문이다.

빌렌도르프의 비너스
2만 4,000년 전에 만들어진 구석기시대의 조각이다.
늘 기근의 위협에 시달리던 당시에는
풍만한 몸은 축복이었으며 다산을 의미했다.

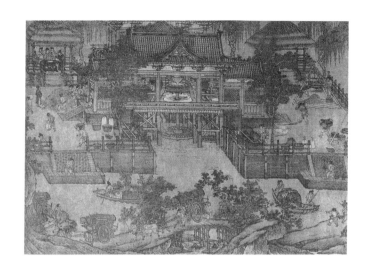

수력사회였던 송나라

새로운 지도자들은 제국적 부를 누리기 위해 수로를 수리하고
운하를 청소하고 제방을 재건하는 등
수력을 이용하는 수리관개의 생산양식을 회복시켜야 했다.

인간을 제물로 바치는 희생의식
주인들은 포로의 머리채를 잡아당겨 질질 끌고 가서
희생의식의 돌제단 위에 올려놓고 포로들을 죽였다.

굽실거리는 중국인

국가의 권위 아래서 사람들은 처음으로 머리 숙이고 절하는 법,
기어가며 무릎 꿇는 법, 머리를 조아리며 굽실거리는 법을 알게 되었다.
국가의 탄생은 이 세상이 자유상태에서 예속상태로 내려앉는 것을 의미했다.

멕시코를 징복한 코르테스

코르테스와 그의 동료 디아스는 멕시코의 아스테카왕국을 정복한다.

그곳에서 아즈텍족이 종교의식을 치르며 사람을 잡아먹는 것을 목격한다.

그들은 사람의 심장을 꺼내 먹었고 사람의 피를 마셨다.

모계사회를 시사한 헤로도토스
헤로도토스는 리키아인에게 아버지의 성이 아니라
어머니의 성을 따르는 기이한 풍습이 있었다고 말한다.
이는 고대에 모계사회가 있었다는 것을 강력히 시사한다.

공장에서 일하는 어린아이

작업장이 공장으로 옮겨지자 임금을 적게 줄 수 있고
성인보다 더 고분고분한 아이들이 노동의 중요한 공급원이 되었다.
따라서 산업혁명 초기에 유아사망률이 감소한 것은
식사, 주거, 보건이 전반적으로 상당히 개선되었기 때문이 아니라
아동노동에 대한 수요가 증가했기 때문이다.

이 세계를 의식적인 방향으로

변화시키기 위해서는

우선 이 세계가 어떻게 생겼는지를

의식적으로 이해해야 한다.

■마빈 해리스

물질적 과정과 도덕적 선택 사이에서
옮긴이의 말

이 책은 미국의 저명한 문화인류학자 해리스(Marvin Harris)의 『식인과 제왕: 문화의 기원』(*Cannibals and Kings: The Origins of Cultures*, Random House, 1977)을 번역한 것이다.

부제를 보면 알 수 있듯이 해리스는 구석기시대부터 산업사회 후기인 오늘날에 이르기까지 시대와 지역에 따라 수없이 다양한 문화유형을 더듬어가면서 각 유형의 특성·발전·쇠퇴·소멸의 배후에 있는 원인을 일관성 있는 논리로 설명한다. 그런 점에서 인류역사에 대한 문화인류학적인 통사인 이 책은 해리스의 여러 저서뿐 아니라 인류학계 전체를 통틀어 매우 독특하다.

해리스의 저서는 크게 두 범주로 분류할 수 있다. 한 범주는 여러 사례를 연구한 성과에 근거를 둔 에세이 형식의 글을 주제별로 묶어낸 것으로『암소, 돼지, 전쟁, 그리고 마녀: 문화의 수수께끼』(*Cows, Pigs, Wars and Witches: The Riddles of Culture*, Harper and Row, 1974; 박종렬 옮김, 『문화의 수수께끼』, 한길사)를 비롯해 『성스러운 암소와 혐오스러운 돼지: 음식문화의 수수께끼』(*The Sacred Cow and the Abominable Pig: Riddles of Food and Culture*, Simon &

Schuster Inc., 1985; 서진영 옮김,『음식문화의 수수께끼』, 한길사),『우리 종: 우리는 누구이고 어디서 왔으며 어디로 가는가』(*Our Kind: Who We Are, Where We Came From, Where We Are Going*, Harper Perennial, 1989) 등이 있다. 이런 책들은 인류학이나 인접 학문에 전문적인 소양이 없는 일반 독자도 흥미진진하게 읽을 수 있으며 인류학에 눈뜨는 계기가 될 수 있다.

또 다른 범주는 인류학 이론서다. 그의 유명한 저서인『떠오르는 인류학이론: 문화론의 역사』(*Rise of Anthropological Theory: A Histories of Theories of Culture*, Crowell, 1968), 대학교재인『문화, 인간 그리고 자연: 인류학 입문』(*Culture, Man and Nature: An Introduction to General Anthropology*, Crowell, 1971) 등이 이에 해당한다.

이번에 출간하는『식인문화의 수수께끼』는 이 두 범주 가운데 첫 번째에 해당한다. 누구나 재미있게 읽을 수 있는 에세이 형식의 글을 일관된 논리와 시각으로 재구성했다. 여기에서는 다른 저서에서 전혀 다루지 않았던 중남미 마야·잉카문화의 특이한 종교와 정치 그리고 식인풍습, 고대 아시아에서의 전제주의적 절대권력의 성립, 자본주의의 기원, 산업사회의 거품 같은 성격 등을 문화생태학적인 시각과 역사적 결정론의 관점에서 해부하고 설명한다.

해리스는 수없이 다양한 문화유형을 개별 지역이나 시대의 특수한 생태환경적 조건에 대한 인간의 적응형태라고 설명한다. 그는 다윈이 생물의 진화 과정을 설명하는 것처럼 문화유형의 진화 과정을 설명한다. 자연조건, 즉 생태환경은 인간의 의지나 희망과는 무관하고 시대와 지역에 따라 변하는 독립변수로 인간의 생존을 근본적으로 규정하고 제약하는 결정적 요인이다. 여러 문화유형은 자연도태와 적자생존의 과정을 거쳐 특이한 문화적 특성을 얻게 된다.

해리스는 문화발전의 과정을 이해하는 열쇠로 '생식압력(인구증가) → 생산증강 → 생태환경의 고갈 → 새로운 생산양식의 출현'이라는 도식을 제시한다. 이는 인간이 자연환경에 적응하며 자기조절하는 과정을 요약한 것으로, 가족제도, 재산관계, 정치·경제제도, 종교, 음식에 대한 기호와 금기를 포함한 음식문화가 진화하고 발전하는 원인과 결과를 이해하는 데 열쇠가 된다.

문화결정론자인 해리스의 관점이 가장 잘 드러나는 부분은 제9장 「식인왕국」과 제13장 「물의 올가미」다. 그가 이 책의 제목을 제9의 제목 Cannibal Kingdoms에서 따와 Cannibals and Kings로 지은 것도 이 장이 그의 문화생태학적 관점과 역사결정론적 관점을 가장 잘 나타내기 때문이다.

그러나 해리스는 자신이 인간의 창의력과 자유의지를 '결정된 과거'와 '결정된 미래'의 틀 속에 완전히 가두는 이른바 기계적 결정론자로 분류되는 것을 단호히 거부한다. 그는 "물질적 과정과 도덕적 선택의 관계는 확정성과 동일성의 관계가 아니라 확률성과 유사성의 관계"라고 말한다. 따라서 해리스는 "역사는 결정론적이지만 동시에 인간에게는 도덕적 선택과 자유의지를 행사할 능력이 있다고 아무런 어려움 없이 믿을 수 있다"고 선언한다.

문화결정론자의 관점에서 문화발전의 물질적 근거를 파헤치려는 노력의 결실 가운데 하나인 이 책은 미국에서 "이정표적인 작품"(『뉴스위크』), "인류의 문화와 사회의 흥망 과정에 대한 거역할 수 없고 무게 있는 해석"(『워싱턴포스트』), "활기차고 논쟁적인 글"(『뉴욕타임스』) 등의 찬사를 받았다.

해리스는 현대 미국의 가장 탁월한 인류학자로 꼽힌다. 1953년부터 컬럼비아 대학에서 학생들을 가르쳤으며, 미국의 수많은 대학에 초빙되어 강의했다. 1981년부터 플로리다 대학에 재직했고 미국 인류학협회의 인류학 분과회장을 맡았다. 그는 브라질, 모잠비크, 에콰도르 등에서 오랫동안 현지조사를 했으며, 문화생태학적·비교문화적 관점에서 식민주의와 저개발국가의 문제, 인종과 민족문제의 상호관계를 깊이 연구해왔다. 특히 이 지역의 가족생활을 녹화하는 데 성공해 관련 연구를 선도했다. 그는 자신감과 패기 넘치는 논객이기도 해서 여러 인류학 잡지에 열정적으로 기고하고 활발히 논쟁을 펼치며 과거 여러 인류학자의 생각을 서슴없이 비판한 것으로도 유명하다.

옮긴이는 이 책을 읽고 서투른 솜씨나마 우리말로 번역하면서 1994년 여름의 혹독한 더위를 비교적 즐겁게 보낼 수 있었다. 늦어진 작업을 기다려주고 세심하게 원고를 정리해주신 한길사 편집부의 노고에 깊이 감사한다.

서투른 솜씨가 원저의 가치를
손상하지 않았을까 두려워하면서
1995년 봄
정도영

식인문화의 수수께끼

일러두기

1 이 책은 해리스(Marvin Harris)가 쓴 *Cannibals and Kings: The Origins of Cultures*(1977)를 번역한 것이다.
2 독자의 이해를 돕기 위해 옮긴이 주를 넣고'—옮긴이'라고 표시했다.
3 원문의 이탤릭체는 고딕으로 표기했다.
4 라틴어, 그리스어, 히브리어는 이탤릭체로 표기했다.

프롤로그

　지난 수 세기 동안 서양은 물질적으로 끊임없이 발전할 것이라 믿으며 마음 편히 지내왔다. 우리는 자동차, 전화시설, 중앙집중식 난방 등이 오늘날의 생활이 할아버지 때의 생활보다 훨씬 편하다는 것을 입증한다고 생각한다. 우리는 발전이란 더디고 고르지 못하며 일시적인 후퇴를 겪을지도 모른다는 것을 알면서도 미래에는 지금보다 훨씬 편하게 생활할 수 있을 것이라고 믿는다.

　지금부터 약 100년 전에 형성된 대부분 자연과학이론은 이러한 믿음을 토대로 한다. 빅토리아시대 과학자들은 문화가 발전하는 과정을 마치 순례자가 가파른 산길을 헤매며 오르는 과정으로 보았다. 즉 정상에 다다른 문명화된 사람들은 저 아래 미개하고 야만스러운 '저급'문화가 앞으로 순례자의 길을 거쳐야 한다고 보았다. 빅토리아인들은 이른바 미개인들의 물질적 빈곤을 과장해서 생각했고 동시에 근대 산업'문명'의 효능도 부풀려 생각했다.

　그들은 구석기시대를 공포와 위험이 만연한 시대로, 낮에는 식량을 찾아 헤매야 하고 밤이면 칼날 같은 이빨을 드러내고 으르렁거리는 호랑이들을 피해 불편한 굴속에 숨어 있어야 했던 시대로 보았다. '야만적인' 우리 조상들은 곡물재배법을 터득한 다음에야 비로소 편안한 주거지를 짓고 취락을 이뤄 정착해 살 수 있게 되었다고 본다. 이어서 그들은 식량의 여유분을 저장할 수 있게 되고 나서야 새로운 아이디어를 생각해내고 그것을 실험해볼 시간을 얻게 되었다. 이렇게 해서 그들은 문자와 도시, 통치조직을 만들 수 있었고 예술과 학문을 꽃피울 수 있었다. 이윽고 증기기관이 발명되어 더 빨리 진보하는 새로운 국면, 즉 일손을 덜면서도 대량으로 생산하고 생활을 향상시키는, 기계와 과학기술이 기적처럼 일으킨 풍요로운 산업혁명의 시대가 열렸다.

머릿속 깊이 각인된 이런 생각을 극복하기란 그리 쉽지 않다. 그렇지만 산업사회는 속 빈 강정이다. '우리가 지금 누리는 몇몇 사치를 유지하려고 한다면, 우리 후손들은 훨씬 더 많이 일하지 않으면 안 될 것이다'라고 생각하는 사람들이 날로 늘어나고 있다. 산업사회의 이 대단한 풍요는 지구를 폐기물과 독소로 오염시키는 데 그치지 않고 조잡하고 비싸며 불량한 상품과 서비스를 점점 더 많이 쏟아내고 있다.

내가 이 책을 쓰는 목적은 인류는 우상향으로 전진하고 계속해서 진보한다고 보는 낡은 빅토리아식 발전관을 밀어내고, 그 자리에 문화발전을 사실대로 설명하는 발전관을 들여앉히는 데 있다. 오늘날 우리 생활수준에서 나타나는 변화는 이전에도 있었다. 과학기술이 온전히 제 역할을 하지 못하는 것도 현대문명이 처음 겪는 일은 아니다. 성장이 한계에 도달한 것 역시 처음은 아니다. 과학기술이 제 기능을 하지 못했던 일은 비일비재했고, 그때마다 이는 새로운 것으로 대체되었다. 이전에도 과학기술은 한계에 도달했다가 극복하고 다시 또 한계에 이르렀다가 다시 또 극복하는 과정을 반복하며 성장해왔다. 우리가 현대에 와서 성취했다고 생각하는 진보도 사실 많은 부분 선사시대에 널리 누렸던 것을 되찾은 것뿐이다.

석기시대인은 이후 시대의 대부분 사람보다 더 건강했다. 예를 들어 로마시대에는 그전 어느 시대보다도 질병이 많았고 심지어 19세기 초 영국 아동의 평균수명은 2만 년 전과 별로 다르지 않았다. 그뿐 아니라 사냥꾼인 석기시대인이 살아가기 위해 일해야 했던 시간은 전형적인 중국 농민이나 이집트 농민의 노동시간이나 노동조합이 있었다는 근대 공장노동자의 노동시간보다 훨씬 짧았다. 또 좋은 음식, 오락, 미학적 즐거움 등 삶의 쾌적함 측면에서도 사냥과 채집을 하며 살았던 석기시대인은 오늘날 미국에서 가장 부유한 사람들이나 부릴 수 있는 사치를 누리고 살았다.

오늘날 경영자나 관리자가 이틀 정도 숲과 호수와 맑은 공기 속에서 지내기 위해서는 먼저 5일 동안 일해야 한다. 창 너머로 그렇게 넓지 않은 잔디밭을 내다보며 사는 특권을 누리려면, 온 식구가 30년 동안 뼈 빠지게 일하고 저축해야 한다. 미국인들은 "고기가 있어야 식사"라고 말한다. 그만큼 그들의 식사에는 동물단백질이 풍부하다(어떤 사람들은 이것이 지나치다고 본다). 그런데 오늘날 지구상의 인구 가운데 3분의 2는 어쩔 수 없이 채식주의자가 되고 말았다. 그러나 석기시대에는 누구나 고단백질 저탄수화물 식사를 했다. 고기는 냉동시키지 않았고 항생제와 인공색소를 가득 집어넣지도 않았다.

　나는 오늘날 미국이나 유럽의 생활수준을 말하기 위해 이 책을 쓰는 것은 아니다. 우리가 할아버지 때보다 잘살고 있다는 것을 누가 부인할 텐가. 누구도 과학과 기술이 수많은 사람의 식생활, 보건, 수명 그리고 의식주 등 물질적 생활조건을 개선해왔다는 것을 부인하지 못한다. 현대는 산아제한, 자연재해 발생 시 안전확보, 수송과 통신의 편리함에서 이전 어느 시대보다 앞서 있는 것이 분명하다.

　지금 내 마음을 사로잡는 의문은 지난 150년 동안 얻어낸 진보가 진정한 것인지가 아니고 그것이 영구히 지속될 수 있는지다. 오늘날 산업사회가 이룩한 이 물질적 풍요로움을 물질적·정신적으로 고양하는 단선적 상승곡선의 절정쯤으로 볼 수 있을까. 아니면 기복이 심한 한 곡선 위에 가장 최근 불쑥 도드라진 거품 같은 것은 아닐까. 나는 두 번째 견해가 현재까지 드러난 여러 증거와 명백히 부합하고 현대 인류학의 설명원리와도 일치한다고 생각한다.

　나는 역사결정론에 관한 내 이론이 좋지 않은 반응을 불러일으킬 것을 안다. 어떤 독자는 내가 식인풍습, 사랑과 자비의 종교, 채식주의, 여아살해 그리고 생산과 비용편익분석의 인과관계를 지적하고 강조하는 것을 못마땅하게 여길 것이다. 그래서 나는 인간 정신을 폐쇄적이고 기계적인 관계의 시스템 속에 가둬두려 한다고 비난받게 될지도 모른다. 하지만 내 의도는 그것과 정반대다. 결정론의 눈먼 틀이 과거를 지배해왔다고 해도 그 틀이 미래까지 지배해야 한다는 것을 의미하지는 않는다.

논의를 더 개진하기에 앞서 '결정론'이라는 말의 의미를 분명히 해명해야겠다. 20세기 자연과학의 맥락에서는 이제 그 누구도 인과관계를 종속변수와 독립변수가 일대일로 대응하는 기계적 관계로 보지 않는다. 아원자 물리학에서는 미립자와 관련해 인과관계의 확정성 대신 확률론을 취하는 하이젠베르크(Werner Heisenberg)의 '불확정성 원리'가 널리 받아들여진 지 이미 오래다. '단 하나의 예외일지라도 이는 법칙의 정당성을 무효화한다'는 패러다임이 물리학에서는 신통력을 잃은 지 오래며 나 또한 그러한 패러다임을 문화현상에 억지로 적용할 생각은 없다. 문화현상에 존재하는 결정론적 관계로 내가 전하려는 것은 유사한 조건에서 유사한 변수는 유사한 결과를 불러오는 경향이 있다는 것뿐이다.

나는 물질적 과정과 도덕적 선택의 관계가 확정성과 동일성의 관계라기보다는 확률성과 유사성의 관계라고 믿는다. 따라서 나는 '역사는 결정론적이다'라는 명제와 '인간에게는 도덕적 선택과 자유의사를 행사할 능력이 있다'라는 명제를 아무런 어려움 없이 동시에 믿을 수 있다. 사실 나는 있음 직하지 않은 역사적 사건, 다시 말해 물질적 과정과 가치 사이에 존재하는 정상적인 인과관계가 예측할 수 없는 반전을 필연적으로 동반하는 사건이 일어날 수도 있다고 생각한다. 따라서 나는 우리에게 역사에 이바지할 책임이 있다고 주장한다. 그러나 문화와 역사가 인간의 자유의지를 따른다고 해서 역사가 인간의 그러한 능력을 실제적으로 표현한 것이라고는 할 수 없다. 앞으로 살펴보겠지만 문화란 대체로 평행으로 달리다가도 결국 서로 합류하는 길을 따라 발전한다. 생산, 생식, 생산강화, 환경파괴 등의 과정을 잘 이해하면 충분히 그 길을 예측할 수 있다. 그래서 나는 세계 곳곳의 사람들이 싫어하는 의식과 신앙 그리고 사람들이 숭상하는 의식과 신앙, 이 두 가지를 전부 이 책에서 다뤘다.

나는 인간의 자유로운 의사와 도덕적 선택이 아직은 사회가 발전하는 데 실질적으로 많은 영향을 미치지 못했다고 생각한다. 나의 이러한 견해가 옳다면 기계적 결정론의 위협에서 인간의 존엄성을 지켜야 한다고 생각하는 사람들은 나와 함께 다음과 같은 문제를 깊이 생각할 필요가 있다. 왜 지금까지 사회는 예측할 수 없는 것보다도 예측할 수 있는 약속으로 더 많이 구성되었는가.

나는 평화, 평등, 풍요 같은 도달할 수 없는 목표를 성취할 수 있는 자유로운 선택능력을 가로막는 가장 큰 장애물이, 빈번한 전쟁, 불평등, 가난을 설명해주는 물질적 발달 과정을 인식하지 못하는 것이라고 생각한다. 문화에 관한 학문을 애써 외면한 결과, 세상은 모럴리스트로 가득 차 있다. 그들은 자신도 모르는 사이에 자신이 원한다고 생각하도록 강요당한 것을 자신이 자유로운 의지로 원하는 것이라고 우겨댄다. 또 자유로워야 할 수많은 사람이 자유롭게 선택할 수 없게 하는 장애물의 존재를 이해하지 못함으로써 새로운 형태의 속박에 자신을 내맡긴다. 사회생활을 개선하기 위해서는 왜 세상은 대개 안 좋은 방향으로만 변하는지를 먼저 알아야 한다. 바로 이러한 이유로 나는 문화발전의 인과적 요인에 무지한 것과 바람직한 결과를 방해하는 장애물의 존재를 간과하는 것이 도덕적 이중성이라고 생각한다.

1

문화와 자연

인구억제는 대단히 충격적이지는 않더라도,
맬서스가 말한 바와 같이, 개인적으로 부담스럽고
스트레스의 원천이 되는 과정이었다.
국가가 형성되기 전, 옛 사회에서 생활수준을 유지하거나
향상시키는 수단으로 생산을 집중적으로 강화하는 경향이
반복적으로 나타난 것은 바로 이 스트레스 때문이었다.
그것을 스트레스보다 '생식압력'이라고 부르는 것이
더 적절할지도 모르겠다.

생활양식의 유형

대발견의 시대에 신대륙으로 모험의 길을 떠났던 유럽 탐험가들이 지구상에 존재하는 온갖 풍습과 제도의 유형을 파악하는 과정은 완만했다. 그들은 오스트레일리아, 북극, 남아메리카, 아프리카 남단에서 오래전에 잊힌 석기시대의 유럽인 조상처럼 살아가는 집단을 발견했다. 그곳 주민들은 20명에서 30명씩 무리를 지어 광대한 땅에 사방으로 흩어진 채 끊임없이 이동하며 수렵과 채집만으로 살아가고 있었다. 이 수렵·채집민은 거의 멸종 위기에 처한 희귀종족인 것 같았다. 북아메리카 동부 산림지대와 남아메리카 정글, 동아시아지역에서 그들은 좀더 밀집해 살아가는 주민들을 발견했다. 주민들은 취락을 만들어 어느 정도 영구적으로 정착해 살았고, 농경을 기초로 하는 큼지막한 공동체를 한두 개 정도 형성했지만, 그들이 사용하는 무기나 도구는 고작 선사시대의 유물 수준이었다.

아마존강과 미시시피강 강변 일대와 태평양의 도서지역에서는 취락규모가 더 커서 사람들이 1,000명 또는 그 이상으로 모여 살고 있었다. 어떤 경우 그것들은 거의 국가형태에 가까운 촌락연합체를 구성하고 있었다. 유럽인이 이들의 '미개성'을 과장하기는 했지만 이 촌락공동체의 대다수는 적의 목을 베어 전리품으로 모으곤 했고, 포로를 산 채로 불태웠으며, 종교의식에서 인간을 먹었다. 하지만 우리는 '문명화'되었다는 유럽인들도 사람을 고문했고(예컨대 마녀재판의 경우), 여러 도시에서 주민들을 몰살하는 일을 마다하지 않았던 것을 기억해야 한다(서로 잡아먹는 일, 즉 인간을 먹는 것은 역겨워했지만 말이다).

　유럽 탐험가들이 군주와 지배계급과 상비군을 갖추고 외적에 대비할 정도로 꽤 발달한 도시와 제국도 발견했다는 사실을 새삼 언급할 필요가 있을까. 폴로(Marco Polo)나 콜럼버스(Christopher Columbus) 같은 많은 탐험가가 바다와 사막을 건너는 모험을 하도록 유혹한 것은 뭐니 뭐니 해도 많은 도시와 건축물, 궁궐, 사원, 보물을 지닌 대제국들이었다. 중국은 세계 최대의 제국으로 매우 광대하고 고도로 세련된 문물을 지녔다. 중국 지도자들은 문명세계 밖에서 자신들을 찾아와 대국의 은총을 얻으려고 엎드려 비는 소국의 사신을 '얼굴빛 붉은 야만인'이라고 비웃었다.

　또 인도가 있었다. 인도에서는 암소를 성스러운 존재로 숭상하고 사람들은 각자의 전생에 따라 현세에서 불평등한 짐을 지고 살아갔다. 다시 말해 인도는 불평등한 신분제의 굴레를 지고 살아가야 하는 나라였다.

　그리고 각기 특이한 예술과 종교를 만들고 그 자체로 한 세계를 이루는 아메리카대륙의 토착국가와 토착제국들이 있었다. 거대한 석조성곽·현수교(suspension bridge)·상설곡물창고가 있으며 국가의 통제를 받는 경제시스템을 가진 잉카제국 그리고 인간의 심장에서 피를 빨아먹는, 피에 굶주린 신을 섬겨 끊임없이 새로운 희생을 찾는 아스테카왕국이 그것들이었다.

　그 자체로 독특한 이국적인 문화를 향유하는 유럽인들의 국가도 있었다. 이들은 평화의 사도 예수의 이름으로 전쟁을 하며 이윤을 추구하려는 강박적인 충동으로 매매(賣買)를 일삼았다. 이

국가들은 기계를 만들고 다루는 솜씨와 기술에 약삭빠르게 통달함으로써 인구수에 적합한 수준을 훨씬 뛰어넘는 강대한 힘을 품고 있었다.

생산강화의 경향

이처럼 다양한 유형은 무엇을 의미하는가. 왜 어떤 사람들은 생활수단이었던 수렵과 채집을 그만두었고 어떤 사람들은 여전히 그렇게 사는 걸까. 왜 농경을 생업으로 택한 사람 가운데 어떤 사람들은 촌락공동체 생활에 느긋하게 머물러 있고 또 어떤 사람들은 국가를 형성하는 방향으로 꾸준히 이행했던 걸까. 스스로 국가조직을 만들어나간 사람 가운데 왜 어떤 사람들은 제국을 건설하는 데 성공하고 어떤 사람들은 성공하지 못했을까. 왜 어떤 사람들은 암소를 숭배하며 어떤 사람들은 산 사람의 심장을 도려내 인간고기를 즐기는 신에게 바쳤을까. 인간의 역사란 한 사람이 아니라 수십억 명의 바보가 써버리는 기회와 열정의 유희이며 그 이상 그 이하도 아니란 말인가.

나는 그렇게 생각하지 않는다. 나는 역사에는 공통된 문화적 형태를 유지하고 변화에 착수하고 그 변환과 변혁을 다양한 방향으로 결정짓는 과정이 있으며, 그 과정은 인간의 지성으로 이해할 수 있다고 생각한다.

이러한 과정의 핵심은 생산을 강화하려는 경향이다. 생산강화란 단위시간당 또는 단위면적당 더 많은 용지, 용수, 광산물 또는 에너지를 투자하는 것이다. 이는 생활수준에 가해지는 위협에 맞서 주기적으로 반복된다. 옛날에는 주로 기후변화나 주민과 동물의 이동에서 위협이 발생했다. 그 후에는 국가 간 경쟁이 주요 자극으로 등장했다. 직접적 원인이 무엇이든지 생산강화는 언제나 역효과를 초래한다. 기술변화가 없는 경우 그것은 불가피하게 환경파괴와 고갈을 야기하고 생산효율을 떨어뜨리는 결과를 초래하기 마련이다. 생산강화를 위한 노력은 조만간 더 먼 곳에 있거나 덜 믿음직스럽거나 덜 풍부한 동식물, 광물 그리고 에너지원을 활용해야 하기 때문이다. 이번에는 효율저하가 생활수준의 하락으로 이어지게 된다. 이는 바라던 것과는 정반대의 결과다. 이 과정은 모든 사람의 식사나 주거, 그 밖의 생필품의 질이 떨어지고 더 많이 일해야 하는 것에서 끝나지 않는다. 생활수준이 하락함에 따라 성공적인 문화들은 더 효율적인 새로운 생산수단을 발명해내고 그것은 조만간 다시 자연환경을 파괴한다.

왜 사람들은 생산강화로 경제문제를 해결하려고 하는가. 이론적으로 질 좋은 식생활을 하며 힘든 노역을 하지 않고 살 수 있는 가장 쉬운 방법은 생산을 증가하는 것이 아니라 인구를 줄이는 것이다. 인간의 통제능력을 벗어난 어떤 이유―이를테면 기후가 악화되어 1인당 천연자원 공급량이 절반으로 줄어드는 경우 사람들은 이를 보충하기 위해 전보다 두 배 더 일할 필요는 없다. 인구를 반으로 줄이면 된다. 한 가지 큰 문제만 없었다면 사람들은 그렇게 할 수 있었을 것이다.

이성 간의 성행위는 유전적인 것이며 인류의 생존과 보존이 그것에 달려 있는 만큼 인간의 '소출량', 즉 출산을 줄이는 것은 쉽지 않다. 산업사회 이전 시대에 인구 자체를 효과적으로 억제하기 위해 사용한 방법은 동시에 생활수준을 끌어내렸다. 예를 들면 이성 간의 성행위를 금지해 인구를 줄였다면 그 집단의 생활수준이 유지되었거나 향상되었다고 말할 수 없다. 비슷한 예로 산파가 임산부의 배 위에 올라서서 뛰고 밟아 태아를 죽이고 때로는 태아의 엄마까지 죽이면서 한 집단의 출산율을 낮춘다면, 살아남은 사람이 먹을 수 있는 몫은 많아질지 몰라도 그들의 기대수명은 늘어나지 않을 것이다.

실제로 인류 역사에서 가장 널리 사용된 인구억제방법은 여아살해였다. 비록 어린 딸을 죽이거나 굶기는 것에서 오는 심리적 비용은 문화적으로 어린 딸을 인간이 아닌 것으로 정의내림으로써 경감할 수 있다고 하더라도(나를 포함한 현대 임신중절론자들은 태아를 인간으로 간주하지 않는다) 9개월 동안 아이를 배 속에 품어야 하는 물질적 비용은 쉽게 상쇄되지 않는다. 그러므로 유아를 살해하는 대부분 사람은 자기 아이가 죽는 것을 보려고 하지 않는다. 하지만 사람들은 일반적으로 그 대안─집단 전체의 식생활이나 성생활 및 건강수준을 엄청나게 끌어내리는 것─이 더 바람직하지 않다고 생각했고, 적어도 선사시대에는 그랬다.

인구억제는 대단히 충격적이지는 않더라도, 맬서스(Thomas Malthus)가 말한 바와 같이, 개인적으로 부담스럽고 스트레스의 원천이 되는 과정이었다. 맬서스는 미래에도 언제나 그러한 큰 비용을 치러야 할 것이라고 했다(그러나 콘돔이라는 고무제품이 발명되면서 맬서스의 말은 틀리게 되었다). 국가가 형성되기 전, 옛 사회에서 생활수준을 유지하거나 향상시키는 수단으로 생산을 집중적으로 강화하는 경향이 반복적으로 나타난 것은 바로 이 스트레스 때문이었다. 그것을 스트레스보다 '생식압력'(reproductive pressure)이라고 부르는 것이 더 적절할지도 모르겠다. 생식을 억제하는 데 이처럼 가혹한 대가가 없었다면 인류는 오늘날까지 소집단 규모로 비교적 평화롭고 평등하게 살아가는 수렵·채집민의 상태에 머물렀을지도 모른다. 그러나 효과적이면서도 부드러운 인구억제방법이 없었기 때문에 그러한 생활양식은 불안정해졌다. 생식압력으로 우리 석기시대 조상들은 생산강화를 서두르게 되었다. 마지막 빙하시대 말기에 들이닥친 기후변화로 특히 큰 사냥감이 감소하자 이에 대한 대응책을 마련할 수밖에 없었다. 수렵·채집이라는 생산양식의 강화가 농경을 채택하는 기반이 되었다. 또 농경생활은 집단 간의 경쟁 격화, 점점 빈번해지는 전쟁 그리고 국가의 생성과 발전을 야기한다. 이에 대해서는 앞으로 더 논의할 것이다.

2

에덴동산에도 살인은 있었다

유아살해의 경우는 아이를 직접 손으로 죽이는 것에서

그냥 방치해 죽음에 이르게 하는 것까지

다양한 형태가 있다. 아이를 목 졸라 죽일 수도 있고

물에 빠뜨려 죽일 수도 있고

바위에 내던져 죽일 수도 있고

비바람 속에 버릴 수도 있다. 더 흔한 방법은

아이를 돌보지 않음으로써 '죽이는 일'이다.

농경촌락생활의 등장에 관한 오해

수렵·채집민이 소집단을 만들어 이동하고 야영하는 생활에서 농경촌락생활로 이행하는 과정은 다음과 같이 설명하는 것이 정설이다. 즉 사냥과 채집에 의존해 살던 선사시대 사람들은 먹을 것을 구하는 데 시간을 전부 소비해야 했다. 그들은 '생존수준 이상의 여유분'을 생산하지 못해 만성적인 질병과 굶주림에 시달리면서 지구상에서 완전히 자취를 감추는 멸종 직전 상태의 삶을 살아가고 있었다. 그러므로 그들은 당연히 한곳에 자리를 잡고 항구적인 마을을 형성해 살기 원했지만 종자를 뿌려 농사짓는다는 생각은 미처 하지 못했다. 그런데 어느 날 알려지지 않은 천재가 구덩이를 파고 거기에 종자를 약간 심어보기로 마음먹었고 머지않아 정상적으로 곡물을 재배할 수 있게 되었다. 이제는 사냥감을 찾아 끊임없이 헤매지 않아도 되었고 그제야 비로소 여유가 생겨 그들은 생각할 시간을 얻게 되었다. 이 때문에 기술은 더 빠르게 발달할 수 있었고 더 많은 먹을 것—'생존수준 이상의 여유분'—이 생겨났다. 덕분에 어떤 사람들은 농사일을 그만두고 장인, 승려 그리고 지배자가 될 수 있었다.

이러한 이론의 첫 번째 결함은 석기시대의 생활이 지극히 어려웠다고 가정하는 데 있다. 고고학자들이 출토한 후기 구석기시대(기원전 3만~기원전 1만)의 유물들은 이 시기에 살았던 수렵민들이 비교적 높은 수준의 편안하고 안전한 삶을 누렸음을 명백히 보여준다. 그들은 갈팡질팡하는 어설픈 아마추어가 아니었다. 그들은 결정질 암석을 깨고 잘라 일정한 형태로 깎고 다듬는 공정에 완전히 통달했고 이는 그 시대 기술의 바탕이 되었다. 그래서 그들은 오늘날에도 '전무후무한 석공기술의 거장'이라 불리는 것이다. 그들이 사용했던 '월계수 나뭇잎'처럼 얇은 칼날은 길이가 28센티미터였고 두께는 1센티미터인, 놀라울 정도로 얇고 정교하게 다듬어진 것으로 오늘날의 공업기술로도 똑같이 복제할 수 없다. 그들은 돌로 만든 정교한 송곳과 조각칼을 사용해 뼈를 복잡하게 가시 돋친 형태로 다듬었다. 또 뿔 모양 작살촉, 창을 멀리 던지는 데 쓰는 멋있는 사슴뿔 투창대 그리고 짐승의 털가죽을 기워 옷을 만드는 데 사용한 것 같은 정교한 뼈바늘을 만들었다. 나무, 섬유, 동물가죽으로 만든 물건은 모두 썩어 없어졌지만 이는 분명히 뛰어난 솜씨로 만들어졌을 것이다.

굴속에서 살았던 '동굴인'은 일반인의 생각과는 반대로 직접 머리와 손을 사용해 인공적인 보금자리를 만들 줄 알았다. 그들은 지역과 기후에 따라 동굴이나 돌출된 바위 밑을 이용할 줄 알았다. 러시아 남부에서 고고학자들은 길이 15미터, 폭 4미터의 구덩이에 사냥꾼이 모피로 만든 보금자리 흔적을 발견했다. 체코슬로바키아에서는 지름 6미터의 원형 마루를 갖춘 겨울 주거지를 2만 년 전부터 이미 사용하고 있었다. 폭신하고 두꺼운 털가죽을 깔고 말린 짐승의 똥과 기름덩어리를 속에 채워 넣은 뼈다귀를 땔감으로 사용해 난롯불을 피웠던 이런 주거지는 오늘날의 아파트보다 여러모로 더 훌륭한 보금자리가 될 수 있었을 것이다.

그들이 굶어 죽기 직전의 상태에서 삶을 연명했다고 보는 견해가 있지만 그것은 구석기시대에 사냥감을 도살했던 자리에서 발견된 엄청난 양의 동물 뼈를 생각해봤을 때 말이 되지 않는다. 당시 유럽과 아시아에 걸쳐 수없이 많은 매머드, 말, 사슴, 순록, 들소 등이 떼 지어 몰려다니고 있었다. 체코슬로바키아의 한 유적에서는 1,000마리가 넘는 매머드의 뼈가 출토되기도 했다. 또 프랑스의 솔뤼트레 근처에서는 떼 지어 질주하다가 높은 언덕에서 떨어져 죽은 1만 마리가 넘는 야생말의 뼈가 세월의 간격을 두고 쌓이고 쌓인 형태로 발견되었다. 이는 구석기인들이 떼 지어 몰려다니는 이 동물의 습성을 계획적이고 효과적으로 이용할 줄 알았음을 입증한다. 더 나아가 수렵민의 해골은 그들의 영양상태가 아주 좋았다는 것을 보여준다.

구석기시대 우리 조상들이 식량을 얻기 위해 온종일 일해야 했다고 생각하는 것이 지금은 우스꽝스럽게 들린다. 식물이 제공하는 먹거리의 채집자로서 조상들의 능력이 결코 침팬지보다 떨어진다고 볼 수 없다. 자연의 서식지에서 수행한 현지조사는 유인원들이 먹을 것을 찾고 뒤지고 하는 일에 시간을 쓰는 만큼 몸을 돌보고 놀고 낮잠을 자면서 시간을 보냈음을 보여준다. 사냥꾼이었던 후기 구석기시대의 우리 조상들은 적어도 사자―격렬하게 활동하다가 오랫동안 느긋하게 쉬는 짐승―만큼 틀림없이 사냥에 능수능란했을 것이다.

수렵·채집민의 생활

오늘날의 수렵·채집민이 어떻게 시간을 보내는지 조사한 연구들은 이 문제를 해결하는 데 많은 실마리가 되었다. 토론토 대학의 리(Richard Lee)는 수렵과 채집을 하며 살아가는 현대 부시먼족(Bushman)이 식량을 얻는 데 시간을 얼마만큼 보내는지를 기록했다. 부시먼족은 서식지―이곳은 사막지대인 칼라하리의 가장자리여서 자연이 베푸는 풍요로움의 측면에서 후기 구석기시대의 프랑스와는 비교할 수 없을 정도로 열악하다―가 매우 열악하지만 풍부한 단백질과 그 밖의 필수적인 영양소를 취득하는 데 성인 1인당 하루 세 시간밖에 쓰지 않았다.

알렌 존슨(Allen Johnson)과 오너 존슨(Orna Johnson)의 연구에 따르면, 페루령 아마존지역에서 원예농업을 하는 마치구엥가족(Machiguenga)은 식량을 얻기 위해 성인 1인당 하루 세 시간씩 일했다. 이만큼 일해도 동물단백질은 부시먼족보다 더 적게 섭취했다. 동부 자바의 벼농사지역에서 농민들은 일주일에 44시간씩 현대적·생산적인 농사일에 종사한다. 이는 자존심 강한 부시먼족이면 꿈에서도 생각하지 못할 정도로 긴 노동시간이다. 게다가 자바의 농민들은 동물단백질이라곤 거의 먹지 못한다. 일주일에 보통 55시간을 일하는 미국 농민들은 부시먼족의 기준에서 보면 좋은 음식을 먹긴 하지만 부시먼족만큼 많은 여가시간을 누리고 있다고 할 수 없다.

나는 이런 종류의 비교에서 반드시 따르는 어려움을 굳이 축소할 생각이 없다. 특정 식품생산시스템과 관련된 노동에는 원재료를 얻는 데 드는 노동만 있는 것이 아니다. 작물이나 가축을 가공해 소비에 알맞은 형태로 만드는 데 드는 시간도 계산해야 한다. 창이나 그물, 괭이 같은 흙 파는 연장, 바구니, 쟁기 같은 연장을 만들고 보수하고 유지하는 데도 더 많은 시간이 든다. 앞서 언급한 존슨의 추정에 따르면, 마치구엥가족은 음식과 피복, 연장, 주거지 등을 만들기 위해 하루 세 시간을 더 일한다. 한편 리의 부시먼족 관찰에 따르면 여자 한 명이 하루에 채집한 식량으로 온 식구를 3일 동안 먹여 살릴 수 있다고 한다. 여자들은 나머지 시간을 쉬거나 손님을 접대하거나 수를 놓거나 다른 집을 방문하며 보내고, 집에 있을 때는 요리, 호두 까기, 땔감 구하기, 물 긷는 것으로 약 세 시간을 보낸다고 한다.

앞서 언급한 증거로 우리는 다음과 같은 결론을 내릴 수 있다. 농경이 발달하면서 1인당 부가되는 일은 더욱 많아졌다. 여기에는 그럴 만한 이유가 있다. 농업은 식량생산을 위한 제도로서 단위면적당 노동흡수량이 수렵이나 채집의 경우보다 훨씬 많을 수밖에 없다. 수렵·채집민은 기본적으로 동식물의 자연적 재생산율에 의존할 뿐 단위면적당 소출을 늘리기 위해 그들이 할 수 있는 일은 거의 없다(소출을 줄이는 건 얼마든지 할 수 있지만 말이다). 반면 농업에서는 사람이 작물의 재생산율을 좌우한다. 당장 불리한 효과를 내지 않고 생산을 강화할 수 있다는 의미에서 그러하다. 이는 고갈하는 지력에 대처하는 기술을 활용할 수 있을 때 특히 그러하다.

부시먼족 같은 사람들이 사냥과 채집에 바치는 시간은 그들에게 주어진 동식물 자원이 얼마나 풍부하며 얼마나 접근하기 쉬운지에 달려 있다. 인구밀도가 상대적으로 낮아 자원 활용도가 계속 낮은 수준에 머무를 경우 그들은 계속 여가와 양질의 식사를 즐길 수 있을 것이다. 석기시대인이 "수명이 짧고 불결하고 짐승처럼 야만적이었다"고 보는 이론은 그들이 자신들의 인구밀도를 억제할 생각이 없었거나 억제할 줄 몰랐다고 가정할 때에만 의미가 있다. 하지만 그러한 가정이 반드시 타당하다고 할 수 없다. 수렵·채집민에게는 인구를 억제하려는 강한 동기가 있었고 인구를 억제할 수 있는 효과적인 방법도 있었기 때문이다.

수렵·채집경제에서 농업경제로의 이행에 관한 케케묵은 옛 이론의 또 다른 약점은 인간은 천성적으로 '정착해' 살고 싶어 한다고 가정하는 것이다. 그러나 오스트레일리아 원주민인 부시먼족이나 에스키모족(Eskimo)은 마을에 정착해서 살라는 정부와 선교사의 설득에도 예부터 해오던 대로 '돌아다니는' 생활방식을 고집했다. 이를 비추어볼 때 이러한 이론이 옳다고 보기는 어렵다.

사실 마을을 만들어 영구적으로 정착해 사는 촌락생활의 장점에는 이에 상응하는 단점이 따른다. 사람들은 타인과 어울려 살기를 원할까. 그렇기도 하지만 타인이 신경에 거슬릴 때가 있는 것도 사실이다. 그레고어(Thomas Gregor)가 브라질의 메히나쿠(Mehinacu) 인디언을 대상으로 한 연구에서 지적한 바와 같이, 작은 촌락에서 사는 사람들은 일상적으로 타인의 사생활을 침해해 그것을 온 마을의 화제로 삼는다. 메히나쿠 인디언들은 자기에게는 아무짝에도 쓸모없는 남의 일까지도 너무 많이 알고 지낸다. 이를테면 길 가던 남녀 한 쌍이 걸음을 멈추고 약간 길을 벗어난 곳에서 성관계를 하며 남긴 발꿈치 자국과 엉덩이 자국까지도 훤히 알고 지낸다. 잃어버린 화살은 화살 주인이 노리던 바를 드러내게 마련이고 나무에 걸어놓은 도끼는 도끼 주인이 하다가 만 일이 무엇인지 말해준다. 그 누구도 남의 눈에 띄지 않게 마을 밖으로 나가거나 들어올 수 없다. 소문이 나지 않으려면 귓속말을 해야 한다. 억새풀로 밖과 안을 막았지만 아무 소용이 없다. 마을은 당사자들을 잔뜩 약 오르게 할 성관계에 관한 잡담으로 가득하다. 어느 남자는 그것이 잘 서지 않는다든지 조루라든지, 어느 여자는 성관계 중에 어떻게 행동한다든지 성기가 크기는 어떻고 색깔은 어떻고 냄새는 어떻다든지 따위의 잡담을 늘어놓는다.

이 수렵·채집민의 집단은 구성원의 수를 생각해볼 때 실제적으로 적의 공격을 막을 수 있는가. 그렇다. 그뿐 아니라 그들에게는 기동성이라는, 침략자를 피해 이동하는 안전책이 있었다. 그들에게는 협동적인 대규모 노동력 집단의 장점이 있는가. 있다. 그러나 많은 사람이 집결하면 사냥감은 넉넉히 공급되지 못하고 자원은 고갈된다.

그들이 우연히 발견해낸 식물재배법을 생각해보면, 수렵·채집민은 낡은 이론들이 주장하는 것처럼 그렇게 바보는 아니었다는 것을 알 수 있다. 프랑스와 스페인에서 발견된 동물벽화를 해부학적으로 검토해보면 그 그림을 그린 사람의 관찰력이 매우 정확했다는 것을 알 수 있다. 마색(Alexander Marshak)의 발견에서도 우리는 그들의 지적 능력에 다시 한번 경탄하게 된다. 마색은 2만 년 전 뼈와 사슴뿔로 만든 공작물의 표면에 희미하게 나타나 있는 긁힌 자국을 발견해냈다. 그것은 달의 운행궤도 등 천문학적 현상과 사건을 그려 넣은 것이었다. 라스코동굴에 그토록 큰 벽화뿐 아니라 천체운행과 달력에 관한 기록을 남겼을 만큼 지적 능력이 있었던 그들이 식물종자의 생물학적 의미에 무지했다고 생각하는 것은 이치에 맞지 않는다.

현존하는, 그리고 가장 최근의 수렵·채집민을 연구한 결과, 그들이 농사짓지 않은 것은 지식이 부족해서가 아니라 편의상의 이유 때문이었다는 사실을 알 수 있다. 예를 들면 캘리포니아의 인디언들은 그저 도토리를 주워 모으기만 해도 옥수수 농사를 짓는 것보다 양도 많고 영양가도 풍부한 수확을 거둘 수 있었다. 북서부 해안가에서는 해마다 연어와 캔들피시(candlefish, 북아메리카의 물고기―옮긴이)가 알을 낳기 위해 대량으로 이동해오기 때문에 농사짓는 일은 상대적으로 시간을 낭비하는 것이었다. 수렵·채집민은 계획적으로 농작물을 재배하지는 않았지만 곧잘 농사짓는 솜씨와 기술을 과시한다. 네바다주와 캘리포니아주에 사는 쇼쇼니족(Shoshoni)과 파이우트족(Paiute)은 해마다 야생에서 자생하는 곡물과 구근류를 수확하지만 사려 깊게도 그것을 송두리째 뜯어 없애지는 않는다. 때로는 잡초를 뽑고 물을 주기까지 한다. 그 밖의 많은 수렵·채집민은 자신들에게 필요한 식물의 성장을 촉진하고 잡초의 성장을 막기 위해 불을 이용한다.

최근에 이루어진 몇 가지 가장 중요한 고고학적 발견은 구세계(유럽, 아시아, 아프리카―옮긴이)에서는 농업경제가 발달하기 1,000년에서 2,000년 전에 이미 최초의 촌락이 세워진 반면 신세계(남북아메리카―옮긴이)에서는 촌락생활이 자리 잡기 훨씬 전에 작물재배가 시작되었다는 사실을 알려준다. 작물재배, 즉 농업을 충분히 활용하기 몇천 년 전부터 고대 아메리카인에게 농업에 관한 개념이 있었던 것이 사실인 이상, 그들이 어떠한 요인 때문에 수렵·채집경제에서 이탈했는지에 대한 설명은 두뇌, 즉 지능의 문제 외부에서 찾아야 할 것이다. 앞서 가장 중요한 고고학적 발견이라고 언급한 것에 대해서는 나중에 좀더 자세히 다룰 것이다.

내가 지금까지 지적해왔지만 수렵·채집민이 주어지는 식량에 비해 인구를 낮은 수준으로 유지하는 한, 그들은 우리가 부러워할 만한 생활수준을 누릴 수 있었을 것이다. 하지만 그들은 어떻게 인구증가를 억제할 수 있었을까. 이 문제는 문화의 발전 과정을 이해하려는 우리가 아직도 찾지 못한 가장 중요한 연결고리다.

인구억제

석기시대인은 무리를 지어 서식하는 동물이 얼마든지 있는, 상대적으로 유리한 생태환경에서도 평방킬로미터당 세 명 또는 네 명 정도의 인구밀도를 유지했던 것 같다. 크로버(Alfred Kroeber)는 캐나다의 평야와 평원에서 총으로 무장한 채 말을 타고 들소를 사냥하며 사는 크리족(Cree) 및 아시니보인족(Assiniboin)은 평방킬로미터당 세 명 이하의 인구밀도를 유지하는 것으로 추정했다. 북아메리카의 더 열악한 조건 아래서 순록을 사냥하며 살아간 역사적으로 저명한 수렵민인 캐나다 래브라도의 나스카피족(Naskapi)이나 누나무이트 에스키모족(Nunamuit Eskimo)족은 인구밀도를 평방킬로미터당 다섯 명 이하로 유지했다. 석기시대 후기 프랑스 전체 인구는 틀림없이 2만 명을 넘지 않았으며 1,600명 정도였을 수도 있다.

'자연적인' 인구억제방법으로는 낮은 인구밀도와 여성의 잠재적 출산능력이 일치하지 않는 것을 설명할 수 없다. 인구증가율이 극대화되기를 원하는 건강한 집단에서는 여자 1인당 평균 여덟 번 임신한다. 하지만 임신율은 어렵지 않게 더 높일 수 있다. 서부 캐나다에 사는 알뜰한 농사꾼인 후터파 신자들의 평균출산율은 여자 1인당 10.7명이나 된다. 인구증가율을 0.001퍼센트로 유지하려면 여자들은 생식가능연령까지 살아남을 아이를 평균 2.1명 이하로 출산해야 한다. 기존 이론은 구석기시대에 출산율이 높은데도 이처럼 낮은 인구증가율이 유지될 수 있었던 것을 질병 탓으로 돌린다. 그러나 석기시대 우리 조상들이 질병에 시달리는 삶을 살았다고 보는 견해는 유지되기 어렵다.

물론 질병은 있었다. 하지만 사망요인으로서 질병은 오늘날만큼 중요한 의미를 지니지 않았을 것이다. 이질, 홍역, 결핵, 백일해, 감기, 성홍열 등 박테리아나 바이러스 감염에 따른 유아 및 성인의 사망은 식사와 전반적인 체력에 크게 영향받으므로 선사시대 수렵·채집민의 회복률은 매우 높았을 것이다. 그리고 치사성 전염병, 예컨대 천연두, 장티푸스, 인플루엔자, 선페스트(흑사병의 일종—옮긴이), 콜레라 등은 인구밀도가 높은 주민집단에서만 발생한다. 이런 질병들은 국가를 형성할 정도로 큰 사회에서나 발생한다. 즉 이 질병들은 가난하고 인구가 밀집한 비위생적인 도시 환경에서 기승을 부린다. 아마 말라리아나 황열처럼 재앙 같은 병들도 구석기시대인 사이에서는 요즘보다 덜 치명적이었을 것이다. 수

럽·채집민은 습지보다 건조하고 탁 트인 주거환경을 선호했는데, 앞서 언급한 질병들은 그늘지고 습한 저지에서 잘 발생한다. 말라리아는 습한 숲속에 농업을 위한 개간지가 생기면서 모기가 서식하기 좋은 환경이 조성되자 비로소 맹위를 떨치게 되었을 것이다.

우리는 구석기시대인의 건강상태에 관해 무엇을 알 수 있는가. 발굴된 유골들이 주요한 실마리를 제공해준다. 엔젤(John Angel)은 구석기시대인의 평균신장과 사망 당시의 치아결손상태 등을 지표로 지난 3만 년 동안의 개괄적인 건강표준변화표를 작성했다. 표를 보면 초기에는 성인 남자의 키가 평균 177센티미터, 성인 여자의 키가 평균 약 165센티미터였다는 것을 알 수 있다. 그런데 그로부터 2만 년 후 남자의 키는 이전 시기 여자의 키 정도밖에 자라지 못했고 여자의 키도 평균 153센티미터에 그쳤다. 우리가 구석기시대인과 같은 체격을 다시 찾은 것은 극히 최근에 들어서다. 예를 들어 미국 남자의 키는 1960년에 평균 175센티미터였다. 치아결손율도 비슷한 경향의 변화를 보인다. 기원전 3만 년 무렵, 남자는 평균적으로 이 2.2개가 없는 상태에서 죽었다. 그런데 기원전 6500년에는 3.5개 그리고 로마시대에는 6.6개가 없었다. 이러한 변화에는 유전적 요인도 작용했겠지만, 체격과 치아 및 잇몸의 상태는 단백질 섭취량에 크게 영향받는 것으로 알려져 있으며 또 단백질 섭취량은 전반적인 복지수준을 말해주는 지표임을 감안할 때, 엔젤은 후기 구석기시대의 '절정'이 지난 뒤 보건상태의 '객관적 저하'가 있었다고 결론짓는다.

엔젤은 후기 구석기시대의 평균사망연령을 여자는 28.7세, 남자는 33.3세로 추정했다. 그런데 엔젤이 연구한 구석기시대인의 표본은 유럽과 아프리카 전역에서 나온 유골들이었으므로 그의 추정이 반드시 대표성이 있다고는 보기 어렵다. 만약 현대의 수렵·채집민 집단의 사망연령통계가 구석기시대인의 그것을 대표할 수 있다면 엔젤의 계산은 수치를 너무 낮게 잡은 오류를 범한 것이 된다. 하월(Nancy Howell)이 부시먼족 여자 165명을 상대로 수행한 연구에 따르면 이들의 출생 시 기대수명은 32.5세다. 이는 현대 아시아·아프리카의 다수 개발도상국의 기대수명보다 높다. 메트로폴리탄 생명보험회사가 작성한 자료에 따르면 1900년에 출생한 미국인 가운데 비백인의 기대수명 역시 32.5세였다. 인구학자 듀먼드(Don Dumond)가 말한 바와 같이, 사냥을 생업으로 하는 생활에서의 사망률을 농업을 포함한 더 정착적인 생활에서보다 눈에 띄게 높지 않다. 또한 정주생활을 하면서 증가한 질병은 수렵인의 사망률이 농민의 사망률보다 상당히 낮았던 경우가 그 반대의 경우보다 더 흔하다는 것을 시사한다.

32.5세라는 수명이 매우 짧다고 생각할 수도 있지만 엔젤의 추정처럼 여자들이 평균 28.7세까지밖에 못 산다고 해도 그 생식능력은 아주 높다. 석기시대 여자가 16세에 첫 임신을 했다고 하자. 그 후 2년 반마다 한 번씩 아이를 순산하면 29세까지 아이를 다섯 명 이상 낳을 수 있다. 이때 당시의 인구증가율이 0.001퍼센트임을 감안하면 석기시대 아이들의 5분의 3은 임신이 가능한 연령까지 살지 못했다는 것을 알 수 있다. 인류학적 인구통계학자인 하센(Ferki Hassen)은 이런 수치를 참고해, 유아사망의 50퍼센트가

'자연사'였다고 치면, 잠재적으로 자손 전체의 23~50퍼센트는 0퍼센트대의 인구증가율을 유지하기 위해 '제거'되었을 것이라 결론지었다.

이러한 추정들은 '자연적' 원인에 따른 사망자 수를 부풀렸다는 점이 문제라면 문제다. 엔젤이 연구대상으로 삼은 사람들은 훌륭한 건강상태를 유지하며 해골이 될 때까지 즐겁게 살았을 것으로 생각되므로 사망자 가운데 많은 수가 '비자연적' 원인으로 죽지 않았나 하는 의혹을 품게 된다.

죽음의 비자연적 원인

구석기시대의 여아살해율은 50퍼센트 수준에 이르렀을 가능성이 대단히 높다. 이것은 캘리포니아 대학의 버드셀(Joseph Birdsell)이 오스트레일리아의 원주민에게서 수집한 자료를 바탕으로 추정한 숫자와 일치한다. 그리고 구석기시대 여자들의 수명이 짧아진 중요한 요인은 출산과 출산 사이의 간격을 늘리기 위해 낙태를 기도했다는 것임을 충분히 짐작할 수 있다.

그 당시 수렵·채집민에게는 약초로 피임하는 낭만적인 민간요법이 있기는 했지만 대개 임신을 사전에 예방하는 화학적·기계적 수단이 없었다. 그러나 그들에게는 유산을 촉진하는 방대한 화학적·기계적 방법은 있었다. 원치 않는 임신을 중절하기 위해 신체에 전반적인 충격을 가하거나 자궁에 직접 수많은 식물성·동물성 유독물질을 집어넣는 방법이 전 세계에서 사용된다. 다양한 기계적 기술을 사용해 유산을 촉진하는 여러 기법도 많이 사용된다.

가령 배를 단단한 띠로 졸라매거나 복부를 격렬하게 마사지하거나 매우 추운 상태에 노출시키거나 복부를 강하게 타격하거나 '여자의 배 위에 널빤지를 올려놓고 여자의 질에서 피가 쏟아져나올 때까지' 그 위에서 깡충깡충 뛰는 것들이 있다. 기계적 방법이든 화학적 방법이든 둘 다 효과적으로 유산시킬 수 있겠지만 자칫하면 임산부의 생명까지도 빼앗아갈 수 있다. 그래서 나는 경제문제나 인구문제로 격심한 어려움을 겪는 집단만이 낙태를 인구억제의 주된 방법으로 삼는다고 생각한다.

곤경에 몰린 수렵·채집민은 오히려 유아살해나 노인살해 쪽으로 돌아섰을 가능성이 훨씬 더 크다. 노인살해는 집단의 규모를 단기적 필요 때문에 줄여야 할 때 사용하는 비상수단으로서만 효과적이다. 그것으로 인구가 증가하는 장기적인 추세를 꺾을 수는 없다. 노인살해나 유아살해의 경우에도 이들을 직접 죽이는 일은 아마 극히 예외적이었을 것이다. 에스키모족 사회에서는 자신의 식량문제를 해결할 수 없는 노인들은 그 집단이 이동할 때 뒤로 처짐으로써 자살한다. 이 경우 아이들은 식량기근 때 노인은 짐이 되지 말아야 한다는 사회의 문화적 유산을 수용함으로써 부모의 죽음을 받아들인다.

오스트레일리아 아넘랜드주(州)의 먼진족(Murngin) 사회에서는 노인들이 병을 앓으면 그들을 이미 죽은 사람으로 대함으로써 자신에게 주어진 운명을 따르도록 도와준다. 그 집단은 마지막 의식, 즉 장례의식 절차를 시작하며 노인은 이에 화답하듯 점점 위독해진다.

유아살해의 경우는 아이를 직접 손으로 죽이는 것에서 그냥 방치해 죽음에 이르게 하는 것까지 다양한 형태가 있다. 아이를 목졸라 죽일 수도 있고 물에 빠뜨려 죽일 수도 있고 바위에 내던져 죽일 수도 있고 비바람 속에 버릴 수도 있다. 더 흔한 방법은 아이를 돌보지 않음으로써 '죽이는 일'이다. 즉 아이가 병들면 충분히 돌보지 않고 젖을 덜 주며 안고 있던 아이를 '우연히' 떨어뜨린다. 수렵·채집민의 여자들은 낮에는 아이를 온종일 끌고 다녀야 하기 때문에 터울을 많이 둔다. 리가 계산한 바로는 부시먼족 여자들은 아이가 어머니의 품을 떠날 수 있게 되는 4세가 되기 전까지 식량을 주우러 나서든 막사를 옮기든 아이들을 업거나 안거나 손잡고 약 7,886킬로미터를 데리고 다녀야 한다. 어느 부시먼족 여자도 무거운 부담인 어린아이 두세 명이 딸린 그런 여행을 원하지 않는다.

석기시대 수렵·채집민이 이용할 수 있는 최선의 인구억제방법은 어머니가 아기에게 젖을 먹여 키우는 기간, 즉 터울을 길게 두는 것이었다. 프리쉬(Rose Frish)와 맥아더(Janet McArthur)가 최근 시행한 월경주기에 관한 연구는 수유 중인 여자의 가임성(可姙性)이 저하되는 생리적 메커니즘을 밝혀준다. 아기를 분만한 후의 가임여성은 몸무게에서 지방이 차지하는 비율이 한계점을 넘어서기 전에는 다시 배란하지 못한다. 한계점(약 20~25퍼센트)이란 태아가 자라는 데 필요한 에너지가 지방의 형태로 몸에 넉넉히 축적된 시점을 의미한다. 정상적으로 임신하기 위해서는 평균 2만 7,000칼로리가 필요하며, 여자의 몸에 에너지가 이만큼 축적되어 있어야 임신할 수 있다. 그런데 젖을 먹는 아기는 날마다 어머니에게서 에너지 1,000칼로리를 빼앗아 필요한 에너지가 축적되는 것을 어렵게 한다. 그러므로 아기가 어머니의 젖을 먹고 있는 한, 배란이 다시 시작될 가능성은 거의 없다. 부시먼족 여자들은 아기에게 수유하는 기간을 늘려 임신을 4년 이상 늦추는 것 같다.

초경이 늦는 것도 같은 메커니즘을 따른 것으로 보인다. 몸 안에 있는 지방질의 비율이 높을수록 빨리 초경을 겪는다. 영양상태가 좋은 근대화된 사회에서 초경을 12세 정도에 겪는 데 반해, 만성적으로 영양실조 직전 상태에 있는 사회집단에서는 초경에 필요한 지방질을 축적하는 데 18년 또는 그 이상이 걸린다.

여기서 가장 흥미로운 것은 임신율이 고단백 저탄수화물 식단과 연관된다는 사실이다. 여자가 아기에게 별 탈 없이 젖을 먹이면서 건강과 체력을 유지하려면 단백질을 많이 섭취해야 한다. 또한 탄수화물을 너무 많이 먹으면 체중이 불어나 배란을 촉진하게 된다.

기네켄(J. Ginneken)이 내놓은 인구통계학적 연구보고는 주로 탄수화물 성분의 곡물과 구근류로 만든 음식을 먹는 저개발국에서 젖먹이를 기르는 여성들은 아이 낳는 터울을 18개월 이상 늘릴 수 없다는 것을 지적한다. 그런데 동물·식물단백질은 풍부하게 섭취하지만 탄수화물이 부족한 부시먼족 여자들은 앞서 말했듯이 터울을 4년 또는 그 이상으로 그럭저럭 유지해나가고 있다. 이는 수렵·채집민이 인구과잉을 막기 위해 젖 먹이는 기간을 연장했다는 것을 알려준다. 그와 반대로 식사 질의 저하는 인구증가를 초래하는 경향을 나타냈을 것이다. 이는 낙태율과 유아살해율의 상승, 또는 단백질 섭취량을 크게 줄여야 하는 상황을 불러왔다.

나는 석기시대 조상들이 인구과잉을 예방하기 위해 전적으로 수유기를 연장하는 데만 의존했다고 말하려는 것은 아니다. 보츠와나 부시먼족의 현재 인구증가율은 연 5퍼센트다. 139년마다 인구는 두 배가 된다. 이러한 증가율이 구석기시대의 마지막 1만 년 동안 지속되었다면 기원전 1만 년 전 지구의 인구는 6,044해 6,300경에 달했을 것이다.

여성의 가임기를 16세부터 40세까지라고 생각해보자. 수유기를 오래 끌지 않는다면 여성들은 평생 열두 번이라도 임신할 것이다. 수유기를 연장하면 임신 횟수는 여섯 번으로 내려간다. 나이 든 여성들의 성교 횟수의 감소로 임신 횟수는 다시 다섯 번으로 줄어들지 모른다. 자연유산과 질병 또는 사고로 발생한 유아사망은 다시 이를 네 번으로 줄일 수 있다. 그래도 이 숫자는 인구를 두 배로 증가시킬 수 있는 수치다. 두 번에 걸친 '가외의' 임신에 따른 출생은 아이를 돌보지 않고 버려두는 일종의 여아살해로 조절될 수 있을 것이다. 최선의 방법은 여자아이만을 버리는 것이다. 왜냐하면 일부일처제를 지키지 않는 집단에서 인구증가율은 거의 전적으로 재생산 연령에 도달한 여성의 수에 따라 결정되기 때문이다.

석기시대 조상들은 이와 같은 방법으로 인구증가를 완벽히 억제할 수 있었다. 하지만 거기엔 어린 생명의 낭비라는 대가가 따랐다. 이 대가는 에덴동산이라고 착각했을 법한 선사시대의 추하고 어두운 단면으로서 저 먼 곳에 숨겨져 있다.

3

농업의 기원

홍적세의 거대동물 멸종이
구세계나 신세계에서 농업적 생산양식을
유발하는 계기가 되었던 것은 명백하다.
그러나 그 두 세계에서 일어난 사태의 추이에는
매우 중대한 차이점이 있다. 이러한 차이점은
이후의 역사를 이해하는 데 매우 중요하다.

지구온난화와 생활양식의 변화

지금으로부터 3만 년에서 1만 2,000년 전에 걸친 기간은 그 전 몇백만 년 동안 완만하게 진행되어오던 기술발전이 절정에 도달하던 시기다. 이 기간에 석기시대 조상들은 몸집이 큰 육상동물을 사냥하기 위한 연장과 기술을 완성시켰다. 구세계 곳곳에 몇만 년 전 이들이 거주했던 자리가 남아 있으며 고고학자들은 그러한 유적에서 후피동물(코끼리처럼 가죽이 두꺼운 동물—옮긴이), 기린, 무소 등의 유골을 발견했다. 이 동물들은 아마 자연사했거나 함정에 걸려 죽었거나 인간이 아닌 다른 육식동물에게 공격당해 죽었을 것이다. 이 시기에 우리 조상들은 그런 큰 짐승들을 사냥하기보다는 죽은 짐승을 먹어치우며 헤매고 다녔을 것이다. 그러나 3만 년 전 무렵부터 사정은 달라졌다. 구세계와 신세계에서 수렵·채집민 집단은 가장 거대한 짐승까지도 일상적으로 죽이고 잡아먹을 수 있는 수단을 갖추게 된 것이다.

유럽과 아시아에서는 빙하의 얼음이 녹아 흘러내린 물로 무성하게 자란 풀밭에 수없이 많은 순록, 매머드, 말, 들소 등이 떼 지어 다니면서 풀을 뜯고 있었다. 당시 우리 조상들은 주로 이 동물들의 뒤를 쫓았다. 사냥꾼들은 불을 질러 짐승을 한곳으로 몰아붙이고, 낭떠러지로 몰아 떨어뜨리고, 돌이나 뼛조각으로 만든 촉이 달린 창, 투창, 긴 칼 그리고 활과 화살 등 온갖 무기로 그들을 해치웠다. 이와 같이 짐승을 잡아먹는 인간과 인간의 식량공급원인 짐승 사이의 생태학적 균형은 수천 년 동안 유지되었다.

그러다 약 1만 3,000년 전 무렵, 마지막 빙하시대 말기의 시작을 알리는 신호로 지구온난화가 시작된다. 북반구의 많은 부분을 약 1.6킬로미터 두께의 얼음으로 뒤덮고 있던 빙하가 그린란드 쪽으로 물러나기 시작했다. 혹독했던 기후의 칼날이 무뎌지자 상록수와 자작나무류가 자라서 숲을 이루고 수많은 짐승이 풀을 뜯던 초원을 침식해갔다. 목초지의 소멸은 육식하는 인간의 대량도살과 함께 생태환경에 일대 이변을 일으켰다. 털매머드, 털코뿔소, 초원들소, 큰사슴, 유럽들나귀 그리고 염소가 갑자기 자취를 감추었다. 멸종된 것이다. 말과 소는 살아남았지만 유럽에서는 격감했다. 사이가산양과 사향소(북극지방에 서식하는 소과의 포유류―옮긴이) 같은 짐승은 저 멀리 북쪽 여기저기에 남은 주머니 모양의 좁은 지역에 흩어져 겨우 살아남았다. 변화한 기후조건과 인간에게 대량으로 잡아먹힌 일이 이 동물들의 멸종에 각각 상대적으로 어떤 충격을 주었는지에 대해서는 학자마다 생각이 다르다. 그러나 코끼리나 코뿔소가 빙하후퇴로 발생한 여러 차례의 기후온난화에도 가까스로 살아남았던 것을 보면 인간의 도살이 짐승들의 멸종에 일정한 역할을 했음이 확실하다.

큰 짐승을 사냥하던 수렵문화가 무너진 뒤 북유럽에서는 중석기시대가 등장했다. 이 시대에 사람들은 물고기, 조개 그리고 숲사슴을 단백질 공급원으로 삼았다. 큰 짐승 사냥꾼들의 문화가 북쪽보다 더 일찍 끝났던 중동(지금의 터키 남부, 이라크, 이란, 요르단 및 이스라엘)에서는 인간의 생존유형이 한결 더 다양해졌다. 그곳 사람들은 사냥대상을 소, 붉은사슴 등에서 양, 염소, 영양 같은 좀 더 작은 짐승으로 바꾸는 한편, 물고기와 게, 그 밖의 조개류, 새,

달팽이 그리고 도토리, 피스타치오 같은 나무열매, 들콩과 자연생 곡물류 쪽으로 점점 더 많은 관심을 기울이게 되었다.

미시간 대학의 플래너리(Kent Flannery)는 이 시스템을 '넓은 범위'의 수렵·채집활동이라 부른다. 빙하후퇴와 큰 동물을 집중적으로 사냥한 일이 유럽과 중동이라는 상이한 두 지역에서 똑같은 결과를 야기한 것은 아니지만, 두 지역에서는 아마도 유사한 환경적 고갈이 발생했을 것이며 이 때문에 동물단백질을 얻기가 더 힘들어졌다. 부처(Karl Butzer)에 따르면 마지막 빙하시대 중에는 대부분 터키와 이라크 동북부 및 이란에는 나무가 없었으며, 이런 사정이 떼 지어 다니는 군생동물에 대한 사냥을 촉진시켰다. 사실 빙하시대 말기에 진행되었던 산림화가 이 지역에서는 유럽처럼 광범하지 않았고, 그래서 탁 트인 곳도 다양한 산림 종류도 없었으므로 생태적 위기는 중동에서 더 심각했을 것이다.

남북아메리카대륙을 살펴보면, 여기서도 같은 과정이 진행된 것을 볼 수 있다. 마지막 빙하기는 이 신세계에서 거대동물 사냥을 중심으로 한 수렵문화의 전성기를 일으켰다. 고고학자들은 베네수엘라, 페루, 멕시코, 아이다호, 네바다 등의 유적지에서 아주 예쁘게 만들어진 잎 모양 화살촉, 칼날, 돌 다듬는 정 등을 찾아냈다. 이것들은 기원전 1만 3000년에서 9000년 사이에 만들어진 것으로 추정된다. 그 가운데 몇 개는 영양, 말, 낙타, 매머드, 마스토돈(거대한 코끼리의 일종—옮긴이), 거대한 땅나무늘보, 큰 설치류 등 이미 멸종된 동물의 사냥과 관련된 것이었다. 기원전 1만

1000년에서 기원전 8000년 사이에는 한가운데 구멍이 뚫린 촉이나 홈이 파인 무기를 갖춘 사냥꾼들이 북아메리카의 광범위한 지역에서 거대동물을 활발히 사냥하고 있었다. 그러나 기원전 7000년 무렵까지는 포식생활과 빙하의 북상에 따른 기후변화로 신세계에 서식하던 거대동물 32종이 고스란히 멸종했다. 그 가운데에는 말, 큰들소, 소, 코끼리, 낙타, 영양, 돼지, 땅나무늘보, 큰 설치류 등이 포함되어 있었다.

애리조나 대학의 마틴(Paul Martin)은 아메리칸인디언의 조상들이 큰 짐승들—집합적으로 '거대동물류'(pleistocene megafauna)라 부른다—을 단기간에 집중적으로 잡아먹었다고 말한다. 마틴은 1만 1,000년 전에 육교처럼 육지로 드러나 있던 현재의 베링해협을 건너 시베리아에서 이민자들이 무리 지어 이주해오기 전에는 거대동물들이 사람에게 사냥된 적이 없었으므로 결국 그들이 거대동물들을 멸종시켰다고 생각한다. 하지만 우리는 이제 아시아인들이 이보다도 훨씬 전에 아메리카대륙을 발견해 건너왔다는 것을 알고 있다. 최소한 1만 5,000년 전, 아니 아마도 7만 년 전에 건너왔을 수도 있다. 따라서 마틴의 이론은 전체적으로는 틀렸을지라도 거대동물류의 급속한 멸종에 관한 대목은 주의 깊게 고려할 만하다. 마틴은 초기 인류 소집단의 사냥감 살생률을 컴퓨터 프로그램으로 시뮬레이션해 다음과 같이 정리했다. 만약 수렵민들이 자신들의 인구를 각 세대마다 두 배로 증가시켰다면—이만큼의 인구증가율은 구석기시대 수렵민들의 번식능력으로 충분히 가능하다—캐나다부터 멕시코만 해안 일대에 사는 큰 동물들은

3세기 안에 멸종되었을 것이다. 그 내용의 일부를 인용하면 다음과 같다.

에드먼턴에 사는 고대 인디언들 100명을 여기에 등장시켜보자. 이 수렵민들은 1년에 평균적으로 짐승 열세 마리를 잡아먹는다. 가족 구성원 네 명 가운데 한 명이 주로 짐승을 잡는 일을 맡는데 일주일에 평균 한 마리 꼴로 짐승을 잡는다. …… 사냥은 힘들지 않다. 집단은 20년마다 두 배로 늘어나 그곳에 있는 짐승 떼를 다 잡아먹어 고갈되면 새로운 영토를 찾아야 한다. 120년이 지나면 에드먼턴의 인구는 5,409명으로 늘어난다. 그들은 약 94.95킬로미터 폭의 전선을 이루어 평방킬로미터당 0.6명꼴로 밀집해 산다. 그 전선의 배후에 그들의 사냥감이 될 만한 거대동물은 고갈되어 없다. 220년이 지나면 그들의 수렵전선은 콜로라도 북부까지 도달한다. ……그 후 73년 안에 전선은 약 1,600킬로미터를 전진해 멕시코만까지 도달한다. 전선의 폭은 약 122.3킬로미터에 달하게 되고 인구는 최대 10만 명을 넘어서게 된다. 전선은 일 년에 약 32킬로미터 이상 나아가지 않는다. 293년간 이 고대 인디언은 거대동물을 총 9,300만 마리 잡아먹었다.

마틴의 이러한 시나리오는 생식압력과 생활수준에 가해지는 위협에 대처하기 위해 사냥의 수확률을 늘리기로 작정한 수렵·채집민에게 덩치는 크고 번식이 느린 동물이 얼마나 무력하고 약한지

보여주는 예로 지금도 여전히 유효하다. 나는 이 사냥감이 급격한 인구증가 때문에 멸종한 것이 아니라 오히려 사냥감이 자꾸 줄어드는데도 식사의 질과 낮은 낙태율 및 여아살해율을 그대로 유지하려는 것 때문에 멸종했다고 본다.

거대동물을 사냥감으로 삼았던 수렵·채집민이 감소한 후, 아메리카대륙에는 중동의 '넓은 범위'에서 살아가는 수렵·채집민의 생존시스템과 유사한 문화가 출현한다. 생산강화와 자원고갈이 진행되는 세부 과정은 피바디 고고학박물관의 맥네이시(Richard MacNeish)가 지휘한 테우아칸계곡에서 실시된 놀랄 만한 연구에 더없이 잘 나타나 있다.

테우아칸계곡은 멕시코 푸에블라주 남동부에 있는 해발 1,372미터의 길고 좁다란 계곡으로 사방을 둘러싼 높은 산들 때문에 덥고 건조하다. 아훼레아도시대(기원전 7000~기원전 5000)에 바로 이곳에서 말과 영양이 사냥으로 멸종했다. 이어서 수렵민들은 잭래빗(북미산 산토끼의 일종—옮긴이)과 큰거북을 계속 잡아먹어 결국 이것들도 멸종된다.

맥네이시가 추산한 바로는 그 당시 사냥꾼들이 섭취한 총 칼로리 섭취량 가운데 육류가 차지한 구성비는 계절에 따라 최대 89퍼센트에서 최소 76퍼센트였다. 그러나 뒤이어 엘 리에고시대(기원전 5000~기원전 3400), 콕스카틀란시대(기원전 3400~기원전 2400), 아베하스시대(기원전 2300~기원전 1850)로 내려감에 따라 섭취한 칼로리 가운데 육류가 차지하는 최대 및 최소 구성비는 계절에 따라 각각 69~31퍼센트, 62~23퍼센트 그리고 47~15퍼센트로 떨어진다. 이 계곡에서 농업을 기반으로 하는 정주적 촌락생활이 확립된 기원전 800년 무렵이 되면 다시 크게 떨어지고, 수렵기와 비수렵기의 식습관상의 차이도 사실상 거의 사라져버린다. 나중에 보게 되겠지만, 마침내 고대가 되면 멕시코에서 육류의 생산과 소비는 인류 역사상 가장 잔인하고 야만적인 제도와 관습을 위한 어떤 특별한 경우로만 제한되고, 육류를 먹는 것은 사치스러운 일이 된다.

생산강화의 영향

테우아칸계곡 주민들의 식생활에서 동물단백질의 구성비가 돌이킬 수 없는 추세로 줄어든 것은 수렵기술이 개선되면서 줄기차게 진행된 생산강화와 그에 따른 자원고갈이 순환적으로 반복된 결과였다. 한 종류의 짐승이 남획으로 고갈되면 수렵민들은 그때마다 더 효율적인 무기와 방법을 사용해 감소한 수익을 보충하려 했다. 창, 투창, 던지는 화살 그리고 마침내는 활과 화살을 사용하지만 사태를 뒤바꾸는 데는 별 소용이 없었다.

맥네이시의 추산에 따르면 아휘레아도시대 토끼사냥의 노동효율(지불된 칼로리당 얻는 칼로리의 비)은 2.5 대 1이었다. 매복하다가 작살로 사냥하는 방법은 초기 아휘레아도시대에 3.2 대 1를 기록했으나 아베하스시대에 가서는 1 대 1로 떨어졌고 결국 노동효율을 따지는 게 곧 무의미해졌다. 사슴 곁으로 몰래 접근해 창을 던져 사냥하는 방법은 처음에는 노동효율이 7 대 1이었지만 사슴이 줄어들면서 4 대 1로 떨어졌다. 그 뒤 활과 화살이 도입되어 8

대 1에서 9 대 1로 다시 높아졌으나 그 무렵부터 사냥감이 워낙 귀해져 육류는 식생활에서 별로 대수롭지 않은 지위를 차지하게 되었다.

테우아칸계곡 주민들은 짐승의 멸종이 몰고 올 중대한 사태를 지연시키려고 오랜 세월 헛된 발버둥을 치면서 점차 생계를 위한 노력의 제1차적 대상을 동물에서 식물로 바꿔갔다. 식용식물의 생산강화로 '광범위한'(broad spectrum) 먹을거리 가운데 사람이 '길들인'(domesticated, 재배와 구별되는 의미―옮긴이) 식물이 차지하는 비율이 느리게나마 증가했다. 식용식물은 처음에는 전적으로 채집활동으로 입수되었다. 후기 엘 리에고시대 무렵 수렵민 소집단은 호박, 아마란스, 칠레고추, 아보카도 등을 식용으로 길들이는 데 성공했다. 콕스카틀란시대에는 옥수수와 콩이 추가되었고 이 식물의 수확은 그들의 정착거주지가 커지고 정주적 성격이 강해짐에 따라 차츰 더 중요해졌다.

맥네이시는 길들여졌거나 재배된 식물이 총 칼로리 섭취량에서 차지하는 비율을 엘 리에고시대에는 단 1퍼센트, 콕스카틀란시대에는 8퍼센트, 아베하스시대에는 21퍼센트로 추정한다. 최초로 항구적인 정착생활이 출현했던 그 당시에도 식용으로 길들여졌거나 재배된 식물에서 얻는 칼로리는 총 칼로리 섭취량의 42퍼센트밖에 되지 않았다.

사냥의 경우와 마찬가지로 농경에서도 생산강화는 일련의 기술향상을 초래했다. 초보적인 초목 가꾸기 수준의 원예에 이어서 농업이 나타났는데, 이는 점점 더 관개에 의존하게 된다. 이전과는 다른 식량생산방식인 농업의 노동효율은 10 대 1에서 30 대 1, 다시 50 대 1로 향상되었다. 맥네이시는 노동효율이 계속 저하되면서 농업과 관개로의 이행이 촉진되었을 가능성을 논외로 했다. 나도 그러한 노동효율의 저하가 더 효율적인 농경양식으로의 이행을 설명하는 데 언제나 필요한 요인임을 고집하려는 것은 아니다. 그러나 동물단백질 생산의 저하는 결국 식물단백질 생산의 증가로써만 벌충될 수 있었다. 우리가 중시해야 할 점은 수리농업은 원예에 비해 생산성이 한 시간당 다섯 배나 되는데도 9,000년에 걸쳐 진행된 생산강화, 자원고갈, 기술혁신의 꼬리를 문 반복이 영양상태의 전면적 악화라는 결과를 초래했다는 사실이다.

홍적세(pleistocene, 지질시대의 하나. 신생대 제4기 전반에 속한다―옮긴이)의 거대동물 멸종이 구세계나 신세계에서 농업적 생산양식을 유발하는 계기가 되었던 것은 명백하다. 그러나 그 두 세계에서 일어난 사태의 추이에는 매우 중대한 차이점이 있다. 이러한 차이점은 이후의 역사를 이해하는 데 매우 중요하다. 테우아칸계곡 주민들은 처음으로 야생식물을 기르고 나서도 몇천 년 후에야 촌락생활을 시작했다. 그리고 이는 대체로 아메리카 전역에서 일반적으로 나타나는 현상이었다(페루에서는 그보다도 훨씬 전에 바다 포유동물 사냥꾼들이 촌락을 세웠지만 이 사실은 문화발전의 큰 흐름에 어떤 영향도 미치지 않았다).

한편 구세계에서는 정반대의 결과가 나타났다. 마을을 먼저 지어 촌락생활을 시작했고 그로부터 2,000년이 지나서야 비로소 식물을 재배―이전에는 그 열매를 채집해 먹던 야생식물의 순화재배—하기 시작한 것이다. 이러한 차이를 이해하기 위해 가장 잘 알려져 있는 두 지역, 즉 먼저 중동을 살펴보고 다음으로 메소아메리카(중부아메리카와 멕시코)지역을 좀더 면밀히 살펴보기로 하자.

중동에서 가장 오래된 촌락들은 야생의 보리, 밀, 그 밖의 야생 풀의 씨앗을 수집하는 등의 생계양식을 따라 형성된 것으로 알려져 있다. 이 씨앗은 늦봄의 3주 동안 익는다. 아나톨리아지방(지금의 터키 일대—옮긴이)에서는 한 사람이 부싯돌로 만든 낫으로 한 시간에 밀 약 1킬로그램을 베어 추수할 만큼 야생밀이 촘촘히 자랐다. 솜씨 좋은 한 가구가 3주 동안 일하면 한 해에 필요한 밀을 추수할 수 있었다. 이 지방의 '광범위한' 수렵·채집민은 이렇게 거두어들인 곡물을 저장하고 빻아 밀가루를 만들고, 그것으로 케이크나 죽을 만들 장소를 마련하기 위해 최초로 영구적 촌락을 세웠다. 그들이 사는 가옥이나 담장, 밀을 저장해두는 갱, 밀을 볶아 겨를 벗기는 가마솥, 잘게 갈아버리는 큰 맷돌은 일시적인 야영지와는 달리 쉽게 버리고 떠날 수 없는 자산이었다.

예를 들면 기원전 1만 1000년대에 이스라엘의 카르멜산에는 나투피안족(Natufian)이라는 수렵·채집민이, 비바람을 피하곤 하던 그들의 보금자리인 바위 앞에 땅을 일정한 깊이로 파 대야 모양을 만들고, 거기에 돌을 깔아 층을 두었다. 영구적인 난로 둘레에도 둥그렇게 돌을 쌓았다.

요르단강 계곡에 있는 1만 2000년 전 말라하 유적에서 곡물을 주식으로 먹던 사람들은 원형 집터를 만들기 위해 돌로 기초를 놓고 횟가루 반죽으로 마감한 곡물저장용 갱을 만들었다. 이 유적에서는 야생 곡물을 베기 위해 길들인 '작은 낫'도 발견되었다.

티그리스강 상류에 있는 이라크의 자위 헤미 샤니다르에서도, 자그로스산맥 측면에 있는 카림샤히르에서도 유사한 증거물들, 즉 농경生活이 시작되기 전인 기원전 1만 년에서 기원전 8000년대에도 낫으로 곡물을 베고 볶아 겨를 벗겨 갱에 저장하는 촌락生活이 존재했다. 고고학자들은 시리아의 유프라테스강 최상류에 있는 텔 무레이베트에서 점토로 벽을 쌓은 가옥, 맷돌, 곡식을 볶는 화덕 그리고 밀과 보리의 조상뻘을 포함한 야생식물의 씨앗 18종을 발견했다.

신세계에서는 일의 추이가 매우 달랐다. 이곳에서 발견된 인간 생활에 적합하게 재배된 가장 오래된 식물은 맥네이시가 테우아칸계곡에서 발견한 것으로 약 9,000년 전의 것들이다. 약 7,000년 전에는 원시적인 옥수수의 일종을 재배했는데 이것들은 알갱이가 불과 두 줄 아니면 세 줄밖에 없는 작은 것이었다. 그런데 테우아칸계곡 주민들은 400~500년 전부터서야 영구적인 집을 지어 살기 시작했다. 그나마 그곳에서 1년 내내 산 것도 아니다. 반(半)이동생활을 하면서 채집한 식량이 그들의 양식이 된 전체 식물의 절반이나 되었으니 말이다.

이 지점에서 언급해둘 것은 신세계와 구세계 모두 농업의 시원적 단계를 거쳐나가면서 오랜 세월 동안 독특한 여러 단계를 밟아왔다는 것이다. 농업과 관련된 식물들의 구색이 완전히 달랐다는 점에 비추어볼 때, 어느 한쪽의 발달이 다른 한쪽에서 파생된 것이라고 보는 진부한 생각은 이제 영원히 사라져야 한다.

중동인들이 9,000년 전 우여곡절 끝에 테우아칸계곡으로 건너올 수 있었다고 해도 그들은 빈손으로 왔을 것이고 별 도움도 되지 않았으리라는 것은 뻔하다. 아메리칸인디언들은 중동인이 건너온 것과 상관없이, 그로부터 몇천 년을 더 보내면서 자신들의 독자적인 생산품종을 개선하고 확충해야만 했을 것이다.

일부 완고한 전파론자들—농업처럼 복잡한 생산 과정이 각기 상이한 곳에서 1회 이상 독자적으로 발전했을 리 없다고 믿는 학자들—은 농사지어 작물을 수확한다는 개념이 전파된 것이지 농작물 자체가 전파된 것은 아니라는 견해를 내놓는다. 그러면서 그들은 메소아메리카, 즉 중부아메리카와 멕시코에는 밀, 보리, 호밀 등 구세계에서 흔한 식용식물과 가축이 없다는 엄연한 사실을 바로 보지 않고 회피하려 한다. 그러나 앞에서 이미 설명했듯이 수렵·채집민이 농업으로 이행하지 못한 것은 개념 때문이 아니라 비용편익 때문이었다. 일주일에 불과 몇 시간만 일해도 고기든 채소든 원하는 만큼 얻을 수 있다면 누가 농사짓겠는가.

서로 다른 생산양식의 발전

나는 구세계와 신세계에서 사람들의 생활양식이 발전하는 추이가 달랐던 이유는 거대동물이 멸종하고 나서 두 세계에는 서로 다른 종류의 동식물이 군락이나 군생상태를 형성했기 때문이라고 생각한다. 중동에서는 동식물의 분포가 잘 결합되어 있었기 때문에 '광범위한' 수렵·채집민은 촌락을 만들어 정착함으로써 육류와 식물성 음식을 모두 더 많이 소비할 수 있었다. 그러나 메소아메리카에서는 나무와 풀의 열매나 씨를 채집해 살아가는 촌락을 구성해 항구적으로 정착한다는 것은 고기를 먹지 못한다는 것을 의미했다.

중동에서 농업이 발생한 지역은 밀, 보리, 완두콩, 렌즈콩 등이 야생상태로 자랄 뿐 아니라 양, 염소, 돼지, 소 등 오늘날 가축의 선조들이 서식하는 곳이었다. 농업 이전 단계의 사람들이 알곡이 여무는 풀이 빽빽하게 자라는 풀밭에 항구적인 부락을 세워 정착해 살게 되자, 그 풀밭의 풀을 주로 먹고 사는 양과 염소 떼는 이 부락민들과의 접촉을 피할 수 없게 되었다. 부락민들은 개를 이용해 양과 염소 떼의 이동을 통제할 수 있었다. 인간은 이 짐승들에게 풀 그루터기만 먹였고 익어가는 알곡은 먹지 못하게 했다. 다시 말해 이제는 사냥꾼들이 짐승을 찾아 나설 필요가 없게 되었다. 먹을 것이 한군데 밀집해 있는 풀밭을 찾아 짐승들이 사냥꾼들이 사는 곳으로 오게 된 것이다.

사실 양이나 염소에게 익어가는 곡물은 참기 어려운 유혹이었으므로 이 짐승들은 수확을 망치는 위협적인 존재였다. 그런데 이것이 사냥꾼들에게 더더욱 고기생산에 열을 올리게 하는 유인과 기회가 되어 짐승들은 멸종위기에 처하게 되었다. 사육—사실 사육은 전무후무한 최대의 동물보호운동이다—이 출현하지 않았다면 양과 염소도 전에 다른 동물들에게 강요된 운명을 따랐을 것이다.

그 짐승들이 멸종을 면하게 되는 실제 과정은 아주 간단하다.

오늘날 현존하는 수렵·채집민과 원예 수준의 식물재배에 종사하는 부락민들은 동물을 애완용으로 기르고 있다. 식물에 대한 지식이 부족해서 농경의 발달이 늦어진 게 아닌 것처럼 고대문화에서 양과 염소를 대량으로 사육해 애완용으로 삼거나 식용 등 경제적 용도로 이용하지 못한 것은 동물에 대한 지식이 부족했기 때문이 아니었다. 주요 이유는 다른 곳, 즉 그토록 많은 동물을 사육하다가는 사람들이 먹을 야생식물마저 고갈되고 말 것이라는 데 있었다.

곡물농사의 시작은 새로운 가능성을 열었다. 양과 염소는 사람이 재배하는 식물의 그루터기나 그 밖에 사람이 먹지 않는 부분을 먹고도 왕성하게 번식했다. 일정한 장소에 가두어둘 수도 있고 그루터기를 먹일 수도 있고 젖을 짜거나 선별적으로 도살할 수도 있었다. 너무 사납거나 고기 맛이 좋은 놈 또는 성장이 너무 더딘 놈들은 생식할 수 있는 나이가 되기 전에 잡아먹었다.

이 이야기는 구세계에서 식물재배와 동물사육이 어떻게 동시에, 동일 장소에서 일어날 수 있었는지 설명해준다. 식물재배와 동물사육은 그 지역 전체에 펼쳐졌던 전반적인 생산강화의 일부였다. 이러한 전반적인 생산강화로 새로운 생산시스템이 출현할 수 있는 토대가 마련되었던 것이다. 아주 오랜 옛날에 사람들이 촌락을 형성해 살았던 유적지 가운데 하나인 이라크의 자위 헤미 샤니다르에서는 거의 1만 1,000년 전에 양을 사육했다. 이란의 알리 코쉬에서는 밀, 보리, 귀리 등 사람 손으로 재배된 갖가지 곡물과 함께 지금부터 9,000~9,500년 전에 사육된 염소가 있었음을 보여주는 증거가 발견되었다. 고고학자들은 이라크의 자르모에서 나온 같은 종류의 복합물들—재배된 식물과 가축—이 약 8,800년 전의 것임을 밝혀내기도 했다.

다시 메소아메리카로 돌아가자. 아훼레아도시대에 테우아칸계곡에 살던 '광범위한' 수렵·채집민은 거의 같은 시기 중동지역 사람들과 마찬가지로 야생곡물을 잘 이용했다. 그 가운데 아마란스와 옥수수가 농사의 주 종목이었다. 맥네이시는 야생식물의 씨앗을 채집하는 일이 농사짓는 일에 견줄 만큼 노동효율적이며, 농업처럼 수확물을 저장해둘 만큼의 여유분도 있었다는 사실에 주목한다. 그렇다면 왜 테우아칸계곡에 살던 사람들은 아마란스와 옥수수가 무성하게 자라는 곳에 정착해 살지 않았던 것일까. 그들에게 정착하는 법을 가르쳐줄 천재가 없었기 때문이었을까. 아니면 어떤 고고학자가 시사한 것처럼 기후나 인구밀도와는 아무 관계없이 발생한 사회경제적 조직의 어떤 신비스러운 변화 때문이었을까. 하지만 이런 것들은 멕시코에 남아 있는 동물의 종류와 중동에 남아 있는 동물의 종류 사이에 존재하는 확연한 차이를 잘 설명해주지 못한다.

테우아칸계곡에서는 야생 아마란스 및 옥수수를 재배작물로 길들이는 과정에 발맞춰 동물을 사육할 수 없었다. 그 이유는 아주 간단하다. 사육할 수 있을 만한 동물은 모두 기후변화와 지나친 사냥 및 도살 때문에 멸종되고 없었다. 테우아칸계곡 사람들은 고기가 먹고 싶으면 숲사슴, 토끼, 거북, 새와 그 밖에 작은 동물 등 사냥감의 습성에 맞춰 자유롭게 돌아다녀야 했다. 그래서 그들은 중동에서 야생식물의 씨앗을 채집하며 살아가던 사람들이 했던 것처럼 집을 짓고 곡물을 볶고 저장하는 갱이나 시설을 만드는 일에 땀 흘리기를 꺼렸다. 그리고 그들은 많은 종류의 식물을 작물화하고 나서도 자신들이 즐겨 잡아먹던 작은 짐승들이 완전히 멸종되기 전까지 온전한 촌락생활과 오랫 동안 거리를 두었다.

메소아메리카 일대에 사육할 만한 동물이 전혀 없었다고 말하려는 것이 아니다. 테우아칸계곡에서 생활양식이 변천하는 과정 말기에 개와 칠면조가 식용으로 사육되었다. 하지만 이 짐승들의 고기 공급잠재력은 구세계의 초식 반추동물의 고기 공급잠재력에 비하면 보잘것없었다. 개는 썩은 고기 등 거리를 쏘다니며 무엇이든 뒤져 먹도록 길러야만 제법 단백질 공급원 역할을 할 수 있었다. 칠면조는 곡물을 축내므로 사람과 경쟁관계에 있었다. 신세계에서 양과 염소에 견줄 만한 짐승은 라마(안데스산맥 일대에 사는 낙타과 동물—옮긴이)와 알파카뿐이었다. 그러나 이들은 남아메리카에서만 살아남았으므로 메소아메리카에서 촌락생활이 형성되는 것에는 아무런 역할을 하지 못했다.

물론 남아메리카의 인디언들도 결국 라마와 알파카 그리고 기니피그(이 또한 메소아메리카에는 없다)를 사육했다. 이 짐승들은 기원전 약 2500년 무렵 이후 안데스산맥 주민들의 주요 육류 공급원이었다. 안데스산맥 주민들이 시원적 농업단계에서 왜 야생식물의 씨·열매 줄기와 라마·알파카의 반(半)사육에 기초한 전(前)농업적 촌락을 형성하지 못했는지에 대해서는 별로 알려진 것이 없다. 하나의 가능성으로 두 짐승을 다 가두어 기르기가 어렵다는 사실을 들 수 있다. 이 두 짐승과 가장 비슷한 비쿠냐는 사람들이 몹시 탐내는 털이 있지만, 갇힌 상태에서는 매우 까다로워지고 독특한 구애절차를 거부하므로 사육할 수 없다. 또 다른 가능성은 야생 키노아(Quinoa, 남아메리카산 1년초, 그 열매는 사료나 식용으로 사용된다—옮긴이)의 군생지는 생산성이 높지 않아 그 옆에 촌락을 지을 만한 유인이 없었기 때문이라는 추측이다. 그러나 이 문제는 더 연구하지 않고서는 결론을 내릴 수 없다.

신세계의 농업발달지역에서 동물자원의 고갈은 먼 훗날까지 영향을 미치게 된다. 따라서 지구의 남반구와 북반구는 서로 상이한 궤도 위에 놓이게 되고 각기 다른 속도로 발전의 길을 걷게 된다. 이것이 콜럼버스는 아메리카대륙을 발견하고 파우하탄(Powhatan, 버지니아주에 거주하던 인디언족의 수장—옮긴이)은 유럽을 발견하지 못한 이유다. 또 스페인의 코르테스(Hernán Cortés, 스페인 군인으로 멕시코 아스테카왕국의 정복자—옮긴이)가 모크테수마(Moctezuma, 아스테카왕국이 멸망할 당시 마지막 왕—옮긴이)를 정복하고 그 반대로는 되지 않은 이유다.

구세계에서는 양과 염소를 사육하고 이어서 곧 돼지, 소, 낙타, 나귀, 말 등을 사육했다. 이 동물들은 농업시스템의 일부로 편입되고 일체화되어 기술발전의 기반이 되었다. 완전히 정주지가 된 마을에서는 곡물을 나귀나 소의 사료로 전환할 수 있었고 이 동물들을 이용해 쟁기나 그 밖의 무거운 짐을 끌거나 날랐다. 짐은 처음에는 썰매에, 그다음에는 굴림대에, 마침내는 수레에 실어 날랐다. 그 후 점점 더 효율적인 운반구를 만들어 쓰게 되었다. 그보다도 더 중요한 점은 이것이 기계기술의 기초가 되어 모든 복잡한 기계를 제작할 수 있게 되었다는 것이다.

한편 신세계에서도 아메리칸인디언이 수레바퀴를 발명했다. 그런데 아마도 이는 사기그릇 만드는 데 쓰는 녹로나 장난감 정도로 사용되었을 것이다. 무거운 짐을 끌게 할 마땅한 짐승이 없었으므로 그 이상으로 발전하지 못했다. 라마와 알파카는 짐을 끄는 일에는 전혀 활용할 수 없었다. 들소는 길들이기 힘든 짐승이었을 뿐 아니라 농경이 자리 잡고 국가가 형성되던 중심부 밖에서 살고 있었다. 수레바퀴에 관한 기술을 개발하지 못했다는 것은 신세계가 들어 올리기, 나르기, 제작·제조의 과정에서 꽤 뒤떨어졌다는 것을 의미했다. 그러한 공정에서는 도르래, 기어, 톱니바퀴의 이, 스크루 등이 필수적인 역할을 한다.

홍적세의 말기, 동물의 떼죽음이 발생한 후 지구의 남반구와 북반구가 각기 다른 동물도감을 갖추게 된 것은 또 다른 중대한 결과를 야기한다. 우리는 동물단백질의 공급원으로서 사육의 역할을 고려하지 않고서는 두 반구의 정치, 경제, 종교, 음식기호 등의 유형을 이해할 수 없다. 이 문제에 대해서는 나중에 다시 논의할 것이다.

지금까지 나는 생계활동의 양식으로서 수렵·채집이 그 생산강도를 가중시키면서 생태자원이 고갈되었고 이에 대응해 촌락생활이 나타났음을 설명했다. 그런데 중동에서는 곡물을 가공하고 저장하는 시설이 만들어지자 생활수준이 점차 나아지면서 칼로리와 단백질이 풍부한 식생활을 누리게 되었다. 그러자 인구팽창을 장려할 수도 하지 않을 수도 없게 되었다. 적당한 단백질과 칼로리가 포함된 식생활 때문에 수유기를 연장하는 피임법은 효과가 줄어들었다. 여자들은 이동하지 않고 정주지에 있는 시간이 길어졌고 그래서 서너 살짜리 아이 한 명 정도 있으면 새롭게 아이를 하나 더 낳아 기를 수도 있게 되었다. 농사일은 아이들의 노동력도 곧잘 흡수했다. 게다가 마을은 미개간지 쪽으로 얼마든지 뻗어 나갈 수 있었다. 이렇게 해서 기원전 8000년에 10만 명이었던 중동의 인구는 기원전 4000년 무렵 320만 명으로 늘어났다. 4,000년 동안 인구가 40배 증가한 것이다.

이러한 인구증가는 생활수준에 새로운 압력을 가했고 그리하여 생산강화와 자원고갈의 새로운 순환이 시작되었다. 가축이 증가하자 삼림의 광대한 지역이 덤불로 변했으며 토지는 산성화되기 시작했다. 고기가 다시 귀해지고 영양상태가 악화되었으며, 가축을 매개로 한 전염병이 늘어났다. 생식압력은 다시 치솟았고, 전 지역은 엄청난 새로운 전환, 삶의 모든 국면에 영향을 미칠 대전환의 문턱 위에 서게 된다. 이 모든 것은 또 다른 대가를 지불하지 않고서는 일어날 수 없었다. 그 대가란 우리가 앞으로 꼭 논의해야 할 또 다른 비용지출, 즉 잦은 전쟁이다.

4

전쟁의 기원

남아선호로 인구증가를 규제하는 것은
자연의 힘에 대한 문화의 괄목할 만한 '승리'다.
부모가 낳은 아이를 돌보지 않아 죽음에 이르게 하거나
직접 죽이도록 동기를 부여하는 데는
매우 강력한 문화적인 힘이 필요하다.
더욱이 남아보다 여아를 더 많이 죽인다든가
더 홀대하도록 하는 데는 더욱 강력한 문화적인 힘이
필요하다. 바로 전쟁이 그러한 힘을 공급하는 원천이었다.

전쟁의 출현

인류학자라면 누구나 전쟁하지 않는 것으로 알려져 있는 몇몇 '원시인'의 이름을 거론할 수 있다. 나는 이 원시인 가운데 인도 근해의 안다만군도에 사는 사람들, 캘리포니아주와 네바다주의 쇼쇼니족(Shoshoni), 남아메리카 파타고니아지방의 야간족(Yahgan), 캘리포니아의 미션 인디언, 말레이시아의 세마이족(Semai) 그리고 최근에 접촉한 적이 있는 필리핀의 타사다이족(Tasaday) 등을 곧잘 들먹인다.

이러한 집단이 존재한다는 것은 집단 간의 조직적인 살인행위가 석기시대문화의 일부가 아니었을지도 모른다는 것을 시사한다. 아마 그럴 수도 있을 것이다. 그러나 대부분 증거는 이러한 견해를 뒷받침하지 않는다. 현대에도 전쟁에 관심이 없고 전쟁을 피하려고 애쓰는 소규모 부족집단이 몇 개 있는 것은 사실이다. 그러나 내가 아는 대부분 집단은 더 호전적인 이웃부족에게 쫓겨 먼 변두리로 옮겨온 피란민들로 구성되어 있다. 현대의 관찰자가 아는 대부분 수렵·채집민은 어떤 형태로든 집단 간 전투를 벌인다. 어떻게든 서로 죽이려고 기를 쓰는 그런 전투를 하고 있는 것이다. 디베일(William Divale)은 그런 집단을 37개나 확인했다.

전쟁이 정주촌락 및 국가의 발생과 함께 시작되었다는 이론을 주창하는 자들은 오늘날의 수렵·채집민이 선사시대인의 실제 모습을 대표하지 않는다고 주장한다. 일부 전문가는 심지어 수렵·채집민 사이에서 발생하는 무장충돌 같은 사건들을 국가 수준의 사회와 직·간접적으로 접촉함으로써 타락한 '원시성'이라고 주장한다. 고고학자들은 아직도 이런 논쟁을 종결짓지 못하고 있다. 문제는 선사시대에는 전쟁 때 쓰던 무기와 사냥 때 쓰던 무기가 따로 있지 않았다는 데 있다. 중요한 신체기관이 부상당해 죽은 자의 유골을 검사하는 것만으로 사인을 알아내기 쉽지 않다는 것도 문제다. 잘렸거나 베인 증거가 뚜렷한 유골들은 50만 년 이상을 거슬러 올라간다. 저 유명한 베이징 원인(Peking Man)의 두개골은 뒤통수 부분이 부서져 있다. 아마도 뇌를 끄집어내기 위함이었을 것이다. 이런 것은 오늘날의 식인종 사이에서도 흔히 볼 수 있다. 그들은 대부분 뇌를 가장 맛좋은 별미로 여긴다. 하지만 그 두개골의 주인이 싸우다가 전사한 것인지 아닌지 누가 단언할 수 있는가. 현존하는 식인풍습은 적을 대상으로 하지 않고 그들이 가장 존경하는 근친을 대상으로 하기까지 하는데 말이다. 뉴기니의 마누스족(Manus) 같은 현존하는 식인종들은 근친의 목을 벤 다음 그 두개골을 소중히 보관해 제의용으로 쓴다.

전쟁에 관해 신뢰할 만한 최초의 고고학적 증거를 찾으려면 요새화된 촌락과 도시가 건설되던 시대까지 거슬러 올라가야 한다. 이 가운데 가장 오래된 것은 성서 이전 시대의 것인 예리코(팔레스타인의 고대도시―옮긴이)의 유적이다. 그곳에는 성벽, 성탑, 적의 접근을 저지하는 도랑 등이 빈틈없는 체계로 건조되어 있어 그 당시 전쟁이 일상생활의 중요한 일면이었음을 의심할 여지 없이 보여준다.

내가 생각하기에 전쟁은 아주 옛날부터 있었지만 선사시대의 전쟁과 유사시대의 전쟁은 특색이 각기 다르다. 후기 구석기시대에 발생했던 집단 간 싸움은 영토를 구분하는 명확한 경계의 부재, 부족 간의 근친혼과 빈번한 방문 등 부족 구성원의 잦은 변동 등으로 완화되고 조절되었다. 여러 민속지학의 연구는 현대의 어느 전형적 수렵·채집민 소집단의 핵심 구성원이 계절에 따라, 심지어 날마다 바뀐다는 것을 밝혀준 바 있다. 식구들이 남편이나 아내의 친척 집을 왔다 갔다 하면서 그렇게 되었다는 것이다. 사람들은 자기가 태어난 곳을 자기 영토라고 생각했으나 살아가기 위해 굳이 그 땅을 지켜야 하는 것은 아니었다. 따라서 적을 격파해 내쫓거나 전멸시키고 영토를 추가로 더 차지하는 것이 전투에 참가하는 자들의 의식화된 동기였던 적은 거의 없었다. 수렵·채집민 소집단들의 전투는 으레 유력자 사이에 사적인 유감이 쌓이고 쌓여 시작되었다. 유감을 품은 사람이 자기네 주장에 동조하는 친척들 그리고 상대 집단 구성원에게 유감을 품은 사람들을 충분히 규합할 수 있다면 그들로 전투부대를 편성할 수 있는 것이다.

1920년대 말, 오스트레일리아 북부 바드허스트와 멜빌섬에 사는 티클라우일라란퀼라족(Tiklaulia-rangwila)과 만디이움불라족(Mandiiumbula) 사이에 있었던 싸움은 수렵·채집민 전쟁의 한 예다. 티클라우일라란퀼라족이 싸움을 거는 쪽이었다. 그들은 몸을 하얗게 칠하고 전투부대를 편성한 다음 싸울 의사가 있음을 만디이움불라족에게 알렸다. 만날 시간이 정해졌다. 양쪽은 모두 모여 "서로 상대방을 모욕하는 말을 몇 마디씩 주고받았고 이어서 넓고 탁 트인 장소에서 정식으로 만나자고 합의했다." 필링(Arnold Pilling)과 하트(C.W.M. Hart)는 다음과 같이 보고

한다.

이윽고 밤이 되자 양측의 몇몇 사람은 싸울 상대 가운데 아는 사람을 찾아가서 만난다. 두 전투부대에는 서로 친척인 사람들이 있었고 그 사람들은 이쪽저쪽 할 것 없이 한 사람 한 사람이 모두 적이라고는 결코 생각하지 않았다. 새벽이 되자 두 집단은 빈 터 여기저기에 줄지어 마주보고 섰다. 노인들이 나서 서로 상대편에 대한 원한을 소리 높여 털어놓으면서 적대 행위는 시작되었다. 이때 특별히 비난할 대상으로 두세 사람이 거명된다. 그렇게 그들은 사사로운 시비다툼을 이유로 원한의 투창을 던지기 시작했다. 하지만 창을 던지는 대부분 사람은 노인이었기 때문에 솜씨가 엉망이어서 창은 엉뚱한 곳으로 날아가기 일쑤였다. 던진 창이 사람을 맞혔다고 하면 그것은 엉뚱하게 비전투원이거나 싸우는 자 사이로 무언가를 외쳐대며 누비고 다니는 노파인 경우가 많았다. 누구에게나 마구 상소리, 욕지거리를 퍼부어대며 쏘다니는 이 노파들은 창을 피하는 반사동작이 남자들보다 느렸으니 그럴 수밖에 없었다. ……한 명이라도 부상당하면, 부상자가 싸움과는 전혀 상관없어 보이는 늙은 할망구일지라도 전투는 당장 중단된다. 이 새로운 사실에 어떤 의미가 있는지 쌍방이 충분히 평가할 때까지 싸움은 하지 않는다.

내가 이러한 인용으로 수렵·채집민의 전쟁을 익살스러운 희극에 견주려는 것은 아니다. 워너(W. Warner)가 학계에 보고한 바로는 적어도 북부 오스트레일리아의 수렵·채집민 집단인 먼진족은 전쟁에 따른 사망률이 매우 높다. 워너의 보고서에 따르면 먼진족 성인 남자 사망자의 28퍼센트는 싸움터에서 입은 부상으로 사망했다. 한 소집단 안에 속하는 성인 남자가 고작 열 명이라는 것을 감안하면, 10년마다 한 전투에서 한 명이 사망한다고 해도 이 정도로 사망률이 높게 나오게 되는 것이다.

농업이 발달하면서 전쟁은 더 자주 발생하고 사망률도 더 높아졌을 것이다. 전투규모도 확실히 커졌다. 영구적인 가옥, 식량가공시설 등이 세워지고 밭에 작물이 자라게 되면서 자기 영토에 대한 의식이 분명해졌다. 마을과 마을은 서로 공격하고 약탈하고 몰아내면서 적대관계를 대대로 이어나간다. 뉴기니 서이리안지방의 촌락 정주민인 다니족(Dani)의 전쟁에는 '무전투'(nothing fight)상태로 규정해놓은 국면이 있다. 이는 티위족(Tiwi)의 전쟁과 비슷하며 그 기간에는 거의 사상자가 생기지 않는다. 하지만 다니족은 전면적인 기습전을 감행해 마을 전체를 파괴하고 주민 전체를 패주시켜 한꺼번에 수백 명을 죽이기도 한다. 하이더(Karl Heider)는 다니족 남자의 29퍼센트가 이런 습격이나 매복공격 때 부상당해 죽었을 것이라고 추정한다. 브라질과 베네수엘라의 국경지대에서 원예농사를 지으며 촌락생활을 하는 야노마모족(Yanomamo)의 경우 적을 습격하거나 매복공격할 때 당한 부상으로 발생한 사망자가 전체 사망자의 33퍼센트에 이른다. 야노마모족의 사례는 매우 중요하므로 이를 검토하는 데 다음 장 전체를 할애할 것이다.

일부 인류학자는 이동해 다니는 수렵·채집민의 소집단 및 촌락 사회 간에 고도의 전투행위가 실제로 일어나지는 않았을 것이라며 그 가능성을 부인한다. 그 이유는 인원이 너무 적고 분산되어 있는 한두 개의 소집단 및 촌락사회끼리 서로 죽이고 죽는 싸움을 벌인다는 것이 터무니없고 헛된 일 같다는 것이다. 예를 들어 먼진족과 야노마모족의 인구밀도는 평방킬로미터당 두 명 미만이다. 그런데 이렇게 인구밀도가 낮은 집단도 생식압력을 받기 마련이다. 수렵·채집민 소집단 및 촌락사회 간 전쟁의 배후에는 인간과 자원 사이의 균형문제가 실제로 존재했다. 전쟁이라는 재앙은 산업사회 이전 사람들이 낮은 인구밀도와 낮은 인구증가율을 실현할 수 있는 값싸고도 은혜로운 방법을 찾아내지 못한 데서 기인한다. 이에 관한 증거는 상당히 많다.

이 증거들에 관해 논의하기 전에 다른 몇몇 대안적 설명을 살펴보자. 나는 이 대안적 설명들이 전쟁의 기원을 제대로 설명하지 못한다고 생각한다. 지금부터 그 이유를 설명하겠다.

전쟁의 기원에 관해 나와 견해가 다른 주요 대안적 설명으로는 전쟁을 단결의 대가, 유희, 인간 본성의 산물, 정치형태로 설명하는 이론 등이 있다.

단결의 대가로서의 전쟁: 이 이론에 따르면 전쟁은 집단의 단합심을 키워주는 대가로서 치르게 된다. 외부의 적과 대결하는 것은 일종의 집단적 연대의식을 낳는다. 함께 싸운 집단은 오랫동안 유지된다.

나는 이 설명이 생식압력을 바탕으로 하는 설명과 양립할 수 있음을 인정한다. 어떤 집단이 생산강화, 효율저하, 낙태와 유아살해 증가 등으로 긴장상태에 있다면 인접한 수렵·채집민 소집단 또는 이웃촌락을 침략하는 것에 주의를 돌리는 편이 공동체 내부가 곪아터지는 것보다 분명히 더 바람직하다. 나는 공격적인 행동의 방향을 외부로 돌리는 것이 '안전판' 구실을 할 수 있다는 것에 아무런 의문을 품지 않는다. 그러나 이러한 접근은 그 안전판이 꼭 많은 사람의 목숨을 앗아가야만 하는지를 설명해주지 못한다. 집단의 단합을 위해서라면 입으로 욕지거리를 퍼붓는다거나 모의전쟁을 한다거나 운동경기를 하는 편이 훨씬 비용이 덜 드는 방법이 아닌가. 살육을 '기능적인' 것으로 파악하는 주장이 있지만 연대의식이라는 모호하고 추상적인 이익은 충분한 근거가 되지 못한다. 전쟁으로 얻는 것이 잃는 것보다 많다는 걸 증명해야 한다.

유희로서의 전쟁: 어떤 인류학자들은 전쟁을 단체 간의 즐거운 스포츠 경기로 설명함으로써 이에 따르는 물질적 비용과 편익을 비교하려 한다. 만약 사람들이 실제로 전투에 목숨을 거는 일을 즐긴다면 전쟁은 물질적으로는 낭비지만 심리적으로는 가치 있기 때문에 아무 문제가 없다.

특히 남자는 자라면서 흔히 전쟁을 재미있고 사람의 품성을 고상하게 하는 일이라고 배우며, 다른 사람을 죽이는 일은 즐거운 일이라고 배운다. 나도 이에 동의한다. 대평원지대(캐나다와 미국에 걸친 로키산맥 동부의 건조지대―옮긴이)의 수족(Sioux), 크로족(Crow), 샤이엔족(Cheyenne) 등 말을 타는 기마 인디언들은 전쟁에서 그들이 세운 용감한 전적을 챙기고 다닌다. 남자로서의 명성은 적을 얼마나 멋있게 타격했는지에 달렸다. 그들은 적을 가장 많이 죽인 전사에게 최고 점수를 주는 것이 아니라 가장 큰 모험을 한 자에게 최고 점수를 주었다. 그 가운데서도 가장 높이 평가받는 공적은 몰래 적진에 잠입해 들어갔다가 나오는 일이었다.

그러나 수렵·채집민이나 촌락민의 사회에서 군사적 용맹성을 고취하는 교육이 늘 성공적이지는 않았다. 크로족과 그 밖에 대평원지대에 사는 인디언들은 싸움을 싫어하는 평화주의자들에게 여자 옷을 입혀 전투를 담당하는 전사의 시중을 들게 함으로써 그들을 봐주고 있다. 그뿐 아니라 가장 용감한 전사라 해도 야노마모족의 경우가 그렇듯, 의식을 올리며 약을 복용하도록 해 전의를 북돋워주어야 한다.

전쟁을 훌륭한 것으로 생각하도록 그리고 남에게 몰래 다가가서 기꺼이 죽이도록 가르칠 수 있다면, 반대로 전쟁을 싫어하고 두려워하며 서로 죽이려고 하는 사람들이 싸우는 장면을 보면 역겨워하도록 가르칠 수도 있다. 이런 교육은 둘 다 실제로 행해진다. 만약 호전적인 가치관이 전쟁을 일으킨다고 한다면, 사람들이 전쟁을 혐오하지 않고 그것을 훌륭하게 생각하도록 하는 상황이 무엇인지 구체적으로 규정하는 문제가 제기된다. 그런데 유희로서의 전쟁은 이 문제에 답할 수 없다.

인간 본성으로서의 전쟁: 어떤 경우에 전쟁이 가치 있는 일이 되고 어떤 경우에 지탄받는지 구체적으로 명백히 규정하는 것을 피하기 위해 인류학자들이 반복적으로 곧잘 택하는 방법이 있다. 바로 인간의 천성 탓으로 돌리는 일이다. 전쟁은 사람, 특히 남자에게 '살인본능'이 있기 때문에 일어난다는 주장이다. 살인은 생존을 위한 투쟁의 하나이며 성공적인 자연도태를 실현하는 것으로 판명된 까닭에 살인한다는 것이다. 하지만 이 이론은 살인이 보편적으로 인정받지 못하며 전쟁의 강도나 빈도가 일정하지 않다는 점을 잘 설명하지 못한다.

　나는 이러한 차이가 인종적 차이가 아니라 문화적 차이에서 발생하는 것이라고 생각하는 사람을 아직 보지 못했다. 극도로 호전적인 행동을 하는 집단이 아무런 인종적 변화를 겪지 않고서도 불과 1세대나 2세대 사이에 평화적인 행동을 하는 것이다. 예를 들어 미국 서남부에 사는 푸에블로(Pueblo) 인디언들은 현대 관찰자들에게 평화적이고 신앙심이 깊고 침략적인 대신 협조적인 것으로 알려져 있다. 그러나 얼마 전까지만 해도 뉴스페인(서반구의 옛 스페인령―옮긴이)의 어느 총독은 푸에블로 인디언들이 그들이 잡은 백인 정착민을 다 죽이려 하고, 뉴멕시코의 모든 성직자를 닥치는 대로 잡아다가 교회 안 제단에 묶어둔 채 모조리 불살라버렸다고 기록했다.

　인간 본성으로서의 전쟁을 주장하는 이론의 치명적인 약점은 제2차 세계대전 후 일본이 군국주의 태도를 깜짝 놀랄 만큼 재빨리 변화시킨 것과 나치의 박해에서 살아남은 이스라엘인들이 고도로 군사화된 사회의 지도자로 변신한 사실 등을 떠올리기만 해도 당장 파악할 수 있다.

침략적일 수 있고 그래서 전쟁할 수 있는 것이 인간 본성의 일부인 것은 명백하다. 그러나 어떻게, 언제 우리가 침략적으로 행동하게 되는지는 우리 문화에 좌우되는 것이지 유전자에 좌우되는 것은 아니다. 전쟁의 기원을 설명하려면 왜 침략적 반응이 집단 간의 조직적 전투라는 특정 형태를 취하는지를 설명할 수 있어야 한다. 몬터규(Ashley Montagu)가 경고한 바와 같이, 인간보다 열등한 종(種)들도 죽인다는 것 자체를 침략의 목적으로 삼지는 않는다. 어떤 상황에서는 사람을 쉽게 죽일 수 있도록 사람을 길들일 수 있지만 그렇다고 사람에게 전쟁터에서 다른 사람을 만나면 상대를 죽이게 하는 어떤 본능이나 성향이 있는 것은 아니다.

정치형태로서의 전쟁 : 자주 제기되는 전쟁에 관한 또 다른 설명은 무력충돌이 다른 집단을 희생시킴으로써 자기 집단의 정치적·사회적·경제적 복리를 보호하거나 증진시키려는 시도에 따르는 논리적 귀결이라는 것이다. 전쟁은 영토와 자원의 약탈, 노예와 전리품의 노획, 공물과 세금의 징수 등의 길을 열어주기 때문에 발생한다는, 즉 '전리품은 승자에게로 돌아가는 법'이라는 논리다. 패배자가 감수해야 하는 부정적 결과는 하나의 오산, 즉 '전쟁의 운수'로 치부해버리면 된다.

이는 기본적으로 주권국가 간의 충돌인 역사상의 전쟁에 관한 나무랄 데 없이 훌륭한 설명이다. 이러한 전쟁이 한 나라의 생활수준을 타국의 희생 위에서 향상시키려는 바람과 관련되어 있음은 명백하다. 비록 기본적인 경제적 이해가 종교적인 이해나 정치적 이해의 외피에 가려져 있기는 하지만 말이다. 우리가 국가라고 부르는 정치조직은 그것이 영토정복과 경제적 약탈을 위한 전쟁을 수행할 수 있다는 바로 그 이유 때문에 존재하게 된 것이다.

그러나 이동생활을 하는 소집단 및 촌락사회의 전쟁에는 그러한 측면이 결여되어 있다. 비정주 소집단 및 촌락사회는 영토를 정복하지 않으며 적을 예속하지 않는다. 관료조직이나 군사조직 및 법률제도 같은 국가적 장치가 없는 그들은 해마다 세금과 공물 징수 같은 승자에게 돌아오는 이득을 거둬들이지 못한다. 많은 비축식량이나 그 밖의 가치 있는 물건이 없다면 '전리품'이라고 해봤자 대수로울 것이 없다. 포로를 잡아 노예로 삼는 것도 실제적으로는 의미가 없다. 그들이 사는 사회란 자원의 기반을 고갈시키지 않고서는 생산을 강화할 수 없는 사회이고, 그 사회는 적대적이며 영양이 부족한 노동력(노예)을 착취할 만한 조직능력도 갖추고 있지 못했으니 말이다.

이런 모든 이유로 국가성립 이전 단계의 사회에서 전쟁의 승리자들은 전승기념품으로 벗겨낸 머리가죽이나 참수한 머리 몇 개를 들고, 아니면 빈손으로, 오직 싸움에서 얼마나 사내답게 굴었는지를 자랑할 권리만 지닌 채 집으로 돌아갔다.

전쟁의 이점

비정주 소집단 및 촌락사회에서는 정치적 확장이 발생하지 않았기 때문에 그것으로 전쟁을 설명할 수 없다. 그들의 생존방식은 모든 면에서 인구 대 자원 간의 바람직한 비율을 유지하기 위해 규모를 키우지 말아야 한다는 압력을 강하게 받았다. 그래서 비정주 소집단 및 촌락사회가 전쟁하는 이유를 이해하기 위해 우리는 전쟁이 생태환경과 인구의 적절한 관계를 유지하는 데 어떻게 이바지하는지 살펴봐야 한다.

첫 번째로 전쟁은 더 광범위한 영역에 인구를 분산시킨다. 비정주 소집단 및 촌락사회는 국가가 하는 것처럼 다른 집단이 차지하고 있는 영토를 정복하지는 않지만 한 지역을 차지해 살고 있는 다른 부락을 때려 부수고 쫓아내기는 한다. 남의 부락을 습격해 주민들을 쫓아내고 마을을 파괴하는 것은 촌락과 촌락 사이의 거리를 늘어나게 해 그 지역의 인구밀도를 전반적으로 낮춘다.

이러한 인구분산에서 얻을 수 있는 최대의 이득—이 이득은 승자와 패자에게 고루 돌아간다—은 사냥감, 물고기, 과일, 땔나무 등 온갖 자원을 공급하는 넓은 '무인지대'가 생겨나는 것이다. 그런데 이곳은 적이 매복하고 있을지도 모르기 때문에 그러한 자원을 얻기에는 너무 위험하다. 따라서 이 무인지대는 위험하지 않았다면 사람들의 일상적 활동으로 영원히 고갈되었을지도 모르는 식물과 동물종(種)을 보존하는 지대로서 생태계 전반에 중요한 역할을 한다. 최근 생태학 연구의 성과에 따르면 멸종 위기에 처한 동식물, 특히 성장이 더딘 큰 동물을 보호하는 데는 매우 광대한 피난지역이 필요하다.

인구를 분산시키고 생태계를 유지하고 보호하는 데 절대적으로 중요한 '무인지대'가 생긴다는 것은 여간 중요한 혜택이 아니다. 이러한 혜택은 희생을 무릅쓰고 벌어진 비정주 소집단 및 촌락사회 간 전쟁행위에서 파생된 것이다. 이러한 혜택이 실현되는 데는 한 가지 조건이 충족되어야 한다. 즉 적을 모두 쫓아낸 뒤 승리한 편이 누릴 인구증가와 생산증가가 사냥감이나 그 밖의 자원에 위협이 되어서는 안 된다는 것이다. 그런데 국가성립 이전 단계의 전쟁은 이 조건을 충족시키지 못했다. 적어도 전투에서의 사망이라는 직접적 효과로는 이를 충족시키지 못한다. 문제는 전투원은 거의 언제나 남자라는 것, 따라서 전사자도 언제나 남자라는 데 있다.

전쟁에서 발생하는 성인 남자 전사자는 다니족의 경우 전체 성인 남자 사망자의 3퍼센트, 야노마모족은 7퍼센트에 불과하다. 게다가 전쟁하는 비정주 소집단 및 촌락사회는 거의 대부분 일부다처제(polygyny) 사회다. 따라서 비정주 소집단 및 촌락사회는 전쟁에서 이겨도 전쟁만으로는 환경을 훼손하지 않으면서 인구증가율을 억제할 수 없다. 전쟁으로 남자가 죽는 상황은 노인사망과 마찬가지로 인구압력을 단기적으로 해소할 수는 있다. 그러나 그렇다고 하더라도 전쟁에서 살아남은 소수의 남자가 일부다처제에서 전쟁에 참가하지 않는 모든 여자와 관계를 계속하는 한 이는 인구증가의 전체 추세에 아무런 영향을 미칠 수 없다.

순전히 생물학적으로만 말하면 대부분 남자는 남아도는 존재다. 버드셀이 말한 것처럼 한 집단의 출산율은 성인 남자의 수보다는 성인 여자의 수로 결정된다. "신체적으로 능력 있는 남자는 여자 열 명을 계속 임신상태에 있게 할 수 있다. 의심할 여지가 없다." 그런데 이 말은 어림잡은 것이 분명하다. 왜냐하면 한 여자가 열 번 임신한다면 남자는 아이를 최대 100명 갖는 셈이 되는데, 아랍세계의 많은 왕과 동양의 권력자가 500명이 넘는 아이를 갖는데 별로 어려움을 겪은 것 같지는 않으니 말이다.

어쨌든 비록 한 남자가 불과 여자 열 명만 상대한다는 가정을 따르기는 했지만 달리 흠잡을 데라고는 없는 버드셀의 단단한 논리를 따라보기로 하자.

남녀 각각 열 명으로 구성된 집단은 똑같은 수의 출산률을 기록하게 될 것이다. 하지만 남자 열 명에 여자는 한 명뿐인 지역 사회가 있다고 상상해볼 때, 이 경우 출산률은 반드시 이전 사례의 10분의 1이 된다. 출산율은 여자의 수로 결정된다.

앞으로 설명하겠지만 전쟁은 여자의 수에 격심한 영향을 미치며, 따라서 사람의 수확, 즉 출산율에 강력한 영향을 미친다. 그런데도 사람들은 그러한 영향이나 효과가 어떻게 현실화되는지에 대해서는 아직까지 잘 이해하지 못하고 있다.

전쟁과 인구증가율

전쟁이 사람이 모여 사는 취락의 성장률을 어떻게 제약하게 되는지 설명하기에 앞서 한 가지 강조할 점이 있다. 전쟁이 비정주 소집단 및 촌락사회에 미치는 인구통계학적 쌍둥이 효과는 국가 차원의 군사복합체 사회에서는 볼 수 없는 특색인데, 여기서는 국가가 생기기 이전 사회에서 행해지는 전쟁의 기원에만 관심을 기울이기로 한다.

　국가 수준의 사회에서는 전쟁이 인구를 분산시키기는 하지만 인구증가율은 거의 둔화시키지 않는다. 금세기(20세기—옮긴이)에 겪었던 큰 전쟁들—제1차 세계대전과 제2차 세계대전 그리고 한국전쟁과 베트남전쟁—은 장기적으로 교전국들의 인구증가율을 저하시키지 못했다. 제1차 세계대전 중 러시아의 계획인구는 실제 인구보다 500만 명 부족했지만, 이를 메우는 데는 10년밖에 걸리지 않았다. 단기적으로도 인구증가율은 전쟁의 영향을 별로 받지 않는 것 같다. 베트남전쟁 10년 동안 베트남 인구는 연간 3퍼센트씩 놀랍게 증가했다.

　전쟁이 인구증가율을 자동적으로 둔화시키지 않는다는 것은 유럽의 역사를 보아도 명백하다. 지난 3세기 동안 유럽에서는 거의 10년에 한 번 이상 큰 전쟁이 일어났는데도 유럽의 인구는 1650년 1억 300만 명에서 1950년 5억 9,400만 명으로 급상승했다. 이러다 보니 유럽의 전쟁—일반적으로 국가 간의 전쟁—은 급속한 인구증가를 촉진하는 자극이었다고 자칫 결론 내릴 사람이 있을지도 모른다.

　나는 비정주 소집단 및 촌락사회가 국가사회와는 달리 인구증가율을 낮은 수준으로 유지하는 데 예외적으로 전쟁을 이용했다는 중요한 사실을 어째서 지금까지 아무도 깨닫지 못하고 있었는지 의문이다. 그들이 예외적으로 인구를 억제하기 위해 전쟁을 이용한다고 해도 남자끼리의 싸움에서 발생하는 전사(戰死)로 주로 효과를 얻는 것이 아니다. 남자들의 전사는 조금 전에 이미 살펴본 바와 같이, 여자들의 놀라운 생식능력으로 언제나 쉽사리 보충할 수 있다.

그들이 인구증가를 억제하는 또 다른 방법은 전쟁의 수행과 밀접한 관련이 있으며 또 그것에 의존하기도 하지만 실제 전투 자체가 인구증가를 억제하지는 않는다. 내가 말하려는 것은 여아살해다. 비정주 소집단 및 촌락사회에서 전쟁은 여자라는 특정한 성을 살해하도록 했다. 그들의 사회는 아들을 낳아 기르는 것을 장려했고 아들이 장성해 전투에 참가하게 될 날을 생각하며 남자아이의 남자다움을 예찬했다. 반면 전쟁에 나가서 싸우지 못하는 딸은 쓸모없는 존재로 평가절하했다. 결국 부모는 딸에게 관심을 제대로 주지 않거나 딸을 학대해 죽게 하고, 아예 죽어버리기도 하는 등 여아의 수를 제한하기에 이르렀다.

최근에 디베일이 전쟁하는 비정주 소집단 및 촌락사회를 대상으로 실시한 연구에 따르면, 14세 및 그보다 어린 남아의 수가 같은 또래 여아의 수보다 월등히 많음을 알 수 있다. 디베일이 이 조사에서 밝혀낸 남녀의 성비는 성인남자와 성인여자의 경우 101 대 100이었으며 14세 이하의 경우 128 대 100이었다. 보편적으로 출생 시 남녀의 성비가 105 대 100이므로 105와 128 사이의 격차는 남아에 대한 선호와 특혜의 정도를 나타내는 잣대라 할 수 있다. 남녀의 성비가 성인에 이르러 101 대 100으로 떨어지는 것은 성인남자의 전사율이 반영되었기 때문이다. 이러한 해석은 첫 인구조사 당시 실제로 전쟁하고 있던 집단의 성비를 동일 집단의 과거 여러 시점에서의 성비와 대비시킨 디베일의 비교분석으로 한 층 그 근거가 강화되었다.

전쟁이 끝난 지 5년 만에 실시한 인구조사에 따르면 평균성비는 남아 113, 성인남자 113에 여아 100, 성인여자 100이었다(성인의 성비가 전쟁 중이던 때의 101 : 100에서 전쟁이 끝난 후 113 : 100으로 커진 것은 분명히 그전이라면 전사했을 남자가 죽지 않고 살아남았기 때문이다). 전쟁 후 25년이 지난 시점에서 실시한 인구조사에서는 15세 및 그 이하 연령층의 성비가 더 낮아져서 106 대 100이었는데, 이것은 세계적인 출생 시 기준 성비인 105 대 100에 가까운 수치다.

딸이든 아들이든 보고된 유아살해의 빈도와 전쟁의 존재를 고려할 때 성비변화의 이러한 추세는 더더욱 극적인 것으로 받아들여진다. 인구조사 당시 전쟁 중이었고 또 어떤 식으로든 여아살해가 흔히 또는 간간이 자행되고 있다고 민족지학자들이 보고하는 주민집단에서 젊은 층의 성비는 남아 133 대 여아 100이었다. 그런데 성인층에서는 그것이 남자 96 대 여자 100으로 떨어졌다. 전쟁을 치른 지 25년 또는 그 이상이 되고 여아살해도 흔하지 않거나 없는 것으로 보고된 집단에서는 젊은 층의 남녀 성비는 104 대 100, 성인층의 남녀 성비는 92 대 100이었다.

나는 전쟁이 여아살해를 촉진한다든가 여아를 없애는 관행이 전쟁의 원인이 된다든가 하는 것을 말하려는 게 아니다. 오히려 나는 생식압력이 없었다면 전쟁도 여아살해도 그처럼 널리 자주 일어나지 않았을 것이라는 점 그리고 전쟁과 여아살해의 결합은 야만적이긴 하지만 맬서스의 역설을 푸는 독특하고도 효과적인 해결책이라는 것을 말하고 싶다.

남아선호로 인구증가를 규제하는 것은 자연의 힘에 대한 문화의 괄목할 만한 '승리'다. 부모가 낳은 아이를 돌보지 않아 죽음에 이르게 하거나 직접 죽이도록 동기를 부여하는 데는 매우 강력한 문화적인 힘이 필요하다. 더욱이 남아보다 여아를 더 많이 죽인다든가 더 홀대하도록 하는 데는 더욱 강력한 문화적인 힘이 필요하다. 바로 전쟁이 그러한 힘을 공급하는 원천이었다. 왜냐하면 그 집단의 생존은 전투능력을 갖춘 남자들을 양육하는 것에 달려 있기 때문이었다. 남자 가운데 그럴듯한 놈들을 골라내 싸우는 법을 가르쳐야 했다. 왜냐하면 그들의 무기는 창, 곤봉, 활과 화살 등 모두 손으로 다루어야 했기 때문이다. 그래서 전쟁의 승패는 힘센 싸움꾼이 어느 쪽에 더 많으냐에 달려 있었다. 따라서 남자는 여자보다 사회적으로 더 소중해졌고 남자와 여자는 아들을 최대한 많이 길러내기 위해 딸을 '제거'하는 일에 공모하고 협력할 수밖에 없었다.

그런데 유독 여아를 차별해 먼저 없애버리는 여아살해는 전쟁이 없는 상황에서도 분명히 존재했다. 예컨대 많은 에스키모 집단은 집단 간의 조직적인 무력충돌이 상대적으로 거의 없는 편인데도 여아살해율이 매우 높다. 이에 대한 설명은 다음과 같다. 북극의 가혹한 자연환경 아래서 남자의 우월한 근력은 다른 지역 사람들이 전쟁할 때 했던 것과 비슷한 역할을 해냈다. 에스키모족은 그들이 잡아먹을 짐승들을 뒤쫓고 덫을 걸고 올가미를 씌우고 도살하기 위해 조금이라도 더 많은 근력이 필요하다. 기후가 온화한 지대에 사는 사냥꾼들과는 달리 그들은 남아돌 정도로 짐승을 많이 잡기 어렵다. 그들의 문제는 그저 어떻게 하면 허기지지 않을 만큼 식량을 확보하느냐, 식구들이 힘을 보충하는 수준 이하로 식량이 떨어지지 않도록 미리 대처하느냐 하는 것이다. 그들은 칼로리의 주공급원인 식물성 식량의 수집에 의존할 수 없다. 따라서 전쟁이 자주 일어나지 않았는데도 에스키모 사회에서 아들은 딸보다 사회적으로 더 소중한 존재가 된다. 전투에 남자가 필요해서 그랬던 것처럼 에스키모족도 여자 수를 제한하는 데 남녀가 서로 공모하고 협력한다.

유리한 여건의 주거지, 전쟁이 없는 상황 같은 조건 아래서 높은 여아살해율을 유지하기란 어려울 것이다. 비정주 소집단 및 촌락사회 사람들도 먹여 살려야 할 식구의 수가 그 집단의 여자 수에 따라 결정된다는 것을 너무나 잘 알고 있었다. 하지만 남자를 선호해 여자 수를 제한하는 것이 그들에게는 참으로 어려운 일이다. 왜냐하면 힘쓰는 일을 제외한 다른 측면에서는 여자가 남자보다 더 가치 있기 때문이다. 어찌됐든 결국 여자는 남자들이 해내는 대부분 일을 할 수 있고, 아이를 낳아 키우는 일은 여자들만 할 수 있으니 말이다. 인구문제에 장기적으로 이바지한다는 것 말고도 사실 비용편익의 측면에서 여자는 남자보다 유리하다.

인류학자들은 사냥과 채집을 일삼던 사회에서 여자들이 거대동물을 사냥하는 것이 관찰된 적 없다는 사실에 얽매여 지금까지 노동력으로서 여자의 가치에 관해 무언가 그릇된 생각을 해왔다. 지금까지 지켜져 온 분업이 남자의 근력, 모닥불이나 부엌의 불 근처를 떠나지 않고 음식을 만들어야 하거나 아이들을 돌보고 길러야 하는 여자의 일, 이 두 가지 구분에서 자연스럽게 생긴 것이라고 할 수 없다. 평균적으로 말해 남자는 여자보다 몸무게도 많이 나가고 힘도 더 세고 더 빨리 달린다고 할 수 있다. 그러나 좋은 주거지에서라면 생리적 특징의 차이로 남자가 일의 효율 면에서 여자보다 결정적으로 유리한 것은 별로 없다.

온대지대나 열대지대에서 고기생산량은 사냥꾼의 솜씨에 따르기보다는 사냥감이 되는 동물의 번식력에 따라 좌우된다. 여자들도 남자들 못지않게 고단백질 고기를 공급할 수 있다. 그리고 원예 농업민 사이에서 여자들이 큰 짐승을 사냥하지 않고서도 식용식물이나 작은 짐승을 수렵·채집해 더 많은 칼로리와 단백질을 공급하고 있다는 것이 최근 여러 연구로 밝혀진 바 있다. 그뿐 아니라 여자들이 아이를 돌보아야 한다고 해서 맡아야 할 역할이 '당연히' 음식 만드는 일이나 '집을 지키는 일'로 끝날 수는 없다. 사냥은 원래 간헐적인 활동이다. 그러니 수유 중인 여자라도 한두 주에 몇 시간은 아이를 다른 사람에게 맡기고 떠나지 못할 이유가 없다. 그 여자들이 속해 있는 집단은 서로 아주 가까운 일가친척들로 구성되어 있는 만큼 이들 수렵·채집민 집단의 여자들은 오늘날 일하는 도시 여성들처럼 고립되어 있지 않았다. 따라서 그들은 오늘날의 베이비시터나 탁아소를 구하는 데 별 어려움이 없었을 것이다.

여자들은 어느 지역 할 것 없이 거대동물 사냥에서 거의 보편적으로 제외되었는데 이는 상습적인 전쟁, 이와 관련해 발생하는 남성우월주의적인 성역할, 여아를 없애는 여아살해 관행—근원을 따져보면 이 모든 것은 결국 생식압력의 문제를 풀어보려는 시도에서 나온 것들이다—으로 설명할 수 있다. 사실상 모든 떠돌이 사냥꾼의 소집단 및 촌락사회에서는 남자에게만 무기사용법을 가르치고 여자는 무기에 손을 대는 것조차 금하는 경우가 많았다. 이는 여자가 싸움터에 나가 싸울 수 없도록 하는 것과 같았다.

남자들이 전쟁에서 잘 싸우는 것은 남녀를 구별해 남자들에게 사납고 공격적으로 행동하도록 가르친 훈련과 밀접한 관련이 있다. 소집단 및 촌락사회에서는 씨름, 달리기, 격투 같은 운동경기로 남자들을 훈련시켜 전쟁에 대비하게 한다. 여자는 이런 경기에 거의 참가하지 않으며 결코 남자들과 경쟁하지 않는다. 비정주 소집단 및 촌락사회에서는 할례 따위의 생식기 절개 또는 절제, 비바람과 추위 및 더위에의 노출, 환각 속에서 초자연적인 괴물과 만나게 하는 약물 주입 등 혹독한 시련을 겪게 함으로써 남아에게 남성성을 주입한다.

어떤 비정주 소집단 및 촌락사회가 성년이 된 처녀들에게 일정한 성년의식을 치르게 하는 것도 사실이다. 이는 보통 격리되어 있는 공포보다는 길고 지루한 시간을 혼자 지내야 하는 고역을 견디게 한다. 즉 처녀들은 남의 눈에 띄지 않게 특별히 마련된 외딴 오두막이나 방에 갇혀 한 달이나 그 이상을 지내야 하며 그 기간에는 자신의 몸에 손을 대지도 못한다. 가려운 곳이 생겨도 효자손 같은 도구를 사용해야 하며 손으로 긁어서는 안 된다. 격리기간 내내 입을 다물고 말을 하지 못하는 경우도 있다. 어떤 문화에서는 음핵의 일부를 잘라내는 외음부 절제의식을 치르기도 하지만 이런 일은 흔치 않으며 특히 남자의 할례의식보다 훨씬 드물다.

한 가지 의문은 왜 모든 여성을 군사적으로 남자와 대등한 전사로 훈련시키는 일에서 제외했느냐는 점이다. 남자보다 힘이 더 세고 기력이 강한 여자도 있지 않은가. 1972년 올림픽에서 여자 투창경기 우승자는 약 64미터라는 기록을 세웠다. (남자들이 던진 창이 좀더 무거운 것이기는 했지만) 이 기록은 대부분 남자의 투창능력을 능가할 뿐 아니라 역대 남자 챔피언들이 기록했던 성적보다 훌륭한 것이다.

전투부대를 편성하는 데 결정적인 요인이 근력이나 완력이라면 왜 적군 남자들과 힘이 비슷하거나 더 센 여자를 부대편성에서 제외하는 걸까. 나는 이러한 물음에 다음과 같이 답하려고 한다. 잘 훈련되고 몸이 크고 힘이 센 여자들이 작은 남자들과 싸워 때때로 이겨 군사적으로 성공하게 되면 이는 여아만 선별해 없애버리는 여아살해에 입각한 성적 위계질서와 상충하기 때문이다. 전사로서 훌륭하게 성공한 남자들은 아내를 여럿 거느리고 온갖 성적 특권을 누렸는데, 이러한 보상은 남성우위를 받아들이도록 길들여진 여자가 있어야 가능하다. 이 모든 제도가 순조롭게 기능하려면 사람들이 여자도 어느 남자만큼 가치 있고 강하다는 생각을 감히 품도록 허용해서는 안 된다.

지금까지 한 논의를 요약해보자. 석기시대 우리 조상들이 겨우 입에 풀칠하며 연명해나가는 지경으로 생활수준이 떨어지는 것을 예방하기 위해 인구를 규제하는 대가로 치른 것이 전쟁과 여아살해였다. 나는 인과관계의 화살이 생식압력에서 출발해 전쟁과 여아살해에 이른 것이지 그 반대가 아니라고 확신한다. 생식압력의 문제가 없다면 일대일의 주먹다짐에서 더 유리한 남자를 소중한 존재로 생각한다고 하더라도, 여아를 남아만큼 많이 기르지 않는 것은 무의미하다. 남자의 전투력을 강화하는 가장 빠른 방법은 여아를 귀중하게 생각해 단 한 명이라도 죽이지 않거나 소홀히 대하지 않는 것이다. 나는 많은 남아가 있으려면 먼저 많은 여자가 있어야 한다고 하는 아주 기본적이고 초보적인 진리를 이해하지 못하는 사람이 있으리라고 생각하지 않는다. 비정주 소집단 및 촌락 사회가 이러한 진리에 따라 행동하지 않은 것은 전쟁이 여아살해 때문에 일어났다든가 여아살해가 전쟁 때문에 일어났다는 것을 말해주지 않는다. 실제로 여아살해와 전쟁은 이 두 사회악과 더불어 존재하는 성의 위계질서와 함께 인구를 분산시킬 필요와 인구 증가를 억제해야 할 필요 때문에 발생했다.

5

동물단백질과 사나운 부족

한 마을의 인구가 증가하면,

늘어난 인구가 동일한 소비수준을 유지하는 데

필요한 땅의 넓이도 비례해 훨씬 커진다.

그 결과 마을 사람들은 줄어든 식량을 받아들이느냐,

아니면 마을을 둘로 쪼개서 갈라지느냐 가운데

하나를 선택해야 한다. 결국 그들은 후자를 택하게 된다.

야노마모족의 높은 살인율

전쟁과 용맹을 뽐내는 남자들의 허세는 야노마모족의 생활에서 가장 두드러지는 역할을 한다. 펜실베이니아 주립대학의 인류학자 섀그넌(Napoleon Chagnon)은 야노마모족을 '사나운 부족'(fierce people)이라 부른다. 오리노코강 및 리오네그로강의 발원지에 가까운 브라질·베네수엘라 국경 안팎 산림지대에 사는 야노마모족은 거의 끊임없는 전쟁으로 나날을 보내는데, 수많은 연구논문과 영상이 우리에게 그 극적인 실상을 보여준다.

나는 앞에서 야노마모족의 남자 사망자 가운데 33퍼센트가 전쟁터에서 입은 부상 때문이라고 말한 바 있다. 그뿐 아니라 그들은 일부다처제, 아내에 대한 빈번한 구타, 여성 포로들에 대한 집단강간 등 유별나게 야만스러운 남성우월주의의 관습을 지키고 있다. 야노마모족 사회는 전쟁을 활발하게 벌이는 촌락사회 가운데 가장 많이 연구되었다는 점 때문만이 아니라 야노마모족을 가장 잘 아는 섀그넌이 그들의 높은 살인율이 생식압력 및 생태환경적 압력 때문임을 부정한다는 점에서 결정적으로 중요한 의미가 있다.

경작할 수 있고 사냥감이 많이 사는 광대한 땅이 마을과 마을 사이에 가로놓여 있는 것을 볼 수 있다. ······촌락 사이에서 발생하는 전쟁의 '원인'으로 무엇이든 들 수 있지만, 자원쟁탈경쟁을 그 원인으로 드는 것은 별로 설득력이 없다. 열대삼림지대의 토착문화에서 볼 수 있는 대체로 격렬한 전쟁유형은 자원부족이라든가 토지나 사냥터 쟁탈문제와 잘 연결할 수 없다. ……
민족학이론의 최근 경향은 전쟁은 항상 인구밀도로 설명되거
나 영토나 '단백질 공급원' 같은 전략적 자원의 부족 또는 그
두 가지의 결합으로 설명될 수 있어야 한다는 개념을 중심으로
점점 더 확고해지는 추세다. 이에 관해 야노마모족 사회는 매
우 중요하다. 왜냐하면 야노마모족의 전쟁은 그런 식으로 설명
할 수 없기 때문이다.

야노마모족은 플랜테인과 바나나, 그 밖의 작물을 재배해 식량
으로 삼고 있는데도 그 인구밀도는 평방킬로미터당 0.8명으로 아
마존강 연안에 사는 수렵·채집민의 인구밀도와 큰 차이가 없다.
그들의 마을은 수렵·채집민의 기준에서 보면 크지만 주민 수가
200명이 되기 전에 마을은 다시 '갈라진다'. 그래서 야노마모족의
부락은 아마존강이나 오리노코강 본류 주변의 인디언 부락에 비
하면 규모가 아주 작다. 유럽 탐험가들은 이 두 강에서 주민 수
가 500명에서 1,000명인 규모의 부락이 약 8킬로미터 길이로 여
러 줄을 형성해 정착한 것을 목격했다. 섀그넌의 주장대로 땅과
사냥감이 부족하지 않았다면 왜 야노마모족 부락의 규모나 인구
밀도는 그토록 낮을까. 이 차이를 전쟁 탓으로 돌릴 수는 없다. 왜
냐하면 두 강의 본류 연안 주민들은 호전성의 면에서 숲속에 사
는 야노마모족보다 더 강했기 때문이다. 래스랩(Donald Lathrap)
은 강의 본류에서 멀리 떨어져 사는 모든 집단은 야노마모족과 마
찬가지로 "홍수에 휩쓸려 평야에서 쫓겨나 더 불리한 환경 속으로

옮겨간" 더 진화된 사회의 "한 토막 표류물들"이라고 주장했는데 이는 적절한 지적이다.

야노마모족 사회는 그들이 여아를 살해한다는 사실을 굳이 감추려 들지 않는다. 그 결과 14세 및 그 이하의 연령층에서 극단적인 성비 불균형이 나타났다. 섀그넌은 가장 격렬하게 전쟁하는 지대에 사는 야노마모족 부락 열두 개를 조사한 바 있는데, 이들 부락에서의 남아와 여아의 성비는 148 대 100으로 나타났다. 또 리조(Jacques Lizot)가 한 호전적 촌락을 조사한 바로는 청소년의 남녀 성비가 260 대 100이었다. 반면 스몰(William Smole)이 가장 호전적인 지대를 벗어난 파리마고원의 세 부락을 조사한 바로는 청소년의 남녀 성비가 109 대 100이었다.

다음과 같은 섀그넌의 보고에 따르면 여자가 부족한 현상은 일부다처제 때문에 더욱 악화되어 내적 분열과 싸움의 주요 원인이 되었다.

남자다움을 찬미하는 태도가 간접적으로 야기하는 여자 부족 현상은 격심한 경쟁을 일으키고 더 많은 싸움과 공격을 초래함으로써 전체적인 와이테리콤플렉스(waiteri complex), 즉 남성포학 콤플렉스(male fierceness complex)를 한층 강화시켰다. 실제적으로 보면 내가 조사한 부락의 분열 사례 거의 전부가 여자문제를 둘러싼 만성적인 원한관계 때문에 발생했다. 이렇게 분열되어 갈라선 대부분 집단은 결국 적대관계에 들어섰다.

야노마모족 스스로 "여자를 둘러싼 싸움이 그들이 벌이는 전쟁의 첫째 원인이라고 생각한다"는 것이다. 하지만 야노마모족 부락에 흉포하고 공격적인 사람만 사는 것은 아니다. 섀그넌은 그가 '중심부'라고 부르는 지역 그리고 '주변부'라고 부르는 지역, 이 두 지역 어디에 있느냐에 따라 잔인함이나 포악한 정도에 차이가 있음을 강조한다. '주변부'의 부락들에서는 이러하다.

> 이웃마을과의 싸움은 훨씬 덜 발생한다. ……전쟁의 강도도 줄어든다. ……마을규모도 더 작다. ……공격이나 폭력은 덜 발생하고 형태도 제한적이다.

야노마모족에 관한 다음 사실들은 추가적인 설명이 필요하다. 첫째, 분명히 풍부한 자원이 있는데도 마을규모는 작고 인구밀도는 낮다. 둘째, '중심부'의 야노마모족 사회에서는 전쟁이 더욱 격렬했으며 남성포학콤플렉스도 더 강했다. 셋째, 남녀의 성비 불균형과 일부다처제로 여자가 더 많이 필요한데도 여아살해가 자행되고 있다. 이 때문에 끝없는 싸움과 살인을 저지르는 동기를 제공하고도 남을 만큼 여자가 부족하다.

야노마모족 사회의 이 모든 특징은 비정주 소집단 및 촌락사회에서의 전쟁의 기원에 관해 내가 앞에서 한 일반적 설명과 잘 부합한다. 야노마모족은 최근에 새로운 기술을 받아들였거나 원래지니고 있던 기술을 한층 강화했다. 그 결과 정말 인구폭발이라고 할 만큼 인구가 증가했고 이는 환경적 고갈을 야기했다. 이와 같은 환경파괴는 취락의 분산과 취락규모의 지나친 팽창을 사전에 방지하는 체계적인 시도의 일부로 여아살해와 전쟁의 증가를 초래했다. 나는 이 모든 것을 구체적으로 밝혀 보일 수 있으리라 믿는다.

먼저 인구를 살펴보기로 하자. 리조에 따르면 이는 다음과 같다.

토착민들의 취락은 전통적으로 배가 다닐 수 있는 큰 강줄기에서 멀리 떨어진 곳에 세워졌다. 그런 부락을 찾아내려면 나무가 빽빽이 우거진 원시림을 헤치며 몇 날 며칠을 걸어야 했다. ……그곳은 지금까지 무인지대였던 곳으로 이후 괄목할 정도로 거주지역을 확장하게 된다. 촌락의 분열, 전쟁과 내부분쟁 그리고 이에 못지않은 놀라운 인구증가로 몇 개 집단이 오리노코강과 그 지류의 강변에 정착해 살기 시작한 것은 1950년, 그러니까 겨우 최근 일이다.

닐(James Neel)과 바이스(Kenneth Weiss)는 섀그넌이 조사대상으로 삼았던 이 지역의 부락 수가 100년 동안 두 배 이상 증가했다고 믿는다. 그들은 같은 기간의 인구증가율을 연간 0.5퍼센트에서 1퍼센트쯤으로 추정한다. 그러나 오늘날 전쟁이 가장 활발하게 발생하는 부락의 인구증가율은 그보다 훨씬 높았다. 섀그넌이 조사한 열두 개 마을의 주민 2,000명은 100년 전 단 한 개의 취락에서 갈라져 나온 것이다. 당초 단일했던 부락이 인구가 200명으로 늘어났을 때 두 개로 나누어진 것이라면, 이들 부락의 인구증가율은 연간 3퍼센트 이상이었을 것이다. 그러나 오늘날 이들 전쟁지역의 마을이 인구가 166명이 되기도 전에 갈라진 것을 보면 이 지역의 인구증가율은 그보다 더 높았던 것이 아닌가 하는 의문을 품게 된다.

야노마모족이 예외적이라 할 만큼 높은 여아살해율과 잦은 전쟁에도 인구폭발을 겪고 있다고 한다면 독자들은 혼란스러울지도 모르겠다. 이는 야노마모족 부락의 성장과 여아살해 및 전쟁 사이의 관계가 어떻게 변하고 있는지 계속 보여주는 기록이 없는 데서 생기는 문제다. 나는 전쟁을 일삼는 부족이라고 해서 인구증가를 겪지 않는다고 말하지 않았다. 내가 말하려는 것은 전쟁에는 환경이 항구적으로 소모되는 지경에 이를 때까지 인구가 증가하지 않게 하는 경향이 있다는 것이다. 그러므로 야노마모족의 한 부락이 두 개로 갈라지기 직전과 직후 수년간은 전쟁과 여아살해의 관행이 절정이었던 시기라고 볼 수 있다.

가장 치열하고 빈번한 전쟁은 이웃마을과 경쟁해 더 넓고 생산적인 땅을 활용함으로써 생활을 유지해야만 하는 압력에서 비롯된다. 한편 여아살해는 전투효율을 최대화하면서 동시에 부락규모가 더 커지지 못하게 제한하려는 압력 때문에 발생한다. 따라서 야노마모족이 전반적으로 전쟁과 동시에 인구폭발에 휩싸였다는 사실은 환경적 고갈과 생식압력이 두 현상의 배후에 존재한다는 이론의 타당성을 무너뜨리지 않는다.

불행하게도 나는 "특정 촌락들의 성장과 분열에 따라 전쟁의 강도가 높아지기도 하고 낮아지기도 한다"는 내 말을 확인하는 데 필요한 자료를 아직 수집하지 못했다. 하지만 그런 가운데서도 야노마모족의 더 평화적인 집단과 더 호전적인 집단 사이의 남녀 성비의 변화를 살펴봄으로써 내 말은 더 일반적인 방법으로 증명될 수 있을 것이다. 즉 스몰이 조사한 파리마고원에 사는 집단의 청소년 남녀 성비는 109 대 100인데 비해 섀그넌이 조사한 전쟁지역의 남녀 성비는 148 대 100으로 현격한 차이를 보인다.

섀그넌이 조사한 지역에서는 인구가 가장 급격하게 증가하고 있으며 미점유된 영역으로 급속하게 분산되고 있다. 반면 스몰이 조사한 지역에서는 인구가 안정적이거나 감소하고 있다. 우리는 섀그넌이 조사한 지역에서 최고조에 달한 전쟁과 여아살해를 증가하는 인구를 분산시키고 부락규모를 일정 한도 이하로 제한하려는 시도로 쉽게 해석할 수 있다. 앞에서도 이미 말한 바와 같이 생태계의 환경적 제약이 없다면 전쟁하는 것 그리고 여아를 남아와 마찬가지로 많이 기르는 것은 얼마든지 양립할 수 있다.

전쟁 때문에 남아를 키우는 것을 더 가치 있게 여기게 되는 것은 사실이다. 그러나 야노마모족이 남아를 더 많이 길러낼 수 있는 가장 빠른 방법은 여아의 절반을 죽여 없애거나 돌보지 않고 버려두는 일이 아니라 여아를 모두 재생산 연령에 이르도록 키우는 일이다. 인구가 자원에 대한 압력으로 작용하고 있을 때에만 여아를 남아만큼 많이 기르지 않겠다는 것이 의미 있는 일이 된다. 문제가 되는 이 자원에 대해서는 곧 다시 논의할 것이다.

급증하는 야노마모족

왜 야노마모족은 약 100년 전부터 갑자기 증가하기 시작했을까. 이 지역의 역사는 이 물음에 명확한 답을 줄 만큼 잘 알려지지 않았지만 그럴듯한 가설을 세워볼 수는 있다. 약 100년 전 야노마모족은 백인 상인 및 선교사들과 접촉한 다른 인디언들에게서 강철도끼와 벌채용 칼을 입수하기 시작했다. 오늘날 그들은 철제도구에 완전히 의존하고 있으며, 조상들이 일찍이 사용했던 돌도끼를 만드는 방법마저 완전히 잊고 말았다. 철제도구 덕분에 야노마모족은 더 적은 힘으로 더 많은 바나나와 플랜테인을 생산할 수 있게 되었다. 그래서 그들도 다른 대부분 산업사회에서와 마찬가지로, 남는 칼로리를 더 많은 아이를 먹여 살리는 데 사용할 수 있게 되었다 .

바나나와 플랜테인은 콜럼버스의 신대륙 발견 이후에 아시아와 아프리카에서 들여온 것으로, 아메리카대륙의 토종식물이 아니다. 아마존강 유역 인디언들은 대부분 전통적으로 탄수화물을 마니오크(카사바속屬 식물—옮긴이) 뿌리에서 얻었다. 야노마모족이 바나나와 플랜테인 나무를 심고 돌보고 소유했다는 사실은 바나나와 플랜테인이 비교적 최근에 중요한 자원으로 새롭게 인식되었다는 것을 말해준다.

여자들은 새 과수원을 만들기 시작할 때 무거운 묘목더미를 나르기도 하고 다 익은 무거운 줄기를 묶어 집으로 나르면서 일을 도왔지만, 야노마모족 사회에서 농사일은 기본적으로 남자의 일이다. 그런데 이는 스몰이 지적한 대로, 남아메리카의 다른 원주민과는 매우 대조적이다. 남아메리카의 원주민 사회에서 농장은 전적으로 여자들만의 영역이기 때문이다.

그들이 바나나와 플랜테인 농사로 이행하거나 여기에 집중했다는 사실은 유럽인들이 전에 배가 다닐 수 있는 이 지역의 모든 강을 지배하고 있던 아라와크족(Arawak)과 카리브족(Carib)의 집단을 평정하고 전멸시켜버린 것과 관련 있을 것이다. 과실수가 들어선 큰 정원은 인구가 많고 잘 조직된 집단의 공격을 받기에 좋았다. 중요한 점은 야노마모족의 전쟁은 같은 부모의 자손들로 구성된 부락에서 갈라져 나온 마을 사이에서 발생하는 싸움이라는 사실이다. 야노마모족은 그들보다 훨씬 강력한 강변 부족들이 차지하고 있던 영토 안으로 퍼져나가고 있었다.

나는 앞에서 새로운 생산수단을 채택―이 경우는 철제도구와 바나나 및 플랜테인 과수원―하는 것은 대체로 인구를 증가시키며, 인구증가는 다시 더 높은 인구밀도를 야기한다고 했다. 또 그에 따른 자원의 고갈과 자원에 대한 새로운 압력의 가중을 낳는다고 말한 바 있다. 새그넌이 조사한 부락의 평균규모는 앞서 보고한 바 있는 열두 개 집단보다 두 배 이상 늘어난 166명에 달했다. 또 스몰은 야노마모족 영토의 중심지인 파리마고원에 자리 잡은 대표적인 마을들의 규모는 65명에서 85명 사이이며, 100명을 훨씬 넘는 마을이 예외적으로 큰 것이라고 보고했다. 다른 추정치에 따르면 외부와 접촉하기 전 마을의 평균규모는 40명에서 60명 사이다.

촌락들의 주민 수가 그전에는 40~85명으로 제한되던 것이 166명 규모로 커지면서 고갈된 자원은 어떤 것들일까. 큰 강줄기의 유역에서, 홍수가 실어나른 토사로 형성된 좁은 평야를 터전으로 삼아 사는 집단을 제외하고, 아마존강 일대에서 이동하며 살아가는 비정주 소집단 및 촌락사회 주민들이 가장 쉽게 부족을 겪는 자원은 숲이나 땅―이것들은 매우 많다―이 아니라 사냥감인 짐승이다. 앞서 말했듯이 콜럼버스 이전 아마존지역의 큰 부락들은 큰 강가에 자리 잡고 있었고 강은 그들에게 물고기와 물에 사는 포유동물과 거북이 등을 제공해주었다. 그런데 야노마모족은 겨우 최근에 와서야 강 가까운 곳에 자리 잡았기 때문에 그들에게는 물고기나 그 밖의 수생자원을 이용할 기술이 없었다. 그렇다면 촌락과 촌락 사이에 "사냥감이 얼마든지 있었다"고 한 섀그넌의 말은 어떻게 된 걸까. 그보다 먼저 있었던 보고에서 섀그넌은 다음과 같이 다른 말을 남겼다.

사냥할 짐승이 흔하지 않아서 한 지역의 사냥감은 금방 바닥이 났다. 그래서 일행은 쉴 새 없이 이동해야 했다. ……나는 야노마모족과 함께 수십 년 동안 사냥꾼이 발을 들여놓은 적이 없는 지역으로 5일 동안 사냥을 떠났는데 만약 재배된 음식을 가져가지 않았더라면 마지막에 공복으로 크게 고생할 뻔했다. 사냥으로 얻은 고기는 우리가 먹기에도 모자랐기 때문이다.

섀그넌이 마을과 마을 사이에 있는 '주인 없는 땅'을 나중에 관찰했더라면 그는 이 지역이 풍요롭다는 잘못된 인상을 받았을 것이다. 이 지역이 짐승을 마치 가축처럼 보호하는 구실을 하기 때문에 누구나 이러한 인상을 쉽게 받는다. 나는 동물자원의 고갈 때문에 야노마모족의 1인당 단백질 섭취량이 실제로 줄어들었다고 주장하는 것은 아니다. 사람들은 더 먼 거리를 걷고, 좀더 작은 동물까지 잡아먹고, 곤충과 땅벌레도 채집하고, 동물단백질 대신 식물단백질을 먹고, 여아살해를 더 많이 함으로써(마을이 둘로 갈라져야 하는 시기가 가까워질수록 인구증가율을 낮춘다) 단백질결핍증의 임상적 징후가 실제로 나타나는 것을 예방할 수 있다.

헌터 대학의 그로스(Daniel Gross)는 고유의 생활방식을 지키고 있는 아마존지역 원주민 사이에서 단백질결핍증의 사례가 보고된 적이 있을지라도 그것은 극히 드문 일이라고 지적한다. 이러한 징후가 없다는 사실 때문에 일부 관찰자는 이동해 다니는 비정주 소집단과 촌락사회의 진화 과정에서 동물단백질이 지니는 인과론적 의의를 과소평가했다. 야노마모족의 전쟁이 인구조절책의 하나라고 한다면, 그러한 인구조절책이 제대로 기능한다는 것은 곧 인구밀도가 너무 높아져 성인들이 영양실조에 걸리거나 병들지 않도록 사전에 예방한다는 것을 의미한다. 그러므로 단백질결핍증의 임상적 징후가 나타난 사례가 없다고 해서 그것을 격심한 생태계의 압력과 생식압력의 존재를 부인하는 근거로 삼을 수는 없다.

그로스는 열대지방의 밀림에서 촌락생활을 하는 집단의 1인당 1일 단백질 섭취량을 평균 35그램으로 추정한다. 이 수치는 영양학상의 최소 요구량을 훨씬 웃도는 것이기는 하지만 미국인들의 1인당 1일 동물단백질 섭취량인 66그램의 절반밖에 안 된다. 미국인들은 하루에 큼직한 햄버거 한 개(156그램)만 먹어도 그로스가 추정한 야노마모족의 하루 평균 단백질 섭취량을 거뜬히 채우는 셈이 된다. 이런 비교는 세계에서 가장 큰 정글 속에 사는 사냥꾼들에게는 별로 인상적이지 않을 것이다.

단백질 부족의 영향

야노마모족은 실제로 고기를 얼마나 먹을까. 이 문제에 관해 스몰은 명확히 말한다. 야노마모족의 생활양식에서 사냥은 불가분의 것이며, 그들 모두 육류를 대단히 좋아하는데도 스몰은 다음과 같이 보고한다.

마을에서 아무도 사냥을 나가지 않거나 그 누구도 고기 한 점 먹지 않은 채 몇 날 며칠을 지내는 일이 예사였다.

열대성 밀림지대라는 환경에서는 하루 1인당 35그램 정도의 동물단백질을 섭취하려 해도 엄청나게 넓은 땅이 필요하다. 당연히 한 마을의 인구가 증가하면, 늘어난 인구가 동일한 소비수준을 유지하는 데 필요한 땅의 넓이도 비례해 훨씬 커진다. 큰 마을의 일상적 활동수준으로는 수 킬로미터나 되는 인근 지역 안에서 사냥감을 발견하기가 어렵다. 따라서 마을의 규모가 커지면 규모가 작은 경우에 비해 그만큼 장애요인이 많다. 일단 사냥감이 풍부한 곳을 찾아 사냥꾼들은 더 먼 거리를 여행해야 한다. 빈손으로 집으로 돌아가지 않기 위해 집을 비우고 숲속에서 하룻밤을 지새워야만 할 때가 오면 그때가 곧 위기의 시점이다. 그들은 전쟁이 한창인 지역에서 밤을 보내는 것을 꺼린다. 그 결과 마을 사람들은 줄어든 식량을 받아들이느냐, 아니면 마을을 둘로 쪼개서 갈라지느냐 가운데 하나를 선택해야 한다. 결국 그들은 후자를 택하게 된다.

야노마모족은 단백질 자원이 부족하다는 압력에 어떻게 반응하며, 마을은 어떤 식으로 분열되는가. 섀그넌은 마을이 갈라지고 쪼개지는 것은 이에 앞서 여자를 두고 벌어지는 싸움이 최고조에 달한 다음에 일어난다는 사실을 강조한다. 야노마모족에게 사로잡혀 억류된 적이 있는 브라질 여인 발레로(Helena Valero)의 증언에서 우리는 야노마모족 아낙네들이 으레 사냥실적이 변변찮은 남편을 놀리거나 악담을 퍼붓는다는 것을 알 수 있다. 이것은 열대의 삼림 속에 거주하는 집단에서 나타나는 공통적인 관습이다. 남편은 실제로 그러하든 자신의 상상일 뿐이든 아내와 동생들이 자신에게 고분고분하지 않은 것에 신경이 날카로워진다. 이와 동시에 남편의 실패를 안 아낙네나 젊은 미혼 남자들은 대담해져서 제 남편이나 손윗사람 또는 두목의 취약한 점을 감히 시험해보려고 든다. 실제로든 상상으로든 간통이 늘어나고 파벌싸움은 견고해지고 긴장이 고조된다.

마을은 평화적으로 갈라서지 않는다. 떨어져나가 딴 데로 옮겨가는 자들은 피할 수 없이 큰 불이익을 당한다. 무거운 바나나와 플랜테인을 새로운 터전으로 옮겨야 하고, 동맹자들에게서 피난처를 찾아야 하고, 식량과 보호를 받는 대가로 여자를 선물로 바쳐야 하고, 새로 심은 나무가 여물기를 기다려야 하기 때문이다. 한 부락이 다른 부락을 여러 번 공격하는 것은 마을과 마을 사이의 분쟁이 장기화되는 것을 의미한다. 마을들의 내부 긴장이 높아지면서 아무 관련 없는 부락끼리도 자주 충돌하게 된다. 점점 줄어드는 사냥감을 쫓아 사냥꾼들의 원정범위가 더욱더 넓어짐에 따라 마을과 마을 사이의 완충지대로, 심지어 적들의 뜰 안으로 침입하는 일도 점점 잦아진다. 여자가 부족해서 생긴 긴장 때문에 여자를 빼앗기 위해 다른 부락민을 습격하는 사태가 점점 많아진다. 그것은 간통을 대신하는 해결책이기도 하고, 남자다움을 입증하고 추장이나 두목의 지위를 노린다는 것을 행동으로 나타내 보이는 것이기도 하다.

동물자원이 고갈될 위험이 어떤 메커니즘으로 널리 알려지고 전파되는지, 어떤 메커니즘으로 야노마모족은 부락의 분할과 분산 등 자원고갈의 위험에 대응하는지에 대해서는 자세히 논하지 않기로 하겠다. 나는 다만 비정주 소집단 및 촌락사회의 전쟁이 인구를 분산시키고 인구증가율을 낮추려는 시스템의 일부라고 보는 이론의 타당성을 충분히 입증할 만한 야노마모족의 여러 사례를 제시했다고 믿는다.

6

남성우월주의와
오이디푸스콤플렉스의 기원

오이디푸스콤플렉스에서 출발해서는

농업의 기원도, 생산강화와 환경적 고갈에 대응해

구세계와 신세계가 제각기 다른 길을 밟아온 이유도,

국가의 기원도 설명할 수 없다.

그러나 생식압력, 생산강화, 환경적 고갈에서 출발하면

전쟁의 상수적 측면과 변수적 측면을

전부 이해할 수 있게 된다.

전쟁과 남성우월주의

끊임없이 치러야 하는 전쟁으로 남성우월주의의 복합적 제도는 비정주 소집단과 촌락사회 내부에 뿌리내렸다. 이러한 제도의 존재 자체가 여성인권론자에게는 곤혹과 혼란의 원천일 수밖에 없다. 많은 여성은 남성이 이토록 오랫동안 여성을 지배해왔다면 이는 남자가 여자를 지배하는 것이 '당연한' 것임을 의미하는 게 아닌가 하는 의문을 품는다. 그러나 이러한 의문에는 근거가 없다. 남성우월주의의 온갖 제도는 전쟁의 부산물, 남성이 무기를 독점한 것의 부산물, 남아를 공격적인 성향으로 키우고 가르치기 위해 성을 이용한 것의 부산물로 생겨났을 뿐이다. 앞에서 이미 말했듯이 전쟁 그 자체도 인간 본성의 표출 때문이 아니라 생식압력과 생태환경적 압력에 대한 반응 때문에 발생한다. 그러므로 전쟁이 당연하지 않듯 남성우월주의도 결코 당연하지 않다.

불행하게도 지금까지 여성인권론자들은 남성우월주의가 대부분 비정주 소집단 및 촌락사회에서 실제로 존재한다는 사실 자체를 부인함으로써 남성우월주의가 순리라는 주장에 대항하려 했다. 이런 시도는 인류학자가 아닌 사람 사이에서 여성이 지고의 존재로서 남성 위에 군림한 모계사회(matriarchy)의 황금시대가 있었다고 보는 신비한 이론을 부활시켰다. 인류학자들은 어떻게 반응했는가. 그들은 19세기의 시체를 다시 파내는 일, 다시 말해 그 이론을 다시 들먹일 만한 이유를 발견할 수 없었다. 그 대신 인류학자들은 남성우월주의의 정도와 강도가 과장되어왔다는 것을 입증하려고 애썼다. 최근 페미니스트들은 비정주 소집단 및 촌락사회에서 남성우월주의가 그렇게도 많이 발견되었다고 보고된 것은 성차별주의자들의 환상 때문이라고까지 주장하는데, 이는 그 가운데서도 아주 극단적인 예다. 비정주 소집단 및 촌락사회를 직접 관찰하고 이에 관한 대부분 기록을 남자가 집필했기 때문에 그들의 성차별주의적인 의식이 이러한 환상을 만들어냈다는 것이다.

남성우월주의 사회가 여성우월주의 사회나 남녀의 지위가 균형적인 사회보다 더 흔하지 않다고 믿는 사람들은, 그들이 남자든 여자든 문화인류학 전문가가 품는 선입견, 즉 실제로 연구자들의 연구활동을 좌우하고 그 방향을 결정하게 되는 선입견적 선호에 대한 이해가 전혀 없음을 스스로 드러내 보이는 꼴이다. 문화인류학 연구자들이 품는 선입견적 선호란 다음과 같다. 연구자들이 현지답사나 야외연구의 대상으로 삼는 것은 흔하고 평범한 부족집단이 아닌 동떨어진 풍속을 지닌 집단이다. 그들은 그런 집단을 관찰해 새로운 사실들을 알게 되는 데 드는 노력과 비용의 지출이 정당한 것임을 주장하려는 뿌리칠 수 없는 강한 유혹을 느끼고 이 유혹을 반영한 선호를 품게 된다는 말이다(나는 내가 좀더 앞을 내다볼 줄 알았더라면 포드재단을 설득해 약간 더 북쪽에 있는 모계사회의 문화를 대상으로 더 보람 있는 일을 할 수 있었는데도 그러지 못하고 모잠비크 남부의 부계사회 부족인 바통가족Bathonga의 한 집단을 연구대상으로 선정했다. 그 후 이를 몹시 애석해했던 것을 뚜렷이 기억한다).

대부분 민족지학자는 남성의 권력이나 권위가 상대적으로 축소되어 있는 사회제도를 발견하고도 간과해버리기는커녕 오히려 그와는 정반대다. 그들로서는 '결혼 후 여자 쪽에서 사는 것' (uxorilocal postmarital residence)에 관한 논문 또는 '일처다부제와 모계제의 쇠퇴'(matrilineal descent with polyandry)의 멋진 사례에 관한 논문을 집필하는 것 이상으로 보람 있는 일은 상상할 수도 없다. 거의 어디서나 보편적으로 여성들에게 불리한 편견을 나타내는 압도적으로 많은 통계가 남성 현지답사자들의 눈에는 겨우 티끌 정도로만 비춰진다는 것은 나로서는 도저히 믿기 어렵다.

머독(George Murdock)의 『민족지학지도』(*Ethnographic Atlas*)에는 사회 1,179개가 정리되어 있다. 이 가운데 4분의 3에 이르는 대다수 사회에서 여자는 결혼한 다음 남편의 집이나 남편의 부계 친척의 집으로 옮겨가서 산다. 반면 오직 10분의 1에 해당하는 사회에서만 신랑이 신부나 신부의 모계 친척의 집으로 가서 산다. 아이들의 가계(혈통 또는 씨족)에는 일종의 비대칭성이 나타난다. 앞에서 제시한 1,179개의 사회에서는 아이들을 아버지 혈통의 일원으로 보는 경우가 어머니 혈통의 일원으로 보는 경우보다 다섯 배더 많았다. 다시 말해 부계제가 모계제보다 다섯 배나 더 흔하다는 말이다. 그리고 모계제문화인 사회 가운데 3분의 1에서만 자녀들은 결혼 후에도 어머니와 함께 산다.

모계제문화를 지닌 사회의 또 다른 3분의 1은 남자가 결혼하면 어머니와 더 이상 같이 살지 않고 어머니의 형제 집으로 가서 산다. '아방쿨로칼리티'(Avunculocality, 라틴어로 *avunculus*, 어머니의 형제와 함께 거주함을 뜻함)라 불리는 이 유형은 일가의 혈통은 모계로 따지지만 일가 아이들의 통솔과 재산관리는 모친의 남자형제가 맡는다는 것을 뜻한다. 놀랍게도 이와 반대되는 유형은 존재하지 않는다. 그런데도 인류학자들은 이에 아랑곳하지 않고 그 반대유형을 '아미탈로칼리티'(Amitalocality)라고 부른다. 만약 '아미탈로칼리티'가 실제로 존재한다고 치면, 부계제 사회에서 결혼한 남자는 아내를 따라 장인의 여자형제 집으로 가서 살아야 한다는 것이 된다. 이것은 혈통은 남자 쪽을 따르지만 일가의 아이들이나 재산을 관리하는 것은 아버지의 여자형제임을 의미한다.

결혼형태 또한 남자가 집안을 지배한다는 것을 입증한다. 일부다처제는 일처다부제(polyandry)보다도 100배나 더 많은데 일부다처제는 공격적인 '사내다운' 행동에 대한 보상으로 성(性)과 여자를 이용하기에 기능적으로 가장 알맞은 결혼형태다. 한편 일처다부제는 여자들이 남자를 지배하며, 용맹스럽고 지기 싫어하는 경쟁적인 여자들이 보상으로 굽실거리는 남자들을 차지하는 사회에 적합한 결혼형태다. 그러한 사회는 체격이 억세고 공격적인 남자들이 군사전문가, 즉 적군과의 전쟁에서 거의 이기지 못한다고 해야 할 것이다. 이는 그토록 많은 사회가 남자들을 부추겨 그들이 여러 처첩을 거느리도록 하면서도 여자들이 여러 남자를 모아 남편으로 삼는 것은 장려하지 않는 이유를 짐작하게 한다.

결혼에 관한 또 다른 흔한 제도는 남성우월주의가 전쟁과 관련된 문화적 유인, 나아가 궁극적으로는 생태환경적 압력 그리고 생산 및 생식압력과 관련된 문화적 유인 때문에 발생한 것임을 말해준다. 결혼할 때 신랑 집안은 신부 집으로 귀중한 물건을 넘겨준다. 이는 '신붓값'이라 부르는데, 딸이 해주는 값진 생산과 생식서비스를 잃게 된 것을 보상하는 차원에서 지불하는 것이다. 한 가지 놀라운 점은 신붓값의 논리적 반대개념인 신랑값은 사실상 존재하지 않는다는 것이다(최근 내쉬Jill Nash가 제출해 내가 주목한 신랑값 사례가 단 한 건 있다. 남태평양 부건빌섬의 나고비시족Nagovisi의 경우인데, 그곳에서는 신부의 여자형제들과 어머니가 귀중한 생산 및 생식서비스를 놓치는 신랑 측 여자형제와 어머니에게 경제적 보상을 제공한다).

'신랑값'이라는 말을 '지참금'과 혼동해서는 안 된다. 지참금은 부(富)를 교환하는 것으로 신부의 아버지와 형제들이 신랑이나 그 아버지에게 주는 것이다. 하지만 그것을 신랑의 생산 및 생식서비스를 빼앗기는 데 대한 경제적 보상으로는 보지 않는다. 오히려 그것은 경제적으로 부담이 되는 여자를 부양하는 비용의 일부를 메워준다는 의도에서, 또는 신부의 아버지나 형제들에게는 매우 소중한 정치적·경제적·신분적·인종적 동맹관계를 맺은 데 대한 대가를 지불한다는 의도에서 보내는 것이다.

이처럼 남성에게 유리한 혼인관계는 결혼을 남자 사이에서 여자를 선물로 주고받는 것으로 파악하는 프랑스의 인류학자 레비스트로스(Claude Levi-Strauss)의 이론을 배경으로 한다. 레비스트로스는 "남자가 여자를 주고받으며, 반대로 여자가 남자를 주고받는 일은 없다"고 주장한다. 그러나 그는 그 이유에 대해서는 아직 이렇다 할 설명을 한 적이 없다.

비정주 소집단 및 촌락사회의 정치제도 역시 남자들이 좌우하는 경향이 있다. 부계제 사회에서는 언제나 여자보다는 남자를 마을의 장으로 받들었고, 종교의 주도권도 남자가 쥐었다. 간혹 초자연적 힘을 능숙히 다루는 여자 주술사(shaman)가 있기는 하지만 남자 주술사보다 언제나 수도 적고 존재도 두드러지지 않았다.

비정주 소집단 및 촌락사회에서는 생리 중인 여자를 종교의례상 더러운 것으로 생각한다. 그들은 월경의 배설물을 오물로 간주한다. 반대로 그들은 남자의 정액을 집단 전체의 건강과 복지 향상을 비는 제사에 사용한다. 세계 도처에서 남자들은 '불로러'(bullroarer, 끈을 꿴 가느다란 관으로 머리 위에서 돌려 소리를 내는 종교의식용 악기―옮긴이)나 탈 또는 그 밖의 소도구로 여자와 아이들에게 겁을 주고 그들을 위협하지만 그런 도구의 성질에 대해서는 여자들에게 비밀로 한다. 그런 도구를 저장해두는 곳, 즉 여자들은 얼씬도 못 하게 하는 남자들만의 클럽하우스 역시 같은 관습의 일부다. 반면 제사의식에서 여자들이 남자에게 겁을 주는 절차는 거의 없으며, 나는 남편에게서 자신들을 보호할 여자들만의 클럽하우스가 있는 마을을 알지 못한다.

거의 모든 비정주 소집단 및 촌락사회에서 남성의 지배적 우위는 분업에서 명백히 나타난다. 여자들은 풀 뽑기, 맷돌 갈기와 방아 찧기, 물 기르기와 땔나무 나르기, 아이와 살림 나르기, 식사 준비 등 힘들고 지겨운 일을 맡는다.

내 논의의 요점은 심하게 불균형적인 이 모든 성차별적 관습과 제도가 남자들이 전쟁과 무기를 독점하는 것의 부산물로 생겨났다는 것이다. 전쟁은 공동체가 아버지, 남자형제 그리고 아들들을 중심으로 하는 조직이 되도록 했다. 또 아버지 형제 쪽 이해집단이 각종 자원을 지배하고, 또 이들 집단 사이에서 여자형제나 딸을 주고받도록(즉 부계제, 부거제父居制, 신붓값 등의 성립) 했다. 또 씩씩하고 공격적인 남자에게 여자를 나누어주는 일도 그래서 생겨났고 여기서부터 일부다처제가 출현하게 된다. 여자들을 희생시켜서라도 전쟁에서 싸우는 남자들에게 보답할 필요와 초자연적인 힘을 빌려 남성우월주의적 온갖 구조를 정당화할 필요가 있었다. 이러한 필요에 따라 자동적으로 고된 일, 궂은일은 여자들의 몫으로 돌아가고, 종교의식에서 여자들은 하위에 놓이게 되며 비하되기도 한다.

대내전쟁과 대외전쟁

전쟁과 남자에게 편향된 이 모든 제도 사이의 인과관계가 이런데도 다른 사람들은 왜 아직 이를 보지 못할까. 한 가지 사실, 즉 일부 호전적 촌락사회에서 남성우월주의적 구조가 매우 약하거나 전혀 없다는 사실이 언제나 걸림돌이 되고 있는 것이다. 예를 들면 이로쿼이족(Iroquois)은 끊임없이 전쟁하며 남자들을 고통에 무감각하도록 훈련시키는 부족으로 잘 알려져 있다. 그들은 포로를 무자비하게 다루는 것으로도 유명하다. 포로들은 혹독하게 매질당한다. 손톱이 뽑히고 팔다리가 잘린다. 끝내 목이 잘리거나 산 채로 화형당한다. 그 후 이로쿼이족은 식인잔치를 벌여 구운 인간고기를 먹어치운다. 그런데도 이들의 사회는 모계제이자 모거제 (母居制) 사회로, 신붓값 같은 것을 치르지 않으며, 대체로 일부일처의 단혼제(單婚制)를 지키고 있다. 여자에게 겁을 주거나 여자를 격리시키는 따위의 까다로운 종교의식도 없다. 이로쿼이족 말고도 부계제보다는 모계제의 형태를 띠며, 약한 남성우월주의가 강한 군사주의와 결합되어 있는 것과 비슷한 유형의 사회가 많다 (그러나 모계사회는 전체 사례 가운데 15퍼센트에 지나지 않는다는 점에 유의하라).

이들 사회에서 볼 수 있는 모계제와 포악스러운 군사문화 간의 상호연관을 우연의 산물로 보기에 사실 이는 너무나 규칙적이다. 부계제적 부거제(patrilineal-patrilocal complex)가 전쟁으로 생긴 것이라는 확신이 없다면, 모계제적 모거제(matrilineal-matrilocal complex)는 전쟁으로 생겨난 것이라는 결론이 논리적일 것이다. 물론 매우 거북한 이 문제는 전쟁에도 서로 다른 여러 형태가 있다는 것을 생각하면 다 풀린다. 모계제 촌락사회는 야노마모족 같은 부계제 촌락사회의 전쟁과는 다른 종류의 전쟁을 하는 경향이 있다. 디베일은 모계제 사회가 치르는 전쟁은 전형적인 '대외전쟁', 즉 자기들과 사용하는 언어도 인종도 다른, 멀리 떨어진 적의 영토 안으로 깊숙이 대규모 공격조를 침투시키는 전쟁임을 처음으로 밝혀냈다.

한편 야노마모족 같은 부계제적인 비정주 소집단 및 촌락사회끼리 벌이는 전쟁은 '대내전쟁'이나 '내전'이다. 왜냐하면 그런 전쟁은 많지 않은 인원으로 구성된 공격조로 이웃마을을 치는 것이며, 적이라고 하지만 같은 언어를 사용하고 그리 멀지 않은 촌수의 같은 조상이 있는 사이끼리 치르는 전쟁이기 때문이다.

모계제와 대외전쟁의 관계에는 다음과 같은 논리가 작용한다.

결혼해서 처가살이를 하기 위해 이로쿼이족 마을의 공동가옥으로 옮겨가는 신랑들은 다른 마을에서 살던 다른 집안 출신 사람들이다. 그들은 거주지가 바뀜에 따라 전처럼 자기 아버지, 형제, 아들에게 좋은 일인지 아닌지로 이해관계의 기준을 세울 수 없게 되고 동시에 이웃마을 사람들과 날마다 일상적으로 접촉하게 된다. 이런 관계는 이웃마을끼리의 평화로운 관계를 촉진한다. 그래서 서로 협력해 몇백 킬로미터나 떨어져 있는 적을 공격할 능력을 갖춘 큰 부대를 편성하게 된다(이로쿼이족은 500명이 넘는 전사로 구성된 전투부대를 편성해 뉴욕에서 일리노이만큼 멀리 떨어져 있는 대상을 공격하기도 했다). 디베일은 모계제적으로 조직된 집단에게 공격당했던 부계제적 조직의 사람들은 그들 역시 짧은 시간 안에 비슷한 조직을 채택해야 했을 것이며, 그렇지 않으면 멸망했을 것이라고 말함으로써 그러한 논리가 통용되는 사례를 더욱 확장했다.

그러나 우리는 여기서 모든 모계제적 조직이 대외전쟁과 관련 있다고 결론 내리지는 말기로 하자. 어떤 이유에서든 남자들이 장기간 집을 비우는 사태는 남자들의 이권에 관한 실질적인 권리행사자 및 수호자로서 여자들에게 초점이 모이는 형국을 만들었다. 사냥과 고기잡이를 위한 원거리여행과 원거리교역은 남자가 중심이 되는 활동이다. 전쟁행위에 작용하는 것과 비슷한 논리가 여기에도 작용한다. 즉 남자들은 그들의 집과 땅, 그 밖의 재산을 남겨두고 몇 주일, 몇 달이고 집을 비워야 하는 위험한 일을 해야 한다. 이렇게 오랫동안 남자들이 집을 비운다는 것은 여자들이 매일 할 일에 관해 결정을 내리고 아이들을 돌보고 가르치는 등의 책임을 맡게 되는 것을 의미하며, 또 집 주변 뜰이나 마당에서 농사지어야 하는 부담을 갖게 되는 것을 의미한다.

부계제적 조직에서 모계제적 조직으로의 이행은, 집을 비우게 되는 남자들이 공동소유의 집, 땅, 재산 등의 관리를 그들의 여자형제에게 넘기려고 하는 데서 비롯된다. 집을 떠나는 남자들은 아내보다는 여자형제에게 뒷일을 맡겼다. 왜냐하면 아내는 남편 쪽이 아닌 친정아버지 쪽 이해집단을 따르게 마련이기 때문이다. 그러나 집에 남아 있는 여자형제들은 재산에 관한 한 형제들과 이해관계가 동일하다. 그러므로 집을 비우게 되는 형제들은 여자형제가 결혼하는 것을 말리거나 막았다. 여자형제들은 결혼하면 어릴 때부터 함께 자랐던 가정을 떠나야 하기 때문이다. 부거제 결혼을 하게 되면 여자형제들은 남성우월주의적인 남편과 자신에게 매정한 시부모의 학대에 노출될 것이기 때문에 그들은 그저 감지덕지 오라비의 말을 따른다.

부거제에서 모거제로 넘어가는 과정은 갑작스럽고 충격적인 제도적 변화를 수반할 필요가 없다. 신붓값을 치르던 것을 일해주는 것으로 바꾸는 간단한 편법만으로 실현할 수 있다. 다시 말해 신랑은 값진 물건을 신부의 가족에게 보내는 대신 일시적으로 그들과 함께 살면서, 그들을 위해 사냥하고 들일을 돕는 것이다. 일이 이쯤 되었다고 해도 이는 모계적·모거제적 결혼의 본질에 겨우 한 발 들여놓은 것뿐이다. 남편은 그 집 딸에 관한 성적인 특권을 얻어 임시로 그 집에 거주하는 사람으로 간주되고, 그들의 존재가 조금이라도 불편해지면 언제든지 떠나달라는 말을 듣게 되므로 이러한 결혼은 쉽게 깨지는 남녀 간의 성관계 정도가 되고 만다.

애리조나주와 뉴멕시코주에 사는 푸에블로 인디언들의 모거제 결혼을 예로 들면, 그들은 남편이 거추장스러운 존재가 되는 날에는 방문 밖에 모카신(가죽으로 만든 뒤축이 없는 실내화―옮긴이)을 내놓는 간단한 방법으로 남편을 쫓아냈다. 이로쿼이족 여자들은 언제 어느 때고 남편에게 제 담요를 싸 들고 딴 데로 가라고 명령할 수 있었다. 모건(Lewis Morgan)이 이로쿼이족의 결혼을 두고 말했듯이, 가장 하찮은 이유나 한순간의 변덕이 결혼관계를 깨는 충분한 이유가 되기도 했다.

인도의 말라바르 해안에서 사는 군국주의적인 풍토를 지닌 나야르족(Nayars)의 사회에서는 남편이 처가에서 함께 산다고 해봤자 고작 밤 동안에만 함께할 수 있을 정도로 하찮은 존재였다. 남자들은 전쟁이나 그 밖의 일로 먼 곳으로 떠나고 없거나 임시로 처가살이를 했다. 엄마, 자매 그리고 딸이 식구의 중심인 가정과 부계혈통, 부계상속을 지키는 관행 및 이데올로기는 양립할 수 없다. 남자들이 떠돌이처럼 이집 저집 머무르면서 남자노릇을 하는 동안에 생긴 자기 아이들은 여러 곳에 흩어져 있으므로 집안과 땅을 지킬 수 있는 존재가 될 수 없다. 오히려 그 일을 할 것으로 기대할 수 있는 상대는 자기가 태어나고 자랐던 바로 그 집에서 태어나 장성한 여자형제들의 아이들이다. 같은 상황을 아이들의 관점에서 보면, 자기들을 안전하게 지켜주고 자기에게 재산을 물려줄 것이라고 기대할 수 있는 상대는 아버지가 아니라 오히려 어머니의 형제들이다.

여기서 추가로 또 한 가지 복잡한 사정을 짚고 넘어가기로 하자. 대외전쟁을 일삼는 팽창주의적인, 국가성립 이전 단계의 사회라고 해서 모두 다 모계제로 조직되어 있는 것은 아니다. 예를 들면 아프리카에서는 누에르족(Nuer), 마사이족(Massai) 같은 유목민사회가 저 멀리 떨어진 적을 상대로 대외전쟁을 일삼지만 이들의 사회는 부계제와 부거제의 형태를 띤다. 이런 사회는 따로 검토할 필요가 있다.

대외전쟁과 모계제의 상관관계

유목이나 반(半)유목생활을 하는 국가성립 이전 단계의 목축사회는 팽창주의적이며 극도로 군사적인 사회다. 그런데도 이들 사회에서는 모계제와 모거제가 아니라 오히려 부계제와 부거제의 특징이 강하게 나타난다. 그 이유는 그들의 생계와 부의 원천이 들판에 있는 농작물이 아니라 네 발로 걸어 다니는 짐승이기 때문이다. 국가성립 이전 단계의 목축사회가 생산을 강화하고 인구압력의 결과로 이웃사회의 영토를 침입할 때, 전투에 참가하는 남자들은 뒤에 남겨두고 온 집을 걱정할 필요가 없다. 목축민들이 전쟁하러 간다는 것은 으레 그들의 짐승을 더 좋은 목초지로 몰고 가기 위한 것이므로 그들의 가족은 남자들의 뒤를 바싹 따라다닌다. 그리하여 국가성립 이전 단계의 목축민들의 팽창주의적 전쟁은 많은 부계제 농업사회가 그러하듯이, 계절에 따라 집과 가족이 있는 근거지를 떠나 먼 곳을 습격하러 가는 것이 아니라 남자, 여자, 아이들과 가축을 포함한 지역공동체 전체가 대이동하는 것이었다.

대외전쟁과 모계제 발달 사이의 상관관계가 밝혀짐에 따라 100년 이상 인류학자들을 괴롭혔던 여러 가지 수수께끼가 드디어 풀리게 된다. 우리는 이제 가부장제(patriarchy), 일부다처제, 신붓값 등은 단 한 번도 모가장제(matriarchy), 일처다부제, 신랑값 등의 제도로 대체된 적이 없음을 알 수 있다. 남자들이 물리적 폭력과 관련된 기법과 기술을 계속 독점하는 한 모가장제는 성립할 수 없다.

어머니의 형제들과 함께 사는 아방큘로칼리티를 모계사회에서 거의 공통적으로 볼 수 있는 이유는 어머니에게서 물려받은 공동의 재산을 여자형제들이 마음대로 지배하는 것을 남자형제들이 받아들이지 않기 때문이다. 아버지의 여자형제(고모)와 함께 사는 아미탈로칼리티가 존재하지 않는 이유는 아버지의 여자형제들은 아버지에게서 물려받은 공동의 재산에 대해 남자형제들보다 더 강한 지배권을 행사할 수 없기 때문이다. '신랑값'이 사실상 생긴 적이 없는 이유는 모계제에서의 남편의 처지는 부계제에서의 아내의 처지와 비슷하지 않기 때문이다. 남편들은 처가 쪽 식구의 한 사람으로 편입되는 것도 아니며, 가사를 처리할 결정권을 여자형제들에게 넘기지도 않는다. 그러므로 신부는 남편의 여자형제들에게 남자의 생산 및 생식서비스를 잃은 데 대한 보상으로 '신랑값'을 치르지 않는다. 모계사회가 일처다부제인 경우가 드물고 일부다처제인 경우가 더 흔한 이유는 남자의 용맹스러움에 대한 보상으로 여전히 성이 이용되기 때문이다. 적의 목을 자르거나 머리가죽을 벗겨 전리품으로 삼는 등 사납고 거친 전투에 단련된 남자들은 한 여자의 감독 아래 마음 맞는 친구들 네댓 명과 함께하는 축복스러운 결혼생활에 결코 안주하려 하지 않는다(첩을 공유한다든가 집단강간을 하는 일 따위는 어렵지 않게 할 수 있는 일이었는데도 말이다).

이런 것들이 모계제의 발달이 남성우월주의의 전체적 구조에 존재하는 가혹함과 사나움을 완화했다는 사실을 부인하는 것은 아니다. '대외전쟁'으로의 이행에 관해서는 나중에 다시 논의하겠지만 이행 때문에 모계제에서는 선별적 여아살해가 감소했다. 또 이러한 이행은 첫 아기의 성(性)을 그대로 선호하는 성선호의 역전마저도 몰고 온다. 예를 들면 이로쿼이족의 어떤 남자는 여자형제들이 딸을 낳아주어 자기의 모계혈통이 끊기지 않길 원했으며, 모거제가 엄격히 지켜지는 곳에서는 한 남자가 여러 여자를 원하는 경우 그 상대는 반드시 아내의 자매, 즉 처형이나 처제에 한해야만 했다(모계사회에서의 진정한 일부다처제란, 이로쿼이족의 경우가 그러하듯 지나간 일이 되고 만 경우가 많았다). 그리고 앞에서 이미 말한 바와 같이 모계사회에서 결혼은 여자 쪽에서 간단히 깨버릴 수 있다. 처가살림에 손님처럼 얹혀사는 처지인 남자로서 아내를 홀대할 수 없고, 또 아내가 그런 대접을 고분고분 받아들일 거라 기대할 수도 없다. 하지만 이는 성차별적 위계질서가 완화된 사례일 뿐이지 전면적으로 폐기된 것은 아니다.

일부 인류학자는 남성우월주의라는 일반화된 고정관념을 뒤집는 일에 급급한 나머지, 모계제가 남성의 지배를 완화하는 효과를 발휘한다는 사실을 마치 그것이 남녀의 동등한 지위를 증명이라도 하는 것처럼 들먹이곤 한다. 우리는 이로쿼이족 여자들이 '남편에게 얻어맞기라도 하면 크게 분개한다'는 사실에 지나치게 의미를 부여해서는 안 된다. 학대당한 여자들이 '학대에 대한 복수로 자살한 건지도 모른다'는 사실도 최근 어떤 연구자의 해석처럼 남녀의 지위가 동등하다는 것을 나타낸다고 볼 수 없다. 중요한 점은 이로쿼이족 여자들은 감히 제 남편을 구타할 생각을 못 한다는 사실이다. 설령 아내가 남편을 실제로 구타했다고 하자. 이런 경우 그 남편은 자살하도록 내버려 두기보다는 분명히 좀더 확실한 방식으로 '복수'했을 것이다.

모건은 자신의 논문에 이로쿼이족 남자들은 "여자를 남자보다 열등하고 종속적인 존재로 보았고 여자들도 그렇게 길들여졌기 때문에 스스로를 그렇게 생각했다"고 썼다. 모건은 자기가 쓴 그 대목의 의미를 알고 그렇게 썼을 것이며, 나는 그 점에 의문을 품어야 할 아무런 이유도 찾을 수 없다. 모건과는 정반대의 견해를 펼쳤던 초기 관찰자들은 모계제와 여성우월주의(female supremacy)의 차이에 대해서는 잘 알지 못했다.

이로쿼이족 사회에서 모계제에 존재하는 완화효과는 결혼이나 가정생활에서보다 정치의 영역에서 더 강하게 나타났고, 이는 이례적이었다. 내가 아는 한 우리가 믿을 만한 정보를 모은 모든 촌락문화 가운데 이로쿼이족만큼 정치적 모가장제(political matriarchy)에 가까운 것도 없다. 그러나 정치적 의사결정자로서 이로쿼이족 여자들의 역할은 남녀 간의 정치적 동등권을 확립하지 않았다.

이로쿼이족 여자들은 평의회(council)라 불리는 최고통치기구를 구성할 남자 대표자들을 지명하거나 파직시키는 권한이 있다. 평의회 구성원인 남자 대표자들을 통해 여자들은 평의회의 결정에 영향을 미치고 전쟁의 수행과 조약체결 등의 권한을 행사하는 것이다. 공직에 취임할 자격을 얻기 위해서는 여자 측의 심사를 통과해야 했다. 그러나 여자들 자신은 평의회의 일원이 될 수 없었고, 현역 남자 대표자들은 여자들의 지명에 거부권을 행사할 수 있었다.

브라운(Judith Brown)은 이로쿼이족의 성차별적 위계질서에 관한 연구보고서를 끝맺으면서, "이로쿼이족 사회는 일부 사람이 주장하는 바와 같은 모가장제 사회가 아니었다"고 결론짓는다. 그러나 그녀는 "아낙들(자녀가 있는 기혼여자들)은 배후 인물(éminence grise)이었다"라는 말을 덧붙인다. 하지만 이는 요점을 빗나간 말이다. 여자들은 언제나 겉으로 나타나는 것보다 더 큰 영향력을 무대 뒤에서 휘두른다. 당혹스럽고 어지러워질 것이 뻔한 일의 전면에 여자들이 나서는 일은 극히 드물다. 우리는 이를 전쟁수행과 관련해서만 비로소 설명할 수 있다.

성역할에 대한 프로이트학파의 오해

호전적인 모계사회가 제기하는 문제들과는 별도로 전쟁이 남녀의 사회적 역할분담에 미친 영향이 지금까지 사실상 도외시되어 온 또 다른 이유가 있다. 프로이트학파의 심리학자 및 정신의학자들은 성역할에 대한 이론을 지배해왔다.

프로이트학파는 전쟁과 남녀 성역할 사이에 어떤 관련이 있다는 것을 오래전부터 깨닫고 있었다. 그러나 그들은 인과관계의 방향을 전도시켜 전쟁 때문에 남자들이 공격적으로 된 것이 아니라 남자들의 공격적 성품 때문에 전쟁이 일어나는 것이라고 생각했다. 이와 같은 원인과 결과의 전도는 다른 학파에까지 침투했고 대중문화에까지 스며들어 안개가 끼은 듯 지적 풍경을 흐리게 했다. 프로이트는 성적 본능이 좌절되는 어린 시절의 경험이 행동으로 표출된 것이 공격행위이며, 전쟁은 단순히 사회적으로 공인된, 가장 살인적인 형태의 대규모 공격행위라고 주장했다.

프로이트에 따르면 소년은 자기 아버지와 한 여자의 성적 주인이 될 자리를 놓고 경쟁한다. 그들은 스스로 무엇이든 할 수 있는 능력을 지녔고, 자기의 성기를 자르려고 위협하는 경쟁자를 죽일 수 있다고 상상한다. 이것―프로이트 정신분석학이론의 핵심―을 프로이트는 오이디푸스콤플렉스(Oedipus Complex)라 불렀다. 이 콤플렉스는 소년이 그 공격성을 아버지에게서 다른 곳으로, 사회적으로 그리고 더 '건설적' 활동(여기에는 전쟁도 포함된다)으로 돌릴 줄 알게 되면서 해소된다.

소녀의 경우 프로이트는 방향은 같지만 근본은 다른 정신적 충격을 구상했다. 소녀의 성적 관심 역시 처음에는 어머니에게로 향한다. 그러나 이른바 남근기에 이르러 소녀는 충격적인 발견을 하게 된다. 즉 자기에게는 남근이 없다는 사실을 새삼 깨닫게 되는 것이다. 소녀는 자기의 몸이 남근이 잘려나간 꼴이 된 책임을 엄마에게 돌리고 자신의 사랑을 아버지에게 쏟는다. 아버지에게는 그 귀중한 신체기관이 있으며, 소녀는 그것을 아버지와 함께 나누어 가지기를 열망하기 때문이다. 아버지를 향한 딸의 사랑 그리고 다른 남자에 대한 사랑에는 자기에게는 없는 그 무엇을 가진 데 대한 선망의 감정이 섞여 있다. 하지만 남자는 다른 사람들에게로 적개심을 돌려 표출하는 법을 배웠다. 한편 여자는 종속적인 지위와 임신(이것은 상실된 남근의 상징적 대용물이다)을 달게 받아들임으로써 잘려나간 남근을 보관한다.

이런 종류의 시나리오는 순전히 허튼소리 같을 수도 있지만, 오이디푸스적인 갈등―적어도 나이 많은 세대와 젊은 세대 사이에 존재하는 성문제와 관련된 적대관계와 여성들의 남근선망이 그러하다―같은 역동적인 심리유형이 보편적이지는 않아도 널리 발생하는 현상임을 인류학적 연구가 밝혀냈다. 말리노프스키 (Bronislaw Malinowski)는 오이디푸스적인 경쟁관계가 심지어 모계적이고 아방큘로칼리티적인 트로브리안드군도의 주민 사이에도 존재한다는 사실을 지적한다. 다만 이 섬에서는 어린아이들에게 권위 있는 존재로 비치는 인물은 아버지가 아니라 어머니의 남자형제들이어서 프로이트가 예측했던 것 그대로는 아니었다. 어찌되었든 프로이트는 무언가를 확실히 파악하고는 있었지만 불행하게도 그가 그린 인과관계의 화살표는 뒤를 향해 날아갔다. '오이디푸스'적인 상황을 인간의 문화적 산물로 보지 않고 인간의 본성 탓으로 돌리는 것이야말로 허튼소리다.

오이디푸스적인 상황이 광범위하게 발생한다는 것은 별로 놀랍지 않다. 남성우월주의적 제도의 복합구조―남자의 무기독점·담력훈련·전투훈련, 여아살해의 관행, '남자다운' 일을 해낸 데 대한 보상물로 자신들이 제공되는 것을 순순히 따르도록 여자를 길들이는 일, 부계제적 편견, 일부다처제의 성행, 남자 간의 스포츠 경기, 성년에 이른 남자를 위한 야단스러운 의식, 생리 중인 여자를 종교의식상 더러운 존재로 간주해 기피하기, 신붓값 치르기 관행, 그 밖의 수많은 남성우월주의적 제도―속에 거세공포증과 남근선망증이 생겨날 모든 조건이 들어 있기 때문이다. 여기서 분명해지는 것은 적극적이고 공격적이며 지배적인 '남자다운' 남자와 수동적이고 순종적인 '여자다운' 여자를 만들어내는 것을 양육의 목적으로 삼는 곳이면 어디서나 다음 세대 남자 사이에서 일종의 거세공포증―그들은 자신의 '남자다움'을 확신하지 못해 불안해할 것이다―이 생길 것이라는 점이다. 그리고 남근의 힘과 중요성을 실제보다 크게 생각하도록 교육받게 될 자매 사이에서는 일종의 남근선망증이 생기게 될 것이다.

이 모든 것에서 한 가지 결론이 도출된다. 오이디푸스콤플렉스가 전쟁의 원인이 아니라 전쟁이 오이디푸스콤플렉스의 원인이라는 것이다(전쟁은 그 자체로 최초의 원인이 아니라 생태환경적 압력과 생식압력을 제어하려는 바람에서 파생된 것이라는 사실을 명심해야 한다). 이 말은 닭이 먼저냐 달걀이 먼저냐의 문제처럼 끝없는 논쟁거리로 들릴지도 모르지만 그렇지 않다.

프로이트학파의 이론을 비판할 훌륭한 과학적 이유가 있다. 그 이유는 바로 오이디푸스콤플렉스에서 출발해서는 전쟁의 강도와

범위의 차이―왜 어떤 집단은 다른 집단보다 더 호전적일까, 왜 어떤 집단은 멀리 있는 적을 상대로 대외전쟁을 하며 다른 집단은 이웃을 상대로 대내전쟁을 하는 것일까 따위―를 설명할 수 없다는 것이다. 왜 남성우월주의적 제도가 실질적인 내용과 강도의 측면에서 다양한지도 설명할 수 없다.

오이디푸스콤플렉스에서 출발해서는 농업의 기원도, 생산강화와 환경적 고갈에 대응해 구세계와 신세계가 제각기 다른 길을 밟아온 이유도, 국가의 기원도 설명할 수 없다. 그러나 생식압력, 생산강화, 환경적 고갈에서 출발하면 전쟁의 상수적 측면과 변수적 측면을 전부 이해할 수 있게 된다. 그리고 전쟁에서 나타나는 다양한 차이의 원인을 알게 됨으로써 가족구조, 성차별적 위계질서, 성역할을 이해할 수 있게 되고, 여기서부터 다시 오이디푸스콤플렉스의 불변적 특징과 가변적 특징을 전부 이해할 수 있게 된다.

과학철학에서는 두 이론 가운데 하나를 택해야 할 경우, 설명되지 못한 독립된 가정의 수가 가장 적고 더 많은 가변요인을 설명한 이론을 우선적으로 채택한다는 것이 원칙이다. 이는 따르고 지킬 만하다. 왜냐하면 서로 다른 철학적·실천적인 결론은 각기 그 이론을 고수하기 때문이다. 한편 프로이트학파의 이론은 전쟁을 인간 **본성으로서의 전쟁**으로 보는 관점과 접근법이 매우 유사하다. 그 이론대로라면 살인적인 침략행위는 피할 수 없는 일이 되고 만다. 이와 동시에 프로이트학파의 이론은 남녀 할 것 없이 사람에게 ('신체구조는 곧 운명'이라는) 생물적 지상명령의 족쇄를 채워 성적 평등을 달성하려는 운동을 혼란하게 하고 억누르게 된다.

　나는 남자의 신체구조는 전쟁에 대비해 사나워지고 공격적이 되도록 길들여진다고 말한 바 있다. 그러나 나는 신체구조든 유전 자든 본능이나 그 밖의 어떤 것이든 전쟁이 불가피한 것이라고는 말한 적 없다. 오늘날의 세계에 살거나 우리에게 알려져 있는 과거에 살았던 인간들이 전쟁을 일삼는 성차별적인 사회나 그러한 사회의 영향을 받은 사회에서 살았고 또 살고 있다는 것, 오직 그 한 가지 이유만으로 인간의 본성을 포악한 것으로 제한할 수는 없 다. 전쟁과 성차별주의가 인간사에서 지금까지 두드러진 역할을 해왔다고 해서 앞으로도 줄곧 그래야 한다고 할 수 없다. 전쟁과 성차별주의는 그 생산적·생식적·생태환경적 기능이 더 값싼 대 안으로 해결되는 날이 오면 없어질 것이다. 그러한 대안이 역사상 처음으로 우리의 손이 닿는 곳에 있다. 만약 우리가 그것을 활용 하지 못한다면, 이는 우리 인간의 본성 탓이 아니라 인간의 지성 과 의지가 부족한 탓일 것이다.

7

원시국가의 기원

인구가 많고 인구밀도가 높을수록 재분배망은 확대되고
재분배자인 전쟁지도자의 힘은 커진다.
사태가 여기에 이르면 식량저장소에
식량을 내놓는 일도 자발적인 것이 아니게 된다.
세금의 성격으로 바뀌는 것이다.
재분배자들은 이미 추장이나 우두머리가 아니었다.
그들은 왕이 되었다.

국가의 형성과 자유의 박탈

국가로 발전하기 이전의 대부분 비정주 소집단 및 촌락사회에서는 오늘날에는 소수 특권층만 누리는 경제적·정치적 자유를 보통 사람도 모두 누리고 있었다. 남자들은 스스로 언제 어떤 일을 얼마나 할지, 아니면 아예 일을 할 것인지 말 것인지를 결정했다. 여자들도 남자들에게 예속되어 있기는 했지만, 보통 스스로 매일 할 일과 일하는 속도를 결정했다. 판에 박힌 일은 거의 없었다. 사람들은 자기가 해야 할 일을 할 뿐이지 어디서 언제 일해야 한다는 것을 지시받지 않았다. 비켜서서 재보고 헤아리는 간부나 감독, 우두머리는 없었다. 사슴 몇 마리나 다람쥐 몇 마리를 잡아야 한다든지 야생 고구마를 얼마만큼 캐야 한다든지, 그런 일을 시키는 사람은 없었다. 오늘은 활에 줄을 달기 좋은 날이다, 오늘은 지붕에 깔 짚을 쌓아 올려야겠다, 새를 사냥해야겠다, 빈둥거리며 지내야겠다 등 혼자 결정하면 그만이었다. 여자라면 유충을 찾아 나설까, 땔나무를 하러 갈까, 바구니를 엮을까, 친정으로 엄마를 보러 갈까 등을 혼자 정하면 되었다.

현대사회의 문화가 과거를 밝혀내는 데 도움이 된다면, 수만 년이나 되는 오랜 세월 동안 사람들은 이런 식으로 일했을 것으로 유추할 수 있다. 활을 만들 나무, 깃털을 뽑아 쓸 새, 지붕을 깔 짚이나 그루터기, 바구니를 엮을 넝쿨줄기 등 이 모든 것은 얼마든지 있었기 때문에 누구나 마음대로 이것들을 가질 수 있었다. 땅, 물, 식물, 사냥감 등 모든 것은 그들이 속한 집단이나 마을의 공동 소유였다. 남녀 누구나 자연의 혜택을 평등하게 나누어 가질 권리가 있었다. 지대도 세금도 공물도 없었으니 그것 때문에 하고 싶은 일을 못 하는 경우도 없었다.

그러나 국가가 생기면서 이 모든 것이 싹 쓸어낸 듯 없어졌다. 과거 5,000년에서 6,000년 동안 이 지구 위에 살던 사람들 열 명 가운데 아홉 명은 농민이거나 아니면 그 밖의 예속적 신분 또는 계급에 속하는 사람들로, 그들은 평생 자신이 하고 싶은 일을 마음대로 하면서 살지 못했다. 국가가 생기고 나서부터 보통 사람들은 자연이 베푸는 혜택을 얻어먹거나 이용하려면 누군가의 허가를 받아야 했을 뿐 아니라 추가로 세금과 공물과 가외의 부역까지 치러야 했다. 그들은 무기도 전쟁하는 기법도 조직된 침공능력도 모두 잃었다. 그런 것은 모두 관료가 통제하는 군인과 경찰에게로 넘어가버렸다. 이 세상에 처음으로 토옥(土獄), 감옥, 구치소, 집단수용소와 왕, 독재자, 고승, 황제, 수상, 대통령, 지사, 사장, 장군, 제독, 경찰총감, 판사, 형리 등이 출현했다. 국가의 권위 아래서 사람들은 처음으로 머리 숙이고 절하는 법, 무릎 꿇고 기어 다니는 법, 머리를 조아리며 굽실거리는 법을 알게 되었다. 국가의 탄생은 여러모로 이 세상이 자유상태에서 예속상태로 내려앉는 것을 의미했다.

어떻게 이런 일이 일어날 수 있었는가. 이 물음에 답하기 위해서 먼저 그런 일이 특정 지역에서 최초로 어떻게 일어났는지 그리고 그 후 그것이 어떻게 되었는지를 분명히 구별해서 생각해야 한다. 프라이드(Morton Fried)가 제안한 용어를 빌리자면, 우리는 '시원적'(pristine) 국가와 '제2단계'(secondary) 국가를 구별해야 한다.

시원적 국가는 국가의 형성을 촉진하는 다른 국가가 존재하지 않은 상태에서 형성된 국가를 말한다.

진공상태에서는 어떤 사회도 존재할 수 없을 정도로 모든 사회의 발전 과정은 다른 사회와의 상호작용에 영향받는다는 것이 틀림없다. 그러나 우리가 지금 문제 삼는 대상보다 더 복잡한 외부 문화라고는 없는 상태가 존재할 것이며 바로 이러한 상태를 시원적이라고 간주할 수 있다.

고고학자들은 시원적 국가가 자라난 중심지가 최소한 세 곳은 있었고 아마도 여덟 곳까지 있었을 것이라는 쪽으로 의견을 수렴한다. 확실한 세 곳은 기원전 3300년 무렵의 메소포타미아, 그리스도가 탄생했을 때쯤의 페루 그리고 기원후 100년 무렵의 메소아메리카다. 구세계의 이집트(기원전 약 3100년)와 인더스강 유역(기원전 2000년 직전) 및 중국 북부의 황하 유역(기원전 2000년 직후)에서도 거의 확실히 시원적 국가가 탄생했다. 그러나 시원적 국가들이 기원전 2000년 무렵 크레타섬과 에게해 연안 일대, 기원후 200년 무렵 동부 아프리카의 호수지대 등에서도 발생했다고 보는 일부 선사학자의 주장에는 상당한 의문이 든다. 또 신세계 메소아메리카의 시원적 국가에 대해서는 마야족(Maya)이 살던 저지대에서 처음 생겼다는 설, 멕시코의 고원지대에서 발생했다는 설 등으로 아직도 분분한 논쟁이 있으며, 이 문제에 대해서는 다음 장에서 자세히 살펴볼 것이다.

위대한 시혜자 무미

농업생산이 강화되며 시원적 국가가 탄생했다고 이해하는 것이 가장 타당하다. 수렵·채집민의 경우와 마찬가지로 농업에 종사하는 촌락민들은 인구증가에서 오는 압력을 덜기 위해 식량을 생산하는 데 더 많이 노력하는 경향을 보였다. 그러나 수렵·채집민과는 달리 토양이 좋은 지대의 농경지들은 급격하게 지력이 고갈되거나 능률이 저하되는 등의 수난을 겪지 않고서도 비교적 오랫동안 노력을 강화해나갈 수 있었다. 그러므로 마을을 만들어 정착해 농사를 생업으로 삼는 자들은 열심히 일하는 자들에게 월등히 많은 보상을 줘 노력을 장려하는 특별한 제도를 곧잘 개발해내곤 한다. 국가가 국민을 복종시키는 장치가 발달하는 과정의 핵심에는 국가성립 이전 단계의 정주적 농업부락 사회에서 작동하는, 생산활동을 열심히 하는 자에게 그만한 보수가 돌아가도록 하는 특이한 성격의 제도가 포함된다.

인류학자들은 농업생산의 증강을 앞장서서 밀고 나가는 자들을 '대인'(big man)이라 부른다. '대인'은 멜라네시아와 뉴기니의 여러 집단에 대한 연구에서 등장한다. 그들의 가장 순수하고 평등주의적인 면에 관해 말하면, 그들은 부지런히 일하고 야심적이며 공공심을 갖춘 인물로 자기 친척이나 이웃사람을 격려해 음식을 많이 생산하게 하고 큰 축제를 열겠다고 약속함으로써 그들이 자기를 위해 일하도록 한다. 축제가 열리면 자기를 도와줬던 의기양양한 얼굴들에 둘러싸인 대인은 산더미 같은 음식과 선물들을 보라는 듯이 호기롭게 나누어주되 자기 몫은 하나도 남기지 않는다.

이 식량관리자들은 일정한 생태환경적 조건 아래서 그리고 전쟁이 발생한 조건 아래서, 차츰 그를 따르는 사람들의 윗자리에 자리 잡기도 했고, 따라서 최초로 생겨나는 국가의 지배계급이 형성되는 시초부터 그 중핵이 될 수 있었다.

하버드 대학의 인류학자 올리버(Douglas Oliver)는 솔로몬군도의 부건빌섬에 사는 시우아이족(Siuai)과 함께 생활하는 동안 대인에 관한 고전적 연구를 수행했다. 시우아이족 사회에서는 대인을 무미(mumi)라 부르는데 무미가 되는 일은 모든 젊은이가 품는 최고의 야망이다. 그들은 누구보다도 부지런히 일하고 자기가 먹을 고기와 코코넛의 양을 조심스레 제한함으로써 자신이 무미가 될 자질을 갖추었음을 실제로 보여줘야 한다. 그러면 그의 아내와 자식, 가까운 친척들은 그의 뜻이 얼마나 진지한지 깨닫고 감명받아 그의 첫 축제를 준비하는 일을 돕겠다고 나선다. 첫 축제가 성공을 거두면 그를 지지하는 사람들은 많아지고, 그는 다시 더 후한 인심과 호기를 펼칠 준비를 시작한다. 그는 이번에는 남자들을 위한 클럽하우스, 즉 그를 지지하는 남자들이 모여 담소하고 한가로이 시간을 보내며 손님을 초대해 오락과 음식을 대접할 수 있는 시설을 짓는 것을 목표로 한다. 이 클럽하우스의 헌납식을 겸해 또 한 번 축제를 베푼다. 이 축제가 성공하면 그의 지지자들—다음 축제를 준비하기 위해 기꺼이 일할 용의가 있는 사람들—은 점점 더 많아지고 사람들은 그를 무미라고 부르기 시작한다.

그렇다면 무미의 지지자들은 무엇을 얻는 걸까. 축제의 규모가 크면 클수록 지지자들은 무미에게 그만큼 더 괴롭고 성가신 일을 요구받게 되지만 어쨌든 생산은 전체적으로 증가한다. 가끔씩 일이 고달프다고 투덜댄다고 하더라도 무미가 '위대한 시혜자'(great provider)로서 명성을 지키고 있거나 더 높이 떨치고 있는 한 추종자들은 변함없이 그에게 충성을 다한다.

마침내 새로 들어선 무미가 그보다 먼저 무미의 자리에 올라 있는 자에게 도전할 때가 온다. 이 도전은 무미나이라는 축제의 형태로 이루어진다. 도전하는 무미와 그 추종자들이 고참 무미와 그 부하들을 초대해 잔치를 베푼다. 그들은 축제에 내놓는 돼지, 코코넛 파이, 아몬드 푸딩 등의 수량을 빠짐없이 기록한다. 대접을 받은 고참 무미가 약 1년 안에 최소한 자기가 받은 것만큼 또는 그 이상으로 푸짐하게 답례하지 못하면 그는 사회적으로 크나큰 굴욕을 당해야 하며, 당장 무미의 자리를 내놓아야 한다. 누구에게 도전할 것인지는 아주 신중하게 결정해야 한다. 몰락시켜 자기의 명성을 크게 높일 수 있는 상대를 골라 초대하되 자기를 능가하는 상대는 피해야 한다.

축제를 성공적으로 끝낸 후, 무미 가운데서도 가장 위대한 무미는 여전히 평생 고된 일을 해야 하고, 추종자들의 기분과 의향을 늘 살피며 살아가야 한다. 무미의 자리는—적어도 올리버가 관찰한 바로는—다른 사람이 자신의 명령을 따르도록 하는 힘을 주지도 않고, 그렇다고 다른 사람보다 높은 생활수준을 누릴 수 있게 해주지도 않는다. 남에게 무엇이든 베푸는 것이 무미를 무미답게 해주는 필수요건인 만큼 사실 무미는 평범한 시우아이족보다도 육류나 그 밖의 좋은 음식을 오히려 덜 먹는다. 솔로몬군도의 또 다른 집단인 카오카족(Kaoka)에 관해 호빈(Ian Hogbin)은 그들 사이에 "축제를 베푸는 자에게는 뼈와 말라비틀어진 과자가 돌아가고 고기와 기름덩이는 다른 사람들 입으로 들어간다"는 말이 있다고 보고한다.

게다가 무미는 자신의 자리에 만족해 태평하게 지낼 수 없고 늘 새로운 도전을 해야 한다. 1939년 1월 10일에 열렸던 한 큰 축제에는 1,100명이나 되는 사람이 참석했다. 그 축제를 베푼 소니(Soni)라는 이름의 무미는 돼지 32마리와 많은 사과, 아몬드 푸딩을 접대용으로 내놓았지만 정작 자신과 부하들은 배고픔을 참아야 했다. 그의 추종자들은 "우리는 소니의 명성으로 먹고살아야 한다"고 말했다. 그날 밤 몇 주일 동안 미친 듯이 축제를 준비하느라 지칠 대로 지친 추종자들은 이제는 축제도 끝났으니 휴식은 따 놓은 당상이라고 지껄여댔다. 그런데 다음 날 이른 아침 소니의 클럽하우스에서 요란스레 울리는 나무 종소리에 그들은 단잠에서 깨어났다. 몇 사람이 잠이 덜 깬 채로 눈을 비비며 소란을 피우는 사람이 누구인지 알아보기 위해 소리가 나는 곳으로 달려갔다. 종을 치고 있는 사람은 바로 소니였다. 그는 이렇게 말했다.

다시 집구석에 틀어박혀 지내겠다고! 할 일이 남아 있는데도 밤낮으로 성관계나 하며 지내겠다고! 너희가 해야 할 일이 남아 있는데도 어제 축제의 돼지고기 냄새나 맡으면서 한평생을 놀고 지내겠다고! 하지만 한 가지 너희에게 말해둘 것이 있어. 어제의 축제는 아무것도 아니야. 다음에는 정말로 어마어마하게 큰 축제를 열거야.

원래 무미는 사람들을 끌어모아 자기를 위해 일하게 하는 능력 못지않게 자기를 위해 싸우도록 하는 능력으로 유명했다. 올리버가 이들에 관한 연구를 시행하기 훨씬 전에 식민권력의 금지로 전쟁은 없어졌지만, 그래도 전쟁지도자로서 무미에 관한 기억은 시우아이족 사이에서 생생하게 살아 있다. 한 노인은 이렇게 회상한다.

옛날에는 지금의 무미보다 훨씬 위대한 무미가 많았지. 그 당시 무미들은 정말 지독히 사납고 매몰찬 전쟁지도자였어. 그들은 그들이 죽인 자들의 필요 없는 부분은 으슥한 시골에 묻어 버리고 두개골만 자신들의 클럽하우스에 진열하곤 했지.

시우아이족은 옛 무미들을 찬양하는 노래를 지어 불렀는데, 그런 노래들은 옛 무미들을 '전사'라고도 부르고 '사람과 돼지도살자'라고도 불렀다.

천둥을 내리는 사람, 땅을 뒤흔드는 사람,
많은 축제를 베풀던 사람,
그대 우리 곁을 떠나면 그 많은 땅에 얼마나 헛되이 종소리 울려
퍼지겠는가,
전사여, 아름다운 꽃이여,

그대 우리 곁을 떠나버리면,

사람과 돼지의 도살자여, 누가 우리 고장을 빛내리?

한 제보자가 올리버에게 전한 바에 따르면 그들 사회에 전쟁이 있던 시절에는 무미들의 권위가 한층 강했다고 한다. 전쟁지도자를 겸했던 어떤 무미는 포로를 한두 명 곁에 두고 부리기까지 했다. 그들은 포로를 노예처럼 대했고 포로들은 집터에 딸린 뜰에서 일해야만 했다. 사람들은 "무미한테 벌을 받을까 봐 겁이 나서 무미에게 반항하거나 감히 큰소리로 지껄이지도 못했다." 이는 이론상의 예측에도 부합한다. 왜냐하면 육류나 식물성 식품을 나누어주는 능력은 자기를 추종해 싸움터로 나갈 전사들을 규합하고 그들이 전투에 나갈 채비를 갖추게 하고 전리품을 주는 능력과 밀접하게 연관되기 때문이다.

부건빌섬에서 전쟁하며 사는 무미 간의 적대관계가 섬 전역에서 하나의 정치조직이 형성되는 것을 초래하는 듯했던 때도 있었다. 처음으로 유럽 항해자들이 그 섬에 도달했을 무렵이었다. 올리버에 따르면, "상당히 오랫동안 여러 인접 촌락민이 시종일관 함께 힘을 합쳐 싸우다 보니 여러 부락이 뭉쳐 함께 전쟁하는 권역 같은 유형의 지역이 여러 개 나타났다. 이 권역의 내부는 대체로 평화로웠고 각 권역마다 뛰어난 무미가 한 명씩 있어서 전쟁을 위한 그 사람의 활동이 그 권역 내부에 존재하는 사회적 응집력의 원천이 되었다."

이러한 무미들이 강제력을 갖춘 권력을 누렸다는 것에는 의심할 여지가 없다. 그러나 시우아이족의 계급은 권력에 따라 차등적인 특권을 제공하기 때문에 이는 매우 일시적이고 덧없었다. 무미들은 전사들의 환심을 사기 위해 매춘부들을 클럽하우스에 들여보내 대접하고 돼지고기며 그 밖의 산해진미를 선물했던 사실이 이를 잘 보여준다. 이에 관해 한 늙은 전사는 이렇게 말한다.

> 무미가 여자를 제공하지 않으면 우리는 화를 냈다. ……밤새도록 그 짓을 하고서도 모자라 더 하고 싶어 했다. 먹는 것도 마찬가지였다. 클럽하우스는 음식으로 가득했고 우리는 먹고 또 먹으면서도 만족할 줄 몰랐다. 참 좋은 시절이었다.

더 나아가 군대를 휘하에 두려는 무미는 개인적으로 전사자의 목숨값을 치를 준비를 해야 하고 전사자의 장례를 지낼 때는 장례식 자리에 돼지 한 마리를 보내줘야 했다(이는 마치 오늘날 일반적으로 인간의 생명을 존중한다는 법도를 지키기 위해 우리의 정치적·군사적 '대인'들이 전사자에 대한 위로금을 개인적으로 부담하는 것과 비슷하다).

이제 나는 음식을 푸짐하게 나누어주고 전쟁두목 노릇을 하던 자들이 생산과 소비를 강제적으로 지배하는 영구적인 통치자의 자리로, 조금씩 아주 천천히 어떻게 올라설 수 있었는지 보여주는 구체적인 사례를 한 가지 더 들겠다.

트로브리안드족의 대인

뉴기니의 동쪽 끝에서 북쪽으로 약 201킬로미터 떨어진 해상에 작은 산호섬들로 형성된 트로브리안드군도가 있다. 폴란드의 위대한 민족지학자 말리노프스키가 연구대상으로 삼았던 이 섬의 주민들은 신분과 특권이 달라 서로 불평등한 여러 모계씨족과 그 하위 소(小)씨족으로 갈라져 있었다. 그들의 불평등한 신분 및 특권제도는 원예용 밭의 상속문제를 해결했다. 말라노프스키의 연구에 따르면 트로브리안드족(Trobriander)은 싸움에 열심이며 조직적이고 무자비하게 전쟁을 수행할 능력을 갖췄다. 카누를 타고 망망대해를 건너 몇백 킬로미터 떨어진 섬들과 교역도 하지만 필요하면 그런 먼 곳까지 들어가서 싸우기도 했다. 시우아이족의 무미와는 달리, 트로브리안드족의 대인은 세습적으로 그 자리를 물려받으며 전쟁에서 졌을 경우에만 자리에서 쫓겨났다.

말리노프스키가 전체 트로브리안드족 대인 가운데서도 최고 우두머리라고 생각했던 한 대인은 주민 수천 명이 사는 열두 개 이상의 촌락에서 위세를 떨치고 있었다(다른 대인들은 하나같이 자신이 그와 지위가 대등하다고 주장했기 때문에 그의 위상은 실제보다 다소 낮아 보였다). 두목이라 할까 씨족장이라 할까, 추장은 가장 부유하고 가장 규모가 큰 소씨족 내부에서 세습적으로 승계되는데, 그곳 사람들은 그러한 불평등을 오래전에 있었던 정복전쟁 탓으로 설명했다. 추장만이 조개껍질로 만들어 높은 지위를 상징하는 휘장을 패용할 수 있었다. 보통 사람들은 추장의 머리보다 높은 곳에 서거나 앉을 수 없었다. 말리노프스키는 브우오이탈루 마을에서 신분이 높은 추장이 도착했음을 알리는 "오 구야우"라는 위압적인 소리가 들리자, 마치 허리케인에 전나무와 키 큰 풀들이 일제히 쓰러지듯 그곳의 모든 사람이 베란다에서 뛰어내리는 것을 목격했다고 말한다.

많은 사람이 이 정도로 숭배하는데도 추장들의 권력은 제한적이었다. 그의 권력은 결국은 '위대한 시혜자'로서의 구실을 잘해내는 능력에 달렸고, 그러한 능력은 무기와 자원의 지배에서 나오는 것이 아니라 친인척과의 유대관계에 의존하는 것이었다.

트로브리안드족의 보통 사람들은 일반적으로 어머니의 남자형제 집에 거주했다. 다 큰 소년들은 결혼할 때까지 독신 청년만 사는 막사에서 살았다. 결혼해 신부를 맞으면 신부와 함께 어머니의 남자형제 집에 살면서 자기 모계혈육의 밭에서 일했다. 어머니의 남자형제들은 모계혈육의 존재를 받아들인다. 그래서 추수 때 수확물의 일부가 여자형제들의 차지임을 인정하고 그들의 주산물인 고구마를 바구니에 가득 담아 여자형제들에게 보낸다.

트로브리안드족 추장들은 이러한 관습에 의존해 자신들의 정치적·경제적 기반을 유지한다. 그는 수많은 방계혈통의 소씨족 추장의 여자형제들과 혼인관계를 맺는다. 어떤 추장들은 아내를 24명이나 얻었는데, 이 많은 처첩은 모두 그 친정형제들에게서 고구마가 가득 담긴 바구니를 받아낼 권리가 있었다. 고구마는 모두 남편인 추장의 마을로 보내져 특별한 시렁에 전시된다. 일부는 정성껏 준비한 축제에서 사람들에게 나누어주는데, 이로써 추장은 '위대한 시혜자'요 부양자로서 자기 지위의 정통성을 입증한다. 남은 고구마는 카누를 만드는 전문가, 온갖 장인, 주술사 그리고 집안일을 돕는 종들에게 돌아갔다. 이 무렵에는 이들 모두 추장의 지배 아래 있어서 추장의 권위를 높여주고 있었다. 그전 같았으면 의심할 여지 없이 고구마 비축량은 원거리 교역과 적에 대한 원정공격을 가능케 할 바탕이 되었을 것이다.

트로브리안드족의 보통 사람들은 '위대한 시혜자'이자 전쟁두목이기도 한 자신들의 추장을 두려워하면서도 존경했다. 하지만 그들은 소작인이나 소농이 아니었다. 이들은 섬 밖으로 자유롭게 밖으로 퍼져나가지 못해 이 섬의 인구밀도는 꾸준히 상승했다. 말리노프스키가 도착했을 무렵에는 인구밀도가 평방킬로미터 당 약 37명에 이르고 있었다. 그런데도 추장들은 큰 권력을 쥐지 못했고 따라서 그들은 생산시스템을 충분히 통제하지 못했다.

이 섬에서는 곡물류를 생산하지 않았고 고구마는 3~4개월이면 썩어버렸다. 이것은 트로브리안드족의 '위대한 시혜자'가 식량배급으로 보통 사람들을 마음대로 주무를 수 없다는 것과 자기 창고에 비축된 식량으로 상설병력을 유지할 수 없음을 의미했다. 이에 못지않게 중요한 요소는 누구나 자유로이 이용할 수 있는 산호초로 둘러싸인 얕은 바다의 자원이었다. 트로브리안드족은 거기에서 단백질을 공급받았다. 추장들은 보통 사람들이 이 자원에 접근하는 것을 막을 수 없었고, 그래서 영속적으로 강제성을 띤 진정한 정치적 지배력을 행사할 수 없었다. 그러나 더 집약적인 농업 형태를 갖추고 곡물을 대량으로 수확할 수 있던 곳에서는 '위대한 시혜자'의 권력이 트로브리안드족 추장들의 권력보다 훨씬 강하게 발전할 수 있었다.

체로키족의 재분배시스템

렌프루(Colin Renfrew)가 지적했듯이, 18세기의 박물학자 바트럼(William Bartram)의 저서 중에는 북아메리카대륙의 농업사회에서 재분배의 중요성을 생동감 있게 기술한 부분이 있다. 바트럼이 테네시계곡 일대를 대부분 차지한 체로키족(Cherokee)의 생활에 관해 서술한 글에서는 동부 산림지대의 문화와 멜라네시아문화의 '특색'이 전체적으로 다르면서도 체로키족의 재분배시스템이 대체로 트로브리안드족의 그것과 비슷한 기능을 한다는 것이 잘 드러난다. 체로키족은 이로쿼이족과 마찬가지로 모계제와 모거제의 풍습을 지녔고 이웃끼리가 아닌 멀리 떨어진 적을 상대로 이른바 대외전쟁을 치른다. 그들의 주된 작물은 옥수수, 콩, 호박류였다. 주요 촌락의 한가운데에는 큰 원형 '회관'(council house)이 있었고 그곳에서는 추장회의가 열려 여러 마을과 관련된 쟁점을 토의하기도 하고 축제를 열어 음식을 비롯한 여러 물품을 분배하기도 했다. 추장회의에는 미코라고 불리는 최고 추장이 있었는데, 그는 재분배망의 중심이었다.

바트럼의 보고서에 따르면 추수 때가 되면 체로키족은 경작지마다 큰 헛간을 짓고 이를 '미코의 곡물창고'라고 불렀다. 집집마다 각자의 능력과 기분에 따라 일정량의 수확물을 가져가 이 창고에 두고 온다. 본인의 뜻에 따라 전혀 내놓지 않을 수도 있다. 이 '미코의 곡물창고'는 흉년에 구호식량을 베풀 수 있는 공동재산으로, 외부인이나 여행자에게 먹을 것과 잠자리를 마련해주는 비상 식량공급원으로 그리고 그들이 멀리 원정을 떠날 때는 군용 비상 창고로 쓰였다.

바트럼은 모든 주민이 그 창고에 자유롭고 공개적으로 접근하는 권리를 누렸다고 말한다. 그러나 그 재산은 굶주리고 다급한 처지의 사람들에게 위로와 축복을 나누어줄 권리와 능력을 유일하게 지닌 왕, 즉 미코의 뜻대로, 오직 그 한 사람의 마음대로 할 수 있는 것이었다. 따라서 보통 사람들은 창고에 비축된 양식이 최고 추장의 것임을 인정해야 했다. 그러나 체로키족의 미코가 트로브리안드족의 추장과 마찬가지로, 사실은 '왕'과는 거리가 먼 존재라는 것은 바트럼의 다음과 같은 말이 잘 증명해준다. 회의장 밖에서 "그는 여느 사람이나 다름없이 다른 사람과 어울리고 그들과 이야기를 나누며, 보통 사람들은 그와 함께 있는 것을 전혀 어려워하지 않고 그와 스스럼없이 지낸다."

재분배는 과거 몇백 년 동안 학자와 여행자들을 어리둥절하게 했던 고대의 수많은 기념비며 구조물의 수수께끼를 푸는 열쇠가 된다. 무미에서 '대인', 우두머리, 추장에 이르기까지 이들은 명칭이야 어떻든 모두 공동체의 사업을 위해 많은 사람을 규합해 그 노동을 조직화하는 능력을 갖춘 자들이다. 그런 사업 가운데는 몇 백 몇천 명의 인력이 동원되어야 하는 큰 건물, 분묘, 기념비 등의 건설이 포함된다.

렌프루는 체로키족의 큰 취락지에서 볼 수 있는 원형 연회장 겸 회의장 건물이 신석기시대에 지어진 북유럽의 종교행사장 유적―영국과 북유럽의 '헨지'(henge, 큰 목조와 석조물을 원형으로 세워 놓은 선사시대 유적―옮긴이)―의 신비한 원형 건물과 놀랍도록 비슷하다는 사실에 주목한다. 기원전 4000년부터 기원전 2000년까지 유럽에서 만들어진 무덤들은 시대가 내려올수록 사신을 수용하는 묘실, 두덩 그리고 거대한 돌로 된 열석(列石) 등이 점점 더 정교해진다. 그런데 오하이오와 미시시피계곡의 선사시대 주민들의 두덩, 폴리네시아의 돌을 깐 묘단(墓壇)과 바위 하나를 통으로 깎아 만든 조각상들, 현대 보르네오의 거석묘와 거석 기념물은 이와 상당히 유사하다. 이 모든 건조물은 재분배를 위한 축제가 베풀어지는 장소로, 자연의 힘을 통제하기 위해 제사 지내는 공동체의 제단으로, 죽은 영웅적인 '대인'이나 추장의 바다 같은 넓은 도량과 용기와 능력을 기리는 기념비로 기능하면서 국가 성립 이전의 재분배제도가 순조롭게 돌아가도록 했다.

그것들이 수수께끼처럼 보이는 오직 한 가지 이유는 재분배제도의 실체 자체가 아니고 뼈대이기 때문이다. 얼만큼의 노동을 농업 외의 것에 지출하는지 알 수 없기 때문에 고대인들의 기념물 건축을 이치에 맞지 않는 망상으로 치부하는 것이다. 재분배제도의 생생한 맥락 속에서 본다면, 무덤이며 거석이며 사원 같은 것들은 재분배기능의 한 요소로 이해할 수 있으며 거기에 드는 비용은 제사의식의 힘을 빌려 농업생산을 강화함으로써 증가하는 수확에 비하면 아주 미미하다.

위대한 재분배자 무카마

인구가 많고 인구밀도가 높을수록 재분배망은 확대되고 재분배자인 전쟁지도자의 힘은 커진다. 어떤 일정한 사정 아래서 재분배자와 그의 측근 추종자들이 부리는 힘이 이름 없는 일반 식량생산자가 부리는 힘보다 너무 커지면 재분배자인 우두머리는 모든 사회생활에 대해 강제력을 구축한다. 사태가 여기에 이르면 식량저장소에 식량을 내놓는 일도 자발적인 것이 아니게 된다. 세금의 성격으로 바뀌는 것이다. 논밭이나 천연자원은 지금까지처럼 누구나 정당하게 접근할 수 있는 것이 아니라 은혜로운 분배의 객체가 되었다. 재분배자들은 이미 추장이나 우두머리가 아니었다. 그들은 왕이 되었다.

비티(John Beattie)가 서술한 부뇨로족(Bunyoro)의 실례에서 산업화 이전의 소국가가 이처럼 중대한 변화를 어떻게 맞이했는지 살펴보기로 하자. 부뇨로족은 무카마라 불리는 세습적인 통치자의 지배 아래에서 살았다. 그들의 인구는 약 10만 명으로, 현재 우간다라고 알려진 동아프리카 중부의 호수지대에 약 8,000평방킬로미터의 땅을 차지한 채 주로 수수와 바나나를 농사지으면서 살고 있었다. 부뇨로족의 사회제도는 봉건제이긴 했지만 나름 국가수준으로 조직된 것이었다. 그들이 섬기는 무카마는 왕이었으며 단순한 재분배자나 추장이 아니었다. 토지며 기타 자원을 이용하는 특권은 무카마가 추장 약 열두 명에게 나누어준 시혜물이었고, 추장들도 보통 사람들에게 은혜로운 분배물을 나눠주었다. 권력의 상하계층제는 이러한 분배물에 대한 보상으로 막대한 식량과 공예품, 노역이 무카마의 본부로 흡수되도록 작동했다. 무카마는 이 재화와 서비스를 국가사업을 위해 쓰도록 명령했다. 표면적으로 무카마는 또 한 명의 '위대한 시혜자'이자 재분배자이자 추장인 것처럼 보인다. 비티는 이에 관해 다음과 같이 말한다.

> 왕은 재화와 서비스의 최고 수령자인 동시에 최고 증여자로 간주되었다. ……위대한 추장들은 그들에게 의존해 사는 사람들에게서 공물을 받지만, 동시에 그들의 영지에서 나는 소출을 작물, 가축, 맥주 또는 여자 등 현물형태로 다시 무카마에게 바쳐야 했다. ……하지만 이는 추장들에게만 해당하는 것이 아니었다. 모든 사람이 왕에게 소출을 바쳐야 했다. ……따라서 분배자로서 무카마의 역할 또한 마찬가지로 강조되었다. 그래서 그는 도량과 배포가 크다는 것을 강조하는 여러 칭호를 지니고 있었고, 전통적으로 그는 축제의 형식으로, 또 개개인에 대한 선물의 형식으로 널리 베풀고 나누어주는 사람이 되었다.

그러나 무카마를 트로브리안드족이나 체로키족의 최고 추장과 비교해보면 힘의 관계가 거꾸로 되어 있음을 알 수 있다. 트로브리안드족과 체로키족의 추장들은 식량생산자들의 너그러운 선심에 의존한다. 반면 부뇨로족의 생산자들은 왕의 너그러운 선심에 기대어 살아간다. 피의 복수를 허락하거나 허락하지 않는 것은 오직 무카마 한 사람뿐이다. 무카마의 수입에 이바지하지 못하는 날에는 경작하고 있던 토지를 잃거나 추방되거나 처형될 수도 있다.

푸짐하게 축제를 열고 '위대한 시혜자'라는 명성을 누리는데도 무카마는 대부분 소득을 그의 독점인 강제력을 강화하는 데 사용했다. 그가 지배하는 중앙양곡창고를 풀어 그의 궁궐을 지키는 상비군을 유지하고, 전투에서 용감하게 싸운 자나 충성을 다한 자들에게는 산더미 같은 보상을 아낌없이 주었다. 또 그는 오늘날 말하는 '이미지 구축' 또는 대외홍보를 위해서도 국고의 상당한 양을 썼다.

그는 수많은 관료, 승려, 마법사 그리고 창, 왕릉, 왕실 전용 의복, 용상, 왕관 등 왕권을 상징하는 것들을 보관하고 관리하는 사람은 물론 왕관을 씌워주는 사람, 요리사, 욕실 시중드는 사람, 목동, 도공, 재봉사, 악사에 둘러싸여 살았다. 많은 고관과 여러 보좌관도 거느렸으며 고문관, 점쟁이, 시종들은 추장 자리라도 얻어 볼 생각으로 왕실 주변을 항상 맴돌았다.

하렘에는 많은 후궁과 그들이 낳은 수많은 아이 그리고 왕의 형제들과 일부다처제로 획득한 그들의 동거녀, 그 밖의 왕족들이 있었다. 왕권의 안전을 도모하기 위해 왕과 왕권기구의 몇몇 구성원은 왕국 전역을 자주 순방하고, 각 지방의 추장과 백성의 부담으로 유지되는 왕궁에서 묵었다.

비티도 지적했듯이, 부뇨로족의 여러 특징은 로마제국이 붕괴한 뒤 탄생한 유럽의 봉건국가들에서도 찾아볼 수 있었다. 11세기 영국의 정복왕 윌리엄 1세(William I)와 그의 심복들은 영국 전역을 끊임없이 순회하면서, '두목들'의 충성을 점검하고 그들의 환대를 강요해 민폐를 끼쳤다. 여전히 자신이 재분배망의 정점에 선

'위대한 시혜자' 출신이라는 증거를 과시하듯 행동한 것이다. 정복왕 윌리엄 1세는 1년에 세 번씩이나 큰 축제를 베풀었으며 그때 그는 왕관을 쓰고 나타나 몸소 그 많은 소영주와 신하들을 접대했다. 나중에 다시 살펴보겠지만, 국가체계가 한층 더 발달하면서 백성을 위해 '위대한 시혜자' 노릇을 해야 하는 통치자의 의무는 차츰 사라져갔다.

인구증가와 국가의 형성

재분배기능을 수행하는 추장제는 어떻게 봉건국가로 전환되는 걸까. 생산활동의 강화, 인구증가, 전쟁, 저장할 수 있는 곡물의 재배, 추장의 세습화 등 외에 또 하나 추가할 요인이 있다. 그것은 바로 과밀화(impaction)다.

카네이로(Robert Carneiro)가 제안한 것처럼, 어떤 환경적 장벽으로 구획되거나 외부와 격리된 한 지역 안에서 재분배기능을 수행하는 추장이나 대인에게 분배받는 주민의 수가 지나치게 팽창했다고 가정해보자. 여기서 말하는 환경적 장벽이 반드시 건널 수 없는 바다이거나 오르지 못할 산일 필요는 없다. 오히려 그것은 과밀한 부락에서 떨어져나온 사람들이 살아남기 위해 생활수준을 크게 낮추거나 아니면 생활양식 전체를 바꿔야겠다고 결심하게 되는 변화된 생태환경일지도 모른다.

남의 부락에 끼어들어 인구가 과밀해지는 경우 다음 두 가지 유형의 집단은 자신들의 독립을 유지하는 데 드는 비용보다 종속적 지위를 감수하는 데서 얻는 이득이 더 크다는 것을 알게 된다. 첫 번째 유형은 자연환경이 완전히 다른 곳으로 옮겨갈 수밖에 없는 동족부락 사람들이다. 그들은 원래 속해 있던 모(母)부락의 재분배 혜택을 계속 누리는 대가로 종속적인 관계를 받아들이려는 유혹을 느낄 수 있다. 두 번째 유형은 싸움에서 진 적대적 부락 사람들이다. 생태환경적 조건이 험한 곳으로 도망치느니 세금과 공물을 바치는 편이 더 적은 비용이 든다고 판단할 수 있다.

새롭게 출현하는 소농이나 소작농을 각자의 분수에 맞게 서열화하는 데는 직접적으로 물리적 강제력을 쓸 필요가 거의 없었을 것이다. 혈연관계에서는 윗세대와 아랫세대의 차이, 인척관계에서는 딸을 시집보낸 상대와 아내나 며느리를 보낸 상대의 차이 등 친인척 관계의 거리를 자원이용에 관한 차별대우를 정당화하는 정통성의 근거로 삼았다(딸을 시집보낸 쪽이면 그 보상으로 공물과 노역을 받을 수 있었을 것이다). 기술이나 기능서비스를 제공하거나 병역을 복무하는 조건으로 비축된 양곡을 나누어 받을 수 있었을 것이다. 더 강력한 집단의 '대인'들은 거두어들이는 것보다 적게 재분배하는 방법으로 간단히 세금을 징수할 수도 있었을 것이다. 대외전쟁은 자주 발생했을 것이고 전쟁에서 진 촌락들은 승리한 측의 조세 및 공물징수망의 일부로 편입되는 것이 당연했을 것이다.

군인, 승려, 장인 등 전문가집단의 규모는 점점 커졌고 이들은 중앙에 비축된 양곡으로 부양되어 '위대한 시혜자'로서 지배자들의 이미지를 더욱 빛나게 했다. 통합적인 식량생산시설의 규모와 교역망이 확대되고 인구가 증가함에 따라 세금징수, 강제부역, 조공은 더욱 강화되었고 생산도 증가했다. 이에 따라 경찰, 군대, 교회나 사원 그리고 국가행정기관 등에서 일하는 엘리트와 힘든 농사일을 하는 신생 농사꾼 사이의 사회적·계급적 격차는 더욱더 벌어지기만 했다.

환경적 구획과 과밀화에 관한 이론은 사실적 증거와 어느 정도 부합하는 것일까. 최초의 국가들이 발달했을 가능성이 가장 높은 여섯 개 지역에서 우리는 생산지대의 경계가 뚜렷이 구별됨을 확인할 수 있다. 웨브(Malcolm Webb)가 지적했듯이, 여섯 개 지역에는 기름진 토양으로 된 중심지가 따로 있고 농경 가능성이 더 낮은 지대가 이 중심지를 둘러싸고 있다. 사실 그곳은 사막이나 매우 건조한 지대로 둘러싸인 하천 유역이거나 아니면 호수로 둘러싸인 곳이었다.

고대 이집트나 메소포타미아, 인도가 나일강, 티그리스강, 유프라테스강, 인더스강 등 큰 강이 범람해서 생긴 기름진 평야에 의존했다는 것은 잘 알려져 있다. 고대 중국에서는 기후, 토양, 지형 등의 조건 때문에 집약농업은 황하 유역의 하천가에서만 행해졌다. 테우안테펙의 남쪽 멕시코 중앙고원지대도 건조할 뿐 아니라 원주민들이 주로 거주한 고원분지와 하천 유역은 '비그늘 효과' (rain shadow effect)로 극심한 피해에 시달리고 있었다. 페루의 해안지대 또한 안데스산맥에서 발원한 짧은 강에 접해 있는 무성한 수목지대와 사막이나 다름없는 상태인 그 밖의 지대가 너무나 명백하게 대조적인 것이 특징이다. 이 지역 모두 이처럼 특별한 악조건들이 지나치게 적극적인 재분배자의 손아귀에 권력이 집중되는 것을 피해보려는 촌락사회 주민들의 노력을 가로막고 있었다.

그뿐 아니라 이 지역들에서 국가가 형성되기에 앞서 급격히 인구가 증가했다는 것에는 의심할 여지가 없다. 기원전 8000년부터 기원전 4000년까지 중동 인구가 40배나 증가했다는 것은 앞에서도 언급했지만, 부처는 이집트의 인구가 기원전 4000년부터 기원전 3000년 사이 1,000년 동안 두 배 증가했다고 추정한다. 또 샌더스(William Sanders)는 멕시코 고산지대에 국가가 형성될 무렵 인구가 세 배나 네 배 늘었다고 추정하면서, 이러한 추정은 페루, 중국, 인더스강 유역에도 해당된다고 말했다. "이 지역을 보면 우리는 사람들이 자리 잡고 사는 터전의 수가 전체적으로 증가했을 뿐 아니라 인구분포상의 밀도나 개별 터전의 크기 등의 면에서도 모두 증가하거나 향상되었다는 인상을 받게 된다."

웨브는 전쟁의 흔적이나 사료를 다시 살펴보았다. 이집트의 전설적인 역사는 남의 나라를 정복하는 전쟁에서 시작하며, 고고학적 기록에는 일찌감치 전쟁용 무기와 요새에 관한 내용이 나온다. 메소포타미아에서는 왕조가 성립하기 이전 단계의 무기와 노예 및 전쟁을 묘사한 그림들이 발견되기도 했다. 성곽, 요새 따위의 유적과 기록상의 증거들은 중국 최초의 국가인 황하 유역의 상(商)나라가 극히 군사적인 국가였음을 보여준다. 또 우리는 인더스 유역의 내륙 가장 깊숙한 곳에서 최근 실시된 가장 오랜 고대국가의 유적 발굴작업으로 다른 국가에 정복당해 파괴된 촌락들, 견고하게 요새화된 신석기시대 촌락들이 있었다는 것을 확인할 수 있다. 신세계에서는 페루의 해안지대와 메소아메리카에 오랜 전쟁의 역사가 있다. 고고학적 발굴조사로 기원전 1000년 전후에 전쟁이 있었음을 말해주는 흔적이 밝혀진 것이다.

국가의 발전을 유도하고 촉진한 전쟁은 어떤 종류의 전쟁이었을까. 그것은 야노마모족의 내부전쟁이라기보다는 틀림없이 규모가 큰 촌락연합체끼리의 원거리 대외전쟁이었을 것이다. 모거제는 부계제 촌락집단의 힘의 한계를 극복해 여러 부락을 묶는 군사동맹체를 형성하는 방법으로서 계속해서 채택되었을 것이다. 그러므로 국가가 성립되기 직전의 사회는 빈번히 모계적인 조직형태를 채택했을 것으로 생각된다.

브리폴트(Robert Briffault)에 따르면 국가가 성립되기 직전 또는 직후의 사회들이 모계적 제도와 관습을 지녔다는 견해를 뒷받침하는 문서상 증거가 많다. 예컨대 위대한 이집트학자 피트리(Flinders Petrie)는 초기 이집트왕조의 행정구역, 즉 '노모스'(nome)가 원래는 모계씨족집단을 의미했고 결혼 후의 거처도 아주 초기에는 모거제를 따라 정했다는 견해를 보였다.

그리스의 역사가 스트라본(Strabon)은 고대 크레타인들이 주로 여신을 숭배하고 섬겼으며, 여자들도 공적 생활에서 고위직에 취임할 수 있었고 모거제를 취했다고 기록했다. 플루타르코스(Ploutarchos)는 스파르타인들의 결혼이 모거제였고 여자가 남자를 지배했다고 말한다. 위대한 고전학자 머리(Gilbert Murry)는 호메로스시대의 고대 그리스에서는 총각들이 다른 마을로 가서 그곳에 땅이 있는 여자와 결혼하고 그 여자를 위해 일한다고 확신했다.

헤로도토스(Herodotos)는 지중해 동단에 위치한 리키아에 관해

"리키아인에게는 세계 어느 나라와도 다른 한 가지 기이한 풍습이 있었다. 그것은 바로 아버지의 성을 따르는 것이 아니라 어머니의 성을 따르는 것이다"고 기록했다. 그런가 하면 타키투스(Tacitus)는 고대 게르만에 관해 "여자형제의 아들은 외삼촌을 자신의 아버지와 동일하게 생각한다. 심지어 어떤 사람들은 아버지와의 관계보다 외삼촌과의 관계가 더 끈끈하다고 생각한다"고 썼다.

어머니의 남자형제와 여자형제의 아들과의 관계가 가까움을 강조했다는 사실은 현대 인류학자에게 고대에 모계제적 사회조직이 있었다는 것을 강력히 시사한다. 전사의 옷차림을 한 여자가 같은 차림의 남자와 나란히 묻힌 무덤이 발굴된 것은 고대 게르만사회에서 여성의 지위가 높았다는 타키투스의 서술을 뒷받침한다.

고대 로마의 역사가 리비우스(Livius)는 로마의 가장 오랜 행정구역 단위인 **큐리아**라는 명칭이 로물루스(Romulus, 전설상 로마 건국자―옮긴이)의 추종자들에게 강간당한 것으로 간주되는 사빈(Sabine) 여인들의 이름을 딴 것이라고 말했다.

마지막으로 브리폴트는 로마의 친인척관계를 가리키는 특수한 용법이 아버지의 형제와 어머니의 형제를 구분하는 법을 그대로 간직하고 있음을 지적한다. 그들은 아버지의 형제를 **파트루스**(*Patruus*), 어머니의 형제를 **아분쿨루스**(*Avunculus*)라고 불렀다. 라틴어에서 선조나 조상에 해당하는 말은 **아부스**(*Avus*)였다. 그래서 모계제라면 당연하게도, 어머니의 남자형제에게 여자형제의 아들과 조상이 같다는 것을 의미하는 호칭을 붙였다(영어의 'uncle'이라는 말이 원래는 '어머니의 남자형제'라는 말에서 나와 지금까지 사용되고 있다는 사실은 옛날에 어머니의 남자형제와 여자형제의 아들과의 관계가 얼마나 중요했는지를 시사한다).

유럽이나 동남아시아에서 발견된 국가성립 이전 단계의 선사시대 문화유산들에서 볼 수 있는 여인들의 토우(土偶), 사기 입상(立像), 조각물 등은 모계제적인 사회조직이 존재했음을 시사해주는 또 다른 증거다. 예를 들면 말타섬의 타르시엔 사원은 기원전 2000년에 건립된 것으로 경내에는 2미터 높이의 돌로 깎은 풍만한 여인좌상이 있다. 이 '풍만한 여인상'은 말타섬에 있는 다른 사원의 것보다 작다. 그런데 이 여인상들은 모두 시신의 매장이나 제단, 제물로 바친 짐승의 뼈 등과 관련된 것으로 여자조상 숭배라는 옛 풍습을 보여준다.

이런 유적들은 대부분 유럽에서 제2단계 국가가 형성되는 것과 관련된다. 하지만 이것으로 최초의 시원적 국가들도 먼저 그와 유사한 모계제적 단계를 거쳤으리라고 추정해도 논리상 크게 잘못된 점은 없을 것이다. 다만 시원적 국가에서든 제2단계 국가에서든 그러한 모계제적 단계가 있었다고 하더라도 그 단계는 매우 짧았을 것이다. 고대 그리스나 로마의 역사가들이 남긴 기록을 살펴볼 때, 우리는 거기서 부계제로 이미 되돌아가 있는 사회제도의 희미한 자취들을 발견하게 되기 때문이다.

고대든 현대든 모계제나 모거제를 따르는 사회는 극소수다(그래서 헤로도토스는 리키아인들의 사회를 가리켜 세계 어느 나라와도 다르다고 했던 것이다). 국가가 출현하면서 여자들은 다시금 그 지위를 잃게 된다. 로마에서 중국에 이르기까지 여자는 법적으로 아버지나 남편 또는 형제의 후견이나 보호 아래 있는 것으로 정의된다. 나는 이렇게 된 이유가 병력을 모집하고 훈련시키는 데 모거제가 기능적으로 이미 필요 없게 되었기 때문이라고 믿는다. 국가는 이제 군사전문가들의 힘을 빌려 전쟁하며 군인들의 유대는 결혼 후 같은 거주처에 머무르는지에 의존하는 것이 아니라 위계제적 계급과 엄격한 군율에 의존한다. 그러므로 국가의 발흥과 함께 낡은 남성우월주의적 제도는 온 힘으로 권위를 회복하게 되었다.

국가성립 이전 단계에 있는 시우아이족, 트로브리안드족 그리고 체로키족이 멀리 있는 적을 상대로 대외전쟁을 치르면서도 그들의 사회가 모계제인 것이나 부뇨로족의 왕국이 한층 심한 대외전쟁을 치르면서도 부계제와 남성우월주의가 혼합된 성향을 띠는 것은 우연이 아니라고 생각한다.

주어진 지역에서 일단 시원적인 초기 국가가 형성되고 나면, 다양한 특수한 조건하에서 제2단계 국가가 발전하기 시작한다. 어떤 경우는 앞선 이웃나라의 약탈적 침략에 대항하기 위해 제2단계 국가를 형성하는가 하면 또 다른 경우는 전략적으로 중요한 교역로와 그곳을 통과하는 더 많은 재화에 대한 지배권을 장악하기 위해 제2단계 국가로 발전한다. 주요 교역로를 지나가는 재화의 양적 증가는 보통 어느 지역에서든 국가의 성장을 동반한다. 변경지대에 사는 유목민족이 이웃의 부를 약탈하려고 국가를 형성하기도 한다.

인구밀도가 상대적으로 낮은 지역에 세워진 국가들을 검토할 때는 생산강화와 생식압력이 이 지역의 초기 국가를 발전시키지 않았다고 결론짓기에 앞서 항상 이런 가능성을 염두에 두어야 한다. 예컨대 인구밀도가 낮은 유목민족들―투르크족(Turk), 몽골족(Mongol), 훈족(Hun), 만주족(Manchu), 아랍족(Arab)―은 여러 번 국가를 세웠는데, 언제나 중국, 힌두, 로마, 비잔틴 등 기존의 제국들을 집어삼킴으로써 국가를 발전시켰다. 서아프리카에서는 이슬람교도와 유럽인들이 노예무역과 황금·상아무역을 지배하려고 시도한 결과 제2단계 국가가 발전했고, 남아프리카에서는 침입해오는 네덜란드 식민주의자들의 군사적 위협에 대처하기 위해 19세기에 줄루족(Zulu)이 국가를 세웠다.

초기 국가의 발달과 관련해 가장 주목할 만한 점은 그것이 우리가 의식하지 못하는 과정을 따른다는 사실이다. 이 엄청난 대변화의 참가자들은 그들이 하는 일을 전혀 모른 채 그 일에 참가하고 있는 것 같았다. 한 세대에서 다음 세대로 이어지는 재분배적 균형의 보이지 않는 변화로 인류는 소수의 지위를 상승시키기 위해 다수가 자기를 비하하게 되는 사회생활의 형태에 스스로 묶이게 된다.

웨브의 말을 바꿔 말하면, 길고 긴 과정이 시작되는 초기에는 그 누구도 마지막 결과를 예측하지 못한다. "부족 간 평등주의는 그러한 변화가 어떤 성격의 것인지 알지도 못하면서 점차 사라져버리곤 했다. 절대적 지배가 최종적으로 이루어지는 그 시점에서도 이는 그저 지금까지 해오던 관습에 가해지는 사소한 변화쯤으로 생각되곤 했다. 정부권한의 강화는 현 상황에 대한 자연스럽고 유익한, 그러나 아주 약간 법의 테두리를 벗어난 일련의 대응쯤으로 받아들여졌다. 또 국가가 새로운 권한을 지니게 되면 그때마다 그것은 지금까지 해온 관행에서 조금 벗어나는 것일 뿐이라고 생각했다."

옛 공동체의 추장회의 같은 것이 솟아오르는 왕권 앞에 무력해져 그 늪 속으로 결국 침몰하고 나면 그 누구도 지금의 왕이 한낱 영광스러운 무미에 불과했던 시절, 친구와 친척들의 선심에 의존해야만 높이 받들어지던 시절의 일은 기억하려 하지 않는다.

문화발전에 대한 내 설명이 너무 결정론적이고 기계적이라고 비판하는 사람들에게 다음과 같은 가능성을 말하고 싶다. 즉 바로 지금 이 순간 '자연스럽고 유익하고, 아주 약간 법 테두리를 벗어난' 듯한 방향으로, 또 오늘날을 살아가는 사람치고 다음 세대에 일부러 그런 것을 물려주고 싶어 하는 사람은 거의 없을 듯한 방향으로 사회생활의 방식이 변화하는 가능성, 이에 대해 깊이 생각해보자는 말이다. 이런 사태는 사회적인 여러 과정의 결정론적 구성인자를 부정함으로써 해결할 수 없다. 오히려 그런 구성요소를 일반 사람들이 이해할 수 있도록 공개적인 무대 위에 올려야만 해결할 수 있다.

이 이야기의 도덕적 함의에 대해서는 나중에 더 논의하기로 하자. 우리 앞에 놓인 시급한 과제는 생산강화, 자원의 고갈, 생태환경의 위기 등 일련의 사태가 지역에 따라 서로 다른 방식으로 진행되는 것과 관련해 국가의 발흥이 어떤 결과를 야기했는지 추적해보는 일이다. 가장 먼저 메소아메리카의 비극적 역사를 살펴보자.

8

콜럼버스 이전 메소아메리카의
시원적 국가들

콜럼버스 이전의 메소아메리카에 성립되었던
테오티우아칸을 포함한 그 밖의 여러 국가도
시기가 다르기는 해도 갑자기 허물어지기는 매한가지였다.
즉 우리는 페텐에 자리 잡고 있는 나라가
허약한 생태환경적인 기초 위에
발전한 국가였다는 사실을 알 수 있다.

시원적 국가의 흔적, 올메크족

어떤 고고학자들은 메소아메리카에 국가가 출현한 것은 생태환경이나 인간의 생식압력과 관계가 없다고 주장한다. 그들은 올메크족(Olmec)과 마야족의 사회에서 최초로 국가가 성립했다고 믿는데, 이들의 거주지역은 집약적 농업이 발달할 기회도, 인구의 분산을 저해하는 장벽도 없는 저지대 습지와 정글이었다. 사람들은 일반적으로 이 정글국가들이 올메크족과 마야족 특유의 세계관에서 오는 독특한 정신적 충동의 결과로 차츰 성립되었을 것이라고 추정한다.

하늘에서 내리는 비, 농작물, 생명의 지속 등 이 모든 것이 신의 섭리로 베풀어지는 것이라고 믿는 올메크족이나 마야족은 신을 모시고 제사를 올리는 신전을 건립해야겠다든지 식량을 생산하기 위한 노동을 직접 할 수 없는 성직자계급의 사람들에게 의식주를 제공해야겠다든지 하는 강한 욕구를 품게 되었다. 그들은 국가성립 이전의 다른 촌락사회 주민보다 한결 더 종교적이었기 때문에 더 큰 신전을 건립하고 성직자, 즉 신관(神官)들을 유별나게 존경하고 그들에게 헌신했다. 이는 비용효과의 개념과는 전혀 무관했다. 그러므로 그들의 정치조직은 인구증가, 효율감소, 전쟁, 인구의 과밀화나 그 밖의 어떤 세속적인 것의 결과로 생긴 것이 아니다. 오히려 그것은 자비로운 성직자에 대한 자발적인 복종에서 비롯되었다.

메소아메리카에서의 국가의 기원에 대해 이렇게 설명하는 고고학자들은 인간의 신앙과 솜씨가 불리한 생태환경적 조건을 이

겨냈다는 생각에 고무된 것 같다. 나는 올메크문화와 마야문화가 이룩해놓은 창조적인 성취를 찬양하는 데 정서적으로는 공감하지만, 생태환경적 요소나 생식력의 요소가 인간의 가장 훌륭한 행동까지 제약한다는 것을 이해하는 일이 훨씬 더 요긴하다고 생각한다.

올메크문화는 참으로 수수께끼 같은 사례다. 멕시코 고고학자 코바루비아스(Covarrubias)가 일찍이 신세계의 '모(母)문명'이라고 일컬었던 문화를 꽃피운 올메크족은 멕시코만 해안의 베라크루스주(州)와 타바스코주(州)의 습기찬 저지대 및 해안평야에서 살았다. 기원전 1200년부터 기원후 800년까지 그들은 바닥 면적이 약 8,000제곱미터에서 1만 2,000제곱미터 정도 되는 인공둔덕을 이곳저곳에 수없이 조성하고 그 위에 신전을 세워 신앙의 성지로 삼았다. 이것이 곧 신세계에서 가장 오래된 신전들이다. 그 가운데 가장 잘 알려진 것은 타바스코주에 있는 라벤타 신전으로, 이는 늪지대의 한복판에 떠 있는 섬에 있다. 라벤타 신전의 가장 으리으리한 구조물은 지름 128미터, 높이 32미터의 흙으로 지은 원추형 탑이다. 신전 경내 여기저기에 조각이 새겨진 스텔레(Stellae)라 불리는 50톤의 큰 석반, 제단, 미식축구용 헬멧을 쓴 사람처럼 보이는 형상을 새긴 거대한 원형 돌이 배치되어 있다.

이러한 종교의식의 중심지에는 당시 재분배를 주관하는 우두머리들에게 협업으로 대역사를 조직하는 능력이 있음을 나타내고, 조각과 석공에 능하고 비취 등 보석과 도자기를 정교하게 세공할 수 있는 장인들이 존재했음을 나타내는 인상적인 유물·유적이 있다. 그러나 국가수준의 정치체제에서 기대할 수 있는 그런 규모의 유물들은 볼 수 없다. 이 유적지들은 주민 2,000명 또는 3,000명 정도의 힘으로도 어렵지 않게 지을 수 있었을 것이며, 이들은 서로 연결된 단일한 정치체제를 구성하기에는 서로 너무 멀리 떨어져 있었다.

올메크문화를 올바르게 이해하려면, 역사학적으로 국가형성 직전까지 발전한 것으로 알려진 그들 유적의 규모를 고찰해야 한다. 예컨대 최초의 프랑스인 탐험가들이 미시시피강에 다다랐을 때 그들은 많은 주민이 살고 있는 '도심'과 목조 신전건물 그리고 신관 및 귀족의 주택을 지지하기 위해 흙을 쌓아 올려 만든 거대한 토대를 발견했다. 이 구조물 가운데 가장 큰 카호키아 토구(土構)의 일부는 지금도 세인트루이스의 동쪽 외곽에 남아 있다.

올메크문화의 전형적인 유적은 넓이가 기껏 약 8,000제곱미터에서 1만 2,000제곱미터인데 비해, 불도저로 무너뜨리기 전의 카호키아 토구는 높이 30미터에 넓이 6만 702제곱미터나 되었다. 우리는 이 정도 규모의 공사 정도는 세금을 거두거나 군사를 모집하고 추종자들을 처벌할 힘이 없는 대인급의 재분배 주관자들도 수행할 수 있음을 안다. 태평양 연안 북서부의 비농업민인 콰키우틀족(Kwakiutl)과 하이다족(Haida)도 재분배 주관자의 주도 아래 토템기둥이나 조각기둥 같은 건조물을 얼마든지 남길 수 있었다.

유럽에서는 국가가 생기기 이전에 족장이나 추장들이 스톤헨지나 그 밖의 농업과 관련된 고대종교의 제의시설에 라벤타 신전에서 발견된 것보다 훨씬 더 무거운 돌무더기를 쌓아 올려 천체관찰과 관련된 정교한 건조물을 세웠다. 그리고 실제로 올메크문화의 유적들은 멕시코의 중부고원지대에 있는 제의시설들에 비하면 왜소하다. 그것들은 고작 국가가 막 싹트는 단계를 대표할 뿐이다. 그 이상 발전하지 못했던 것은 생태환경적 사정 때문에 그 지방의 인구밀도가 낮은 수준에 머물러 과밀화되지 않았다는 사실과 분명히 관련 있다.

그런데 올메크족보다 더 오래전에 싹텄던 국가조직이 있었음을 시사해주는 구조물이 중부고원지대에서 발견되기도 했다. 그렌스래비츠(Ronald Grennes-Ravitz)와 콜먼(G. Coleman)이 모렐로스와 멕시코계곡에서 최근에 발견한 올메크문화의 토우는 베라크루스와 타바스코에서 발견된 것만큼 오래된 것들이다. 게다가 이 올메크문화의 가공품은 고산지대 특유의 전통 도자기 요업(窯業)의 유적이 묻혀 있는 지층 바로 위에서 출토되었다. 이는 올메크문화보다 400년이나 앞선다. 그렇다면 올메크족이 세운 신전들은 이 고산지대에 최초로 출현했던 국가들의 성장에 부분적으로 힘입어 건립된 것인지도 모른다. 또는 올메크문화의 유적은 열대성기후인 저지대와 건조한 불모지인 중앙고원지대 사이에 자리한 식민거점—그렌스래비츠와 콜먼이 내놓은 의견처럼 순례자의 집결지였을지도 모른다—을 나타내는 것일지도 모른다.

마야족의 사례

올메크문화의 중심지인 내륙 동쪽에 유카탄반도가 있다. 이곳은 인간생태학이나 사회생태학의 원리를 비웃기라도 하듯 엉뚱한 방법으로 국가가 형성된 지역이다. 여기가 바로 마야족이 살았던 곳으로 마야족은 복잡한 상형문자와 계산법을 창안했고, 그들의 역사를 아코디언 모양의 책에 기록했다. 또한 정확하게 천체를 관측해냈고, 매우 정확한 태양력법을 개발했으며 석재조각과 석공 및 석조건축에 뛰어났다.

유카탄반도의 남반부는 빽빽한 정글로 덮여 있는데 이는 페텐(Petén)이라고 불린다. 바로 이 지역의 한가운데서 마야족은 300년부터 900년까지 수많은 제사센터(ceremonial center)를 건립하는 데 골몰했다. 해먼드(Norman Hammond)는 유카탄반도 남반부에 대규모 유적 83개가 평균 15킬로미터의 간격으로 산재해 있다고 발표한 바 있다. 제사센터에는 정교하게 장식된 수많은 객실을 갖춘 건물이 포장된 중앙광장을 둘러싸고 대칭적으로 배치되어 있었다. 또한 종교의식을 거행하는 대무도장, 기념일과 통치자들의 가계족보, 아직도 해독하지 못한 역사적 정보 등을 새겨놓은 스텔레, 상형문자로 경전을 새겨놓은 제단 그리고 신과 귀족들을 조각한 거대한 조형물 등으로 꾸며져 있었다. 게다가 주위의 모든 것을 내리누르듯 높이 치솟은 피라미드는 표면을 석재로 마감하고 평면인 맨 상층에는 돌로 된 신전을 설치했다. 이러한 종교적 유적 가운데 가장 규모가 큰 것이 티칼인데, 이곳의 피라미드는 바닥에서 꼭대기까지의 높이가 58미터나 된다.

티칼은 전성기였던 19세기에는 주변까지 합쳐 인구가 4만 명이나 되었을 것으로 보이며, 그 지역 전체의 인구밀도는 평방킬로미터당 400명에 달했을 것으로 추정된다. 이렇게 되면 페텐의 인구분포는 오늘날의 유럽만큼 조밀하다는 것이 된다. 이 최대 규모의 제사센터가 주변의 여러 작은 국가의 행정수도이기도 했다는 데는 의심할 여지가 없다. 하지만 마야족이 그 일대 고산지대에 그전부터 있어온 국가들과 구분되는 독자적인 국가를 형성했을 가능성은 없다.

티칼이 막 전성기를 맞이할 즈음, 우리가 곧 다루게 될 테오티우아칸은 이미 주민 수만 명을 거느린 나라였다. 테오티우아칸은 티칼에서 약 966킬로미터나 떨어져 있었지만 고산지대에 자리 잡은 이 대제국이 뿜어내는 군사적·경제적 충격의 여파는 티칼보다 먼 지역에까지 미쳤다. 300년 무렵 페텐을 내려다볼 수 있는 과테말라 고산지대에 세운 마야족의 도시 카미날후유도 테오티우아칸의 세력권 안이었다. 카미날후유는 틀림없이 페텐과 태평양 연안 그리고 멕시코의 중부고원지대 간의 교역로를 지배하기 위해 군대를 두었던 것 같다. 3세기 무렵까지 페텐으로 모여드는 교역품이나 그림, 건축물 등은 멕시코의 중부고원지대의 영향을 받고 있었다. 고산지대의 후기 형성국가 또는 초기 고전국가들과 마야족의 시초국가 사이에 군사적 교전이 있었을 가능성도 배제할 수 없다.

마야족은 인접 고원지대와 교역하면서 점점 국가를 형성해갔을 것이다. 페텐에는 메타테스(metates)와 마노스(manos), 즉 칼과 투창의 촉을 만들 만한 돌이 없었다. 석재는 옥수수를 가는 맷돌과 무기를 만들기 위해 없어선 안 될 물자였다. 마야족은 석재와 소금을 고산지대와의 교역으로 입수했다. 이러한 교역은 마야족 사회에서 두 가지 방식으로 재분배자인 추장들과 보통 사람들과의 거리를 한층 벌렸을 것이다. 즉 교역대상인 국가수준에 도달한 고산지대의 귀족들과 맞상대할 만큼 강력한 개인이어야만 더 유리하고 효과적인 교역조건을 확보할 수 있었고, 이런 전략적 자원의 지배는 막 생기기 시작한 농민층을 지배할 잠재적인 힘에 큰 보탬이 될 수 있었기 때문이다. 일반적으로 말해 교역규모가 클수록 재분배제도를 거치는 유입량이 그만큼 많아지고 그러한 재분배를 주관하는 자의 세력도 그만큼 더 커지기 마련이다.

마야족의 제사센터들, 즉 신앙의식의 본산들을 제2단계 국가로 해석할 수 있는 물적 증거들이 있다고 해서 페텐 내부에서 발생하는 생식압력 및 생태환경적 압력이 국가형성 과정에 이바지했을 가능성을 배제할 수 없다. 페텐의 '정글'을 면밀히 살펴보면 매우 놀라운 점이 많음을 알게 된다. 분명히 밝혀둘 필요가 있는 첫 번째 특징은 아마존·오리노코지역의 정글이 약 322만 평방킬로미터나 되는 데 비해 페텐의 정글은 4만 8,000평방킬로미터밖에 되지 않는다는 점이다.

두 번째 특징은 지방의 유별난 강우량이다. 페텐에서 유카탄반도 북단을 향해 북상하면 연간 강우량이 줄어들어 숲은 사라지고 가시 돋친 넝쿨류와 선인장, 그 밖에 가뭄에 강한 식물들이 나타난다. 페텐의 정글 한가운데서도 연간 강우량은 아마존·오리노코지역의 절반밖에 안 된다. 페텐의 건기는 예외적으로 극심하며, 연간 강우량이나 계절별 강우량도 몹시 변화가 심하다. 3월과 4월에는 비가 단 한 방울도 내리지 않을 때도 있다. 2월과 5월, 심지어 우기에도 가뭄이 드물지 않게 일어난다. 이에 관한 룬델(C. Lundell)의 보고를 인용해보자.

> 이 지방의 숲에서는 열대우림의 무성함이라곤 찾아볼 수 없다. 그러니 의사(擬似) 열대우림이라고 할 수도 있을 것이다. 강우량은 평균 1,800밀리미터에도 못 미친다. 이것은 뚜렷이 건기가 존재하는 지역에서 열대우림다운 상태를 유지하기엔 턱없이 모자라다.

페텐의 대부분 나무는 건기에 잎이 떨어진다. 가뭄 때는 이런 경향이 더 심하다. 이런 '정글'은 어떤 해에는 가뭄이 너무 심해서 농민들이 다음 철 농사를 위해 덤불에 불을 질러 밭을 만드는 '화전개간'(slash)을 안 해도 될 정도다. 이런 경우 농민들의 큰 관심거리는 불이 너무 번져나가는 것을 막는 일이다.

이번에는 유카탄반도의 특이한 지질구조를 살펴볼 차례다. 유카탄반도의 암반은 전적으로 다공성 석회석으로 되어 있다(고산지대에서 옥수수 제분용 맷돌을 수입해야 하는 이유다). 비가 와도 빗물이 석회석의 구멍으로 빠져 내려가서 완전히 사라지기 때문에 고이거나 흐를 겨를이 없다. 따라서 강이나 호수는 거의 없어진다. 건기에는 석회석의 구멍들이 어쩌다가 점토로 막혀 저절로 생겨난 샘물이 있는 곳 말고는 마실 물도 부족해 어려움을 겪는다.

누구나 짐작할 수 있듯이 마야족이 처음 세운 촌락들은 유카탄반도에 단 둘밖에 없는 강, 물이 거의 마르지 않는 이 두 강을 따라 형성되었다. 그것은 바로 남서로 흐르는 우수마신타강과 남동으로 흐르는 벨리세강이다. 기원전 600년 무렵까지는 티칼을 둘러싸고 있는 지역에 사람이 살지 않았던 것 같다. 농민들은 농사짓기에 유리한 방향으로 물이 흐르기 시작하고 나서야 숲속으로 들어갔을 것이다. 이들은 큰 강줄기에서 멀리 떨어진 아마존·오리노코강 유역의 단백질이 부족한 지역에서 사는 야노마모족이나 카누도 없이 '발로만 이동하는 인디언들'(foot Indians)과 비슷하게 생활했을 것이다. 그러나 얼마 가지 않아 페텐의 특이한 지형과 기후 때문에 아마존강 주변에 사는 주민들과는 전혀 다른 삶을 살게 된다.

페텐의 농민들은 밀림을 뚫고 자유롭게 여기저기 고르게 퍼져나가지 못했다. 가뭄이 심했기 때문에 물이 마르지 않는 샘 근처에 자리 잡아야 했을 것이다. 우리는 그들이 훗날 출툰스(Chultuns)라 불리는 전적으로 인공적인 유수지, 즉 석회석 암반을 20미터나 파 내려가 그 바닥을 석회시멘트로 발라 항상 깨끗한 물이 고이는 물탱크를 만든 사실을 안다. 어떤 경우는 출툰스를 대규모 제사센터의 포장된 광장 밑에 지어 홍수 때 하수구처럼 작동하게 했다. 캄페체에 있는 어떤 마을에는 137미터나 파 내려간 지하갱도가 있는데 지금도 건기에는 거기서 음료수를 길어와야 한다.

제사센터뿐 아니라 티칼과 페텐에 설치된 마야족의 모든 유적은 인공적이든 자연적이든 물을 듬뿍 저장할 수 있는 우물이나 저수지 바로 옆에 세워졌다. 자연적으로 생성된 우물을 세노테스

(Cenotes)라 하는데, 가장 유명한 세노테스는 북부 유카탄반도의 제사센터인 '치첸이차' 바로 옆에 있다. 이 우물의 바닥에서 많은 사람 뼈와 황금 공예품을 건져올린 사실은 우물의 신을 달래기 위해 인신과 제기를 우물 안으로 던져 공양했음을 말해준다. 페텐의 초기 취락들도 열대우림 속 부락들처럼 정상적인 분열점 이상으로 분열하고 증가하는 경향을 생생하게 보여주었을 법하다.

이런 이론은 마야족의 제사센터들이 어떻게 해서 처음 생겨나게 되었는가 하는 문제를 천국의 영역에서 이 세상의 영역, 물의 영역으로 옮겨놓는다. 마야의 재분배자인 우두머리들이 무미 행세를 그만두고 왕처럼 행세하기 시작했을 때 마야의 농민들이 밀림 속으로 도망치지 않은 데는 그들 나름대로 아주 실제적인 이유가 있었다.

우리가 다루어야 할 또 다른 의문은 재분배자인 우두머리들의 명령 아래 살던 마야족이 아마존·오리노코강의 중간지대보다 250배나 높은 인구밀도를 어떻게 감당해낼 수 있었는가 하는 것이다. 고고학자들은 지금까지 대체로 고대 마야족이 오늘날 그들의 후손들이 하는 방법―벌채해 불태우는(slash-and-burn) 방법, 즉 일종의 화전식 농경법으로 농사지었다고 생각해왔다. 그러나 이는 있을 수 없는 일이다.

화전농법은 무성한 숲이 있고 또 재생력이 강한 지역에 적합한 농법이다. 관목과 덤불을 치고 거기에 불을 지르는 화전농법은 삼림의 한 구간을 몇 년 동안 경작한 다음 나무가 다시 자라날 때까지 휴한지로 내버려두었다가 다시 그 땅을 사용한다. 여기서 '벌채'라고 번역한 '슬래시'(Slash)란 말은 작은 나무, 넝쿨, 덤불 등을 치고 잘라내 마를 때까지 기다려 불 질러 태우는 것을 이르는 말이다. 보통 우기가 시작되기 직전에 불을 지르게 되는데 이때 땅을 덮는 재가 곧 비료다. 재로 덮인 바닥의 흙을 파거나 조그마한 둔덕을 만들어 작물을 심는다. 따로 땅을 갈 필요가 없다. 두 철이나 세 철 동안 옥수수, 콩, 호박 등을 키우는데, 그 후로는 주변의 미개간 밀림에서 자란 잡초가 밭을 뒤덮는다. 비료가 되던 재도 빗물에 씻겨 없어진다. 사람들은 곧 새 땅을 찾아 나선다.

화전농법은 덤불이 충분히 자라도록 적당한 휴경기간을 두기만 하면 제곱미터당으로나 노동시간당으로나 높은 소출을 낼 수 있다. 재가 많을수록 소출이 많아진다. 휴경기간이 길면 길수록 재가 될 나무가 많이 자라난다. 이런 이유로 동남아시아의 화전농민들은 자신들을 '숲을 갉아먹고 사는 사람'이라 생각한다. 휴경기간이 짧을수록 소출은 적다. 열대우림에서는 수확량이 급속히 감소한다. 집중적인 호우가 흙의 양분을 급속히 씻어낼 뿐 아니라 땅을 쉬게 하지 않고 계속 쓰면 쓸수록 잡초가 더 무성하게 자라나기 때문이다.

페텐으로 흘러들어와 농사를 짓기 시작한 최초의 농민들이 채택한 농경법이 화전농법인 것은 분명하다. 그러나 이는 국가로 옮겨가는 이행기 및 국가형성 이후까지 주된 생계양식으로 남지는 못했다. 미네소타 대학의 풀스턴(Dennis Puleston)은 집터 유적을 헤아려서 추산하는 방법으로 티칼 주변 주거지대의 인구밀도를 평방킬로미터당 3,600명으로, 티칼과 우악삭툰 사이에 있는 주거지대의 인구밀도를 평방킬로미터당 1,200명으로 추정했다. 그런데 화전농법으로는 이 정도나 되는 인구를 먹여 살릴 수 없다.

쿡(Sherburne Cook)은 페텐의 총인구를 150만 명으로 추정했으며, 화전농법으로도 이들을 먹여 살릴 수 있을 만큼 충분한 옥수수, 콩, 호박 등을 생산할 수 있었을 것이라고 설명했다. 하지만 이런 계산은 두 가지 가정 위에서 성립된 것이다. 하나는 농민들이 밀림 속에 골고루 분포되어 있었을 것이라는 가정이고, 다른 하나는 농민들이 지력이 떨어지면 새로운 빈터를 구하기 위해 숲속을 자유롭게 옮겨 다닐 수 있었을 것이라는 가정이다. 그러나 이런 가정들은 비가 오지 않는 계절에는 식수를 확보하기 어렵다는 것을 고려하지 않으므로 설득력이 없다. 그뿐 아니라 저지대에서는 우기가 되면 물이 너무 많아지는, 앞에서와는 정반대의 문제에 부딪히게 되며, 물이 빠질 도랑을 파지 않고서는 물기가 질펀해 땅을 사용할 수 없게 된다.

이론적으로 보면 사태가 어떻게 진행되었는지 명백하게 떠오른다. 페텐의 인구가 증가하자 화전농사를 위한 '벌채해 불태우는 방법'의 주기는 더욱더 빨라졌을 것이다. 그 결과 땅의 휴경기간은 점점 짧아질 수밖에 없었으며 효율도 떨어져갔다. 따라서 사람들은 일이 시작하는 데 드는 초기비용은 비싸더라도 더 효율적인 새로운 방법을 채택하고 보급하기 위해 애썼다. 새로운 농경법도 채택하고 보급함으로써 인구밀도가 더 높아졌고 그리하여 역사상 처음으로 여러 소국가가 출현했다. 그러면 더 생산적인 새로운 농경법이란 어떤 것인가. 나는 지금부터 내가 개진할 이론이 고고학적으로 밝혀진 사실들을 앞지른다는 점이 염려된다. 하지만 고고학적 사실이 내 주장을 뒷받침해준다는 매우 희망적인 조짐들도 있다.

화전농법의 효율이 떨어지자 마야족이 취한 여러 조치 가운데 하나는 빵나무(breadnut tree) 과수원을 조성한 일이었다. 룬델이 1930년대에 지적했듯이, 빵나무는 페텐의 제사센터를 뒤덮고 있는 가장 흔한 나무다. 고고학자들은 마야족의 건축물과 조각의 놀랍도록 신비한 비밀을 밝히기 위해 정글을 파헤쳤다고 발표했다. 그러나 그들은 자신들이 잘라내고 파헤친 것이 자랄 대로 자란 빵나무 과수원이라는 사실은 밝히려 하지 않았다. 물론 빵나무를 재배해 수확하는 데는 초기비용이 많이 든다. 투자한 노동의 대가를 거두어들이려면 몇 년을 기다려야 하기 때문이다. 그러나 그것은 제곱미터당 그리고 시간당 생산성이 대단히 높다.

풀스턴은 최근 티칼의 대부분 집터가 빵나무 숲에 둘러싸여 있는 것을 발견하고는 9세기 티칼 주민들이 소비한 칼로리의 80퍼센트를 빵나무 열매가 제공했다는 결론에 도달했다. 다만 고고학자들이 이를 간과했던 것뿐이다. 왜냐하면 그들은 실제로 다음 식사가 어디에서 마련되는지를 알고 싶어 하기보다 신전이 황금으로 만든 실을 타고 하늘에서 내려왔다고 생각하고 싶어 했기 때문이다.

마야에 관한 발견 가운데 가장 중요한 것은 1975년 머시네이(Ray Mathenay)가 캄페체주(州)의 에즈나에서 발견한 것이다. 그는 우기에 촬영한 항공사진(다른 사람들은 상태가 '나은' 건기에만 항공촬영을 했다)으로 작업해 제사센터에서 하얀 빛을 내는 운하와 해자(垓字), 저수지를 탐지해내는 데 성공했다. 이런 수리시설은 우기에는 빽빽이 들어선 활엽수의 나뭇잎에 가려지고 건기에는 물이 바짝 말라버리기 때문에 지상답사만으로는 찾아내기 어려웠다. 운하는 길이가 1.6킬로미터 남짓 되고 폭은 30미터, 깊이는 3미터쯤 된다. 사람들은 이 운하를 식수원으로 이용하거나 가까운 밭에 물을 대거나 휴경지의 지력을 살리기 위한 비료용 진흙을 공급하는 데 이용했다.

나는 여기에 또 다른 함축된 의미를 덧붙이고 싶다. 즉 우기에는 저지대의 물을 흘려보내는 배수방식으로 농사할 수 있었을 것이며, 건기에는 씨앗을 진흙에 심어 이모작 농사를 할 수 있었을 것이다. 에즈나가 페텐의 중앙부를 벗어난 외곽에 있기도 했지만 그래도 사람들이 그 수리시설을 그토록 오랫동안 발견하지 못했다는 것은 사람들이 페텐 안에서 집약농업의 흔적을 찾는 데 소극적이었음을 의미한다.

이윽고 우리는 페텐과 관련된 마야문화의 가장 극적인 국면과 마주하게 된다. 기원후 800년 이후부터는 제사센터의 건설공사가 중단되고 사람들은 기념비나 조형물도 제작하지 않았다. 신전들은 잡동사니들로 어질러졌고, 페텐에서는 모든 정치활동과 종교활동이 다소 갑작스럽게 끝났다. 인구가 얼마나 빨리 감소했는지에 관해서는 권위자마다 의견이 다르다. 그러나 특히 그 지역은 스페인 사람들이 당도했을 때 이미 인구밀도가 국가성립 이전 단계의 수준으로, 아니 그 이하로 떨어져 있었고, 그 후 오늘에 이르기까지 사실상 사람이 살지 않는 상태에 머물러 있다.

콜럼버스 이전의 메소아메리카에 성립되었던 테오티우아칸을 포함한 그 밖의 여러 국가도 시기가 다르기는 해도 갑자기 허물어지기는 매한가지였다. 페텐에 살던 마야족에게서 볼 수 있는 특이한 점은 그들의 국가가 아주 영구히 사라졌을 뿐 아니라 그 주변마저도 완전히 사라져버렸다는 점이다. 산악지방인 중앙고원지대에서는 일반적으로 한 정치조직이 붕괴되면 그 국가의 영토와 인구를 병합한 더 큰 새로운 국가가 출현했다. 즉 우리는 페텐에 자리 잡은 나라가 다시 회복할 수 없을 만큼 이례적으로 허물어졌다는 데서 허약한 생태환경적인 기초 위에 발전한 국가였다는 사실을 알 수 있다.

마야족이 어떻게 생태환경을 망가뜨렸는지 정확한 경위를 알기 위해서는 그들의 농업제도를 구성하는 다양한 요소가 어떻게 서로 맞물려 있었는지를 충분히 이해해야 한다. 지금 이 시점에서 말할 수 있는 것은 각 구성요소를 계속 밀고 나가는 데 한계가 있었고, 한계에 부딪힌 후에도 그대로 밀어붙였다가 결국 황폐해져 후퇴했으리라는 것뿐이다. 휴경기간이 짧은 화전농법을 밀어붙이면 밀림은 아주 영구히 풀밭으로 변하고 만다. 페텐의 한가운데에는 지나치게 불을 질러 생긴 광대한 사바나(Savanna, 아열대지방의 초원―옮긴이)가 있다. 나무가 타거나 잘려서 땅이 벌거벗으면 경사면에서 침식작용이 일어나게 된다.

페텐의 산은 지표를 덮고 있는 흙이 매우 얇아서 식물의 보호를 받지 않으면 쉽사리 침식된다. 침식작용은 운하나 저수지 바닥을 진흙으로 메워 낮은 지대의 수리망을 망가뜨릴 수도 있다. 페텐처럼 넓은 지역을 뒤덮고 있는 숲의 형질이 바뀌어 벌거벗게 되면 그것은 쉽게 그 지역 강우량에 급격한 변화를 일으킨다. 이렇게 되면 건기는 길어지고 가뭄의 빈도와 정도는 악화된다.

페텐의 제사센터들이 사라지게 된 경위와 양상은 각각 조금씩 달랐을 수 있다. 어떤 곳은 흉년과 기근으로, 다른 곳은 반란으로, 또 다른 곳은 전쟁에 지거나 그 지방의 사정에 따라 이런저런 원인이 겹쳐서 모두 멸망의 길을 걷게 되었으리라. 하지만 재생하는 데 몇백 년의 휴식이 필요할 정도로 부실한 토양과 삼림자원의 고갈이 근본적인 이유임은 분명하다.

마야족이 멸망한 정확한 원인이 무엇이든 메소아메리카에서 고산지대가 유독 발전했던 이유는 명백하다. 마야족이 살았던 아열대성기후보다 중부고원지대의 반(半)건조성기후가 계속적으로 농업 생산성을 강화하는 데 더 유리했던 것이다. 테오티우아칸의 역사에서 이러한 농업생산을 강화하기 위한 노력이 어떻게 벌어졌는지 살펴보기로 하자.

테오티우아칸의 역사

테오티우아칸은 멕시코시티에서 동북쪽 약 40킬로미터쯤 되는 곳에 있는 멕시코계곡의 한 갈래다. 맥네이시가 가장 오래된 재배 식물을 발견한 멕시코계곡처럼 테오티우아칸도 기원전 1000년 무렵까지는 항구적으로 정착해 사는 촌락이 없었다. 그 후 기원전 900년부터 기원전 600년까지 촌락들이 생겨났다. 그러나 대부분 촌락은 숲이 우거진 높은 비탈면 부분, 일찍 서리가 내려 강우량이 많은 비탈진 숲 언저리에 분포해 있었다. 이들 최초의 촌락민은 틀림없이 휴경기간이 긴 화전농업을 했을 것이다. 그 후 기원전 600년부터 기원전 300년까지 계곡 바닥의 가장자리보다 낮은 위도에 더 큰 촌락이 여러 개 생겼다. 이들은 기름진 충적토를 이용하며, 초보적인 형태의 수리관개도 만들었을 것으로 추정된다. 그다음 시기인 기원전 300년부터 기원전 100년까지 촌락들은 계곡 바닥의 평지 위까지 반듯하게 커나갔다. 그런 촌락 가운데 하나―나중에 테오티우아칸의 도시가 되는 중심부분―는 벌써 인구가 몇천 명에 달했다. 촌락들이 산의 경사진 허리에서 계곡 바닥으로 이동했다는 것은 화전농법의 강화와 이에 따른 생태환경의 손상, 특히 삼림의 황폐화와 토지침식 등으로 인구증가의 압력이 커졌음을 강력히 시사한다.

화전농법의 노동효율이 떨어지자 관개시설을 건설하기 위해 초기비용과 건설노역을 지불하는 일이 중요해졌다. 화산폭발로 형성된 구릉 사면의 다공성 바위에서 스며 나온 물이 계곡 평지에 수많은 큰 샘을 만들어 관개시설의 기초가 되었으며 그것들은 지금도 잘 이용되고 있다. 중심부 취락에 사는 인구가 증가함에 따라 사람들은 지하수를 원천으로 강줄기만한 운하망을 건설해 약 57제곱킬로미터에 이르는 생산성이 매우 높은 이모작 농토에 물을 댔다.

테오티우아칸의 도시는 기원후 100년 이후 급속히 성장해 8세기에는 한때 인구가 12만 5,000명으로 절정에 달했다. 로체스터 대학의 밀런(René Millon)이 상세하게 그린 지도에 따르면 시가지는 도시계획에 따라 구획되어 특화된 공장지구, 특정 인종 집중거주구역, 신전, 시장 그리고 부자나 권세가들이 사는 궁궐 같은 석조주택, 일반 주민이 사는 시커먼 다가구 아파트―아파트는 통틀어 2,200채나 되었다―를 갖추었다. 밀론은 흑요석을 가공해 연장을 제작하는 공장이 400개, 도자기 가마가 100개 이상 있었다고 말한다. 남북으로 거의 약 3.2킬로미터 길이로 도시를 관통하는 엄청나게 넓은 계단식 거리의 양쪽에는 가장 크고 화려하게 장식된 건물들이 늘어섰다. 도시의 중앙부에 우뚝 선 건조물, 이른바 '태양 피라미드'―잡석을 쌓아 올리고 그 표면에 돌을 붙였다―는 측면이 213미터, 높이는 61미터로 치솟아 있었다.

기원후 700년 무렵 테오티우아칸은 격동의 이변 끝에 무너지고 만다. 아마도 새로운 강대국―불과 약 32킬로미터 밖, 툴라계곡에 수도를 둔 톨텍(Toltec)―의 발흥과 관련된 화재와 약탈 때문일 수도 있다. 하지만 나는 증거가 불충분할지라도 테오티우아칸이 멸망한 주원인은 환경적 고갈에 있다고 본다. 지하수를 원천으로 하는 물의 가용량은 강우에 따라 줄거나 늘 수밖에 없다. 샘에서 솟아나는 물의 가용량이나 계곡의 지반 밑으로 스며드는 물의 가용량이 워낙 적어 주민들은 도시 밖으로 빠져나가지 않을 수 없었을 것이다. 도시가 커지면서 집 짓는 데 필요한 대들보, 서까래, 땔감, 석회반죽 등을 제작하느라 목재 소비량이 엄청나게 증가함에 따라 점점 더 넓은 산림이 황폐화되었을 것이다. 이러한 산림의 황폐화는 이 고장의 강우유형과 계곡의 높은 사면에서 흐르는 빗물의 방향을 바꾸어놓을 만큼 대대적으로 진행되었다.

물 문제를 해결할 수 있는 기술적인 방법이 하나 있었지만 테오티우아칸 사람들은 아주 제한적인 방식 말고는 이 방법을 활용하지 않았다. 이 방법이란 테오티우아칸의 서남쪽 경계를 이루는 얕은 호수와 늪지대를 이용하는 것이다. 당시 그곳은 대부분 멕시코계곡을 덮고 있던 염분이 많은 큰 텍스코코호(湖)와 연결되어 있었을 것이다. 호수의 가장자리를 이용하려면 배수용 도랑을 파고, 파낸 흙을 도랑의 양옆 둔덕 위에 쌓아 올려야 했다. 그런데 이런 작업을 하는 데는 다른 형태의 관개시설을 사용하는 것보다 훨씬 많은 비용이 들었다.

1100년쯤부터는 멕시코계곡의 주민들도 초기비용이 높다는 이유로 이런 형태의 농업을 마냥 피할 수 없게 되었다. 그래서 배수용 운하망과 극히 생산성이 높은 운하제방이 호수의 가장자리로 자꾸 뻗어 나갔다. 이 둔덕은 운하 바닥을 준설할수록 더욱 기름지게 되어 매우 비옥하고 생산성이 높았다. 따라서 전쟁을 일삼던 인근 여섯 개 소국의 곡창 구실을 했다. 그런 나라 가운데 하나가 북아메리카의 마지막 아메리칸인디언의 제국이었던 아스테카왕국이다.

아스테카왕국의 수도 테노치티틀란은 섬 위에 있었고 육지와는 둑길로만 연결되어 있었다. 그래서 이웃나라에 비해 군사적으로 유리한 지형조건을 누릴 수 있었으므로, 곧 호수 전역의 지배권을 쥐게 되었다. 그들은 인구가 전례 없이 증가하자 관목과 옥수수대, 나뭇가지 등을 호수의 얕은 곳에 깔고 그 위에 진흙을 쌓아 둔덕을 호수 안까지 뻗어 나가게 했다. 그러자 이는 거짓말처럼 기름지고 생산성이 높은, 이른바 **치남파스**(Chinampas), 즉 '떠 있는 밭'을 형성하게 된다(물론 물 위에 떠 있는 것은 아니다).

처음에는 호수의 물이 신선한 부분, 다시 말해 담수가 고여 있는 부분만 이런 식으로 이용했다. 그러나 '떠 있는 밭'이 점점 더 많은 면적을 차지하자 아즈텍족의 기술자들은 소금기가 많은 부분의 물을 배수도랑으로 끌어낸 다음 다시 그 부분에 송수관과 수문 등을 이용한 복잡한 시스템을 설치해 끌어들인 맑은 물을 쏟아부어 염분을 줄이려고 노력했다.

200년부터 1200년까지 테오티우아칸과 멕시코계곡에서 진행된 개발 과정을 되돌아보면 농업생산을 집약적으로 강화하려는 노력에 큰 변화가 세 번 있었던 것을 알 수 있다. 첫 번째는 구릉사면에서 집중적으로 강화된 화전농법이고, 두 번째는 운하를 만들어 지하수로 경작지에 물을 대는 관개이며, 세 번째는 **치남파스**다. 이들 공사는 점점 더 많은 초기 건설비용을 요했지만 결국은 인구밀도가 더 높은, 더 크고 강대한 나라가 살림살이를 떠받쳐주었다. 1,000년 동안 멕시코계곡의 인구는 불과 200만 명으로 늘었고, 정치적 지배의 범위는 처음에는 계곡 하나로, 다시 계곡 두 개로, 결국에는 아(亞)대륙 전역으로 뻗어 나갔다. 인류가 앞으로 나아가기만 한다고 보는 낡은 진보이론은 농업생산의 이 같은 꾸준한 증가가 아스테카왕국과 그 이웃나라들이 갈수록 '고도문명'의 혜택을 더 누리게 되었음을 의미한다고 본다. 인류학자들은 이런 경우에 고도문명이라는 말을 사용하는 것을 망설이지 않았다. 하지만 이 말은 터무니없이 부적절하다.

9

식인왕국

인간고기의 분배가 아즈텍족의 건강과 정력증진에
평균적으로 얼마만큼 이바지했는지가 아니라
위급한 시기에 특정 집단에
일종의 보상으로 인간고기를 지급하는 일이
정치적 통제의 비용편익 측면에서
결과적으로 얼마만큼 유리한지를 물어야 한다.

코르테스가 목격한 아스테카왕국의 식인풍습

1519년 멕시코에 도착한 코르테스와 그의 부하들은 전쟁터에서 사람을 죽여온 잘 훈련된 인간백정이었다. 또 이단자를 심판하고 처형하는 종교재판의 나라 스페인의 시민이어서 끔찍한 잔학행위와 유혈참극을 보라는 듯 벌이는 데 이골이 난 사람들이었다. 그때에는 스페인 사람들이나 그 밖의 유럽 사람들이 사람을 고문대 위에 올려놓고 뼈를 부러뜨리는 일, 사람의 사지를 말에 묶어 네 방향으로 갈기갈기 찢는 일, 마녀로 불린 여자를 산 채로 불태워 처형하는 일 등을 척척 잘도 해내는 터였으므로 코르테스 일행은 아스테카왕국에서 사람을 희생제물로 삼는 것에 관해 그리 놀라지 않았어야 했다. 그러나 그들도 멕시코에서 처음 발견한 일들을 아무렇지 않게 넘길 만큼 마음의 준비가 되어 있지는 않았다.

그렇게도 철두철미하게 폭력과 타락, 죽음과 질병이 예술과 건축, 종교의식을 지배하는 나라는 세계 어느 곳에도 없었다. 또 사람의 턱뼈, 이, 손톱, 발톱, 두 눈과 입 부분이 비어 있는 해골 등을 그토록 집중적으로 전시하기 위해 큰 신전과 궁궐의 벽과 광장을 사용한 곳도 없었다.

코르테스와 그의 동료 디아스(Bernal Diaz)의 목격담은 돌 위에 새겨진 무시무시한 형상들이 아스테카왕국의 종교에서 무엇을 의미하는지 한 치의 의문도 남기지 않게 설명해준다. 아즈텍족의 신들은 사람을 잡아먹었다. 그들은 사람의 심장을 꺼내 먹었고 사람의 피를 마셨다. 아즈텍족 성직자들의 공인된 역할은 살아 있는 사람의 심장과 피를 구해다가 바치는 일이었다. 격노한 신이 온 세상을 불구와 질병 천지로 만들고 땅을 시들게 하고 불타게 하지 않도록 달래기 위해서였다.

스페인 사람들이 아스테카왕국의 마지막 왕인 모크테수마의 초대를 받은 빈객으로 처음 왕국의 어느 큰 신전 내부를 얼핏 들여다보았을 때의 일이다. 모크테수마가 현재의 멕시코시티 중심부에 있었던 수도 테노치티틀란에서 가장 높은 피라미드의 계단 114개를 함께 올라 위칠로포치틀리(Uitzilopochtli, 태양과 전쟁의 신―옮긴이)와 틀라로크(Tlaloc, 비의 신―옮긴이)를 모신 쌍둥이 신전을 방문하자고 스페인 사람들을 초대했을 때만 해도 그들은 서양 이방인들의 의도가 무엇인지 확실히 판단하지 못했다. 그러나 이 이방인을 초대한 것은 아즈텍족들에게 치명적인 잘못이 되었다.

디아스는 그들이 계단을 올라가자 흰 빛으로 빛나는 신전과 제단이 눈에 들어왔다고 서술한다. 피라미드의 맨 꼭대기는 빈 터로 큰 돌들이 서 있고 그 돌들 위에는 희생될 가엾은 인디언들이 서 있었다. 거기에는 용이나 그 밖에 기괴한 모양의 덩치 큰 조각상들이 있었고, 또 바로 그날 뿌려진 많은 핏자국을 볼 수 있었다. 이어서 모크테수마는 아주 널찍한 얼굴에 괴기스럽고 무서운 눈을 지닌 위칠로포치틀리의 얼굴을 보여주었다. 그 앞에는 바로 조금 전에 희생제물로 바쳐진 세 인디언의 심장이 불타고 있었다. 신전 바닥과 벽에는 피가 튀어 온통 시커멓게 엉겨붙어 있었고 고약한 냄새가 코를 찔렀다. 틀라로크의 신전도 벽이고 제단이고 할 것 없이 모든 것이 핏자국으로 덮여 있었다. 악취가 고약해 그곳에 머물러 있을 수 없었다.

　신들의 허기를 달랠 제물의 주요 공급원은 포로들이었다. 포로들이 피라미드의 층계를 올라 신전에 이르면, 신관 네 명이 그들을 잡아 돌제단 위에 눕혀 팔다리를 쭉 펴게 한다. 다섯째 신관이 흑요석 칼을 휘둘러 가슴 부분을 길게 열어젖힌 다음 희생자의 심장을―아직도 살아 박동하는 것으로 으레 묘사되곤 한다―손아귀로 움켜쥐고 뜯어내 불태운다. 몸뚱이는 일부러 가파르게 지은 피라미드 계단 아래로 굴러떨어뜨린다.

　때때로 어떤 희생자들―아마도 잘 싸우기로 유명한 전사인 경우―에게는 죽임을 당하기 전에 방어할 수 있는 특권이 주어지기도 했다. 아즈텍족의 역사를 연구한 16세기의 가장 훌륭한 역사가이자 민족지학자인 사아군의 베르나르디노(Bernardino Sahagún)는 이런 모의격투를 다음과 같이 묘사했다.

　　그들은 다른 포로들을 차례차례 죽여나갔다. 맷돌처럼 둥그런 돌에 뚫은 구멍에서 나온 밧줄로 포로의 허리를 동여맨다. 밧줄의 길이는 포로가 그 둥그런 돌의 지름만큼 걸어 다닐 정도다. 그러고는 포로들에게 싸울 무기를 건네준다. 전사 네 명이 검과 방패를 들고 나와 포로가 거꾸러질 때까지 한 사람씩 차례로 포로와 공격을 주고받는다.

　200년이나 300년 전의 아스테카왕국에서는 국왕도 직접 자기 손으로 몇 사람을 제물로 바쳐야 했다. 다음은 믹스테족(Mixtee)

사이에서 포로들을 죽이는 장면에 관해 전설처럼 전해 내려오는 이야기를 역시 16세기에 두란(Diego Duran)이 기술한 것이다.

신관 다섯 명이 들어와서 맨 앞줄에 서 있는 포로를 나오라고 한다. ……그들은 포로를 왕이 서 있는 장소로 데리고 간다. 그러고는 태양 모양으로 다듬어진 돌 위에 올라서게 하고 그를 넘어뜨려 드러눕힌 다음 신관 네 명은 각각 오른팔, 왼팔, 왼쪽 다리, 오른쪽 다리를 잡는다. 그러는 동안 다섯째 신관이 노끈으로 포로의 목을 묶어 움직이지 못하게 한다.

왕은 높이 쳐든 칼로 포로의 가슴을 푸욱 찔렀다. 가슴을 열어젖힌 왕은 심장을 손으로 끄집어내 태양에 그것을 바치는 징표로 높이 쳐들었다. 심장이 식은 다음 손에 피를 받아 태양 쪽을 향해 뿌리고서는 심장을 둥근 웅덩이에 던졌다.

산 사람을 제물로 바치는 의식의 희생자가 모두 포로인 것은 아니었다. 노예 역시 많이 희생되었다. 그뿐 아니라 청년과 처녀를 골라 남신과 여신의 화신(化身) 역할을 하게 했다. 이들을 1년 동안 극진히 잘 대접한 다음 죽이는 것이다. 16세기에 아즈텍족의 언어인 나우아틀어(Nahuatl語)로 비단 두루마리에 쓰인 책에는 위시토슈아틀(Uixtociuatl) 여신의 화신 역할을 해야만 했던 한 여인의 죽음을 서술한 대목이 있다.

그리하여 모든 포로를 도륙하고 난 뒤, 그제야 위시토슈아틀 여신의 화신 차례가 된다. 맨 마지막에야 그녀가 나타났다. 이제 그들은 마지막까지 왔으며, 여신의 화신을 해치우는 것으로 일을 마무리하는 것이다.

이 일을 할 때는 돌제단 위에 여자를 눕힌다. 등을 바닥에 대고 사지를 쭉 뻗게 한다. 그들은 여자를 꼼짝 못 하게 잡고는 젖가슴을 치켜올려 등을 활처럼 휘게 한다. 머리는 땅 쪽으로 쭉 늘어뜨리게 한다. 이윽고 그들은 날의 양면에 모두 가시가 돋친 물고기 모양 칼로 여자의 목을 세게 찔러 구멍을 뚫는다.

다음에는 도살자가 다가가 여자의 가슴을 찔러 열어젖힌다. 그러자 피가 높이 솟아오른다. 마치 뜨거운 물이 끓듯 피가 왈칵 솟구쳐 멀리까지 튄다.

그는 여자의 심장을 뜯어내 초록색 단지 안에 담는다. 이 단지는 녹색 돌단지라 불린다. 그다음에는 큰 소리로 나팔을 분다. 그렇게 한 다음 그들은 위시토슈아틀 화신의 심장과 몸을 값비싼 맨틀로 감싸 아래에 내려놓는다.

하지만 신에 대한 존경을 이렇게 과시하는 일은 아주 드물다. 대부분 희생자는 신을 조금이라도 기쁘게 해줄 수 있을 것이라 생각하며 즐겁게 피라미드의 계단을 올라가지 않는다. 많은 경우 그들은 머리채를 잡혀서 끌려 올라간다.

주인들은 포로들을 도살할 신전으로 데리고 올 때 머리채를 잡아끈다. 피라미드 계단을 오를 때 어떤 포로는 혼절하고 만다. 그러면 주인은 포로의 머리채를 잡아당겨 질질 끌고 가서 희생의식의 돌제단 위에 올려놓고 포로는 거기서 죽음을 맞는다.

오래전부터 존재한 식인풍습

메소아메리카에서 사람을 신에게 제물로 바치는 것은 아즈텍족이 처음 한 것은 아니다. 우리는 톨테카족(Toltec)과 마야족도 같은 짓을 했다는 사실을 안다. 측면이 가파르고 꼭대기는 평평하게 건조된 메소아메리카의 피라미드가 전부 사람을 희생제물로 신에게 바치는 장면을 연출하는 무대로 쓰기 위해 지어진 것이라 보는 것은 일리 있다. 사람을 신에게 희생제물로 바치는 일은 국가수준에서 주관하는 종교가 처음 창안해낸 것은 아니다. 아메리카대륙뿐 아니라 세계 도처의 소집단 및 촌락사회에서 얻은 증거로 판단할 때 산 사람을 신에게 바치는 의식은 국가종교가 발생한 것보다 시기적으로 훨씬 더 빨리 시작되었다.

브라질에서 북쪽의 그레이트플레인스(북아메리카 로키산맥 동쪽의 대평원―옮긴이)에 이르기까지 도처에서 아메리칸인디언들은 혜택을 얻기 위해 종교의식에서 사람을 희생제물로 바쳤다. 사실상 아즈텍족이 한 의식의 모든 요소는 먼저 소집단 및 촌락사회들의 신앙과 관행에 투영되어 있었다. 심지어 인간의 심장을 외과의적 수법으로 제거하려고 열성을 기울이는 일마저도 선례가 있다. 예를 들면 이로쿼이족은 용감한 포로의 심장을 먹는 특권을 누리려고 서로 다투었다. 그렇게 하면 포로의 훌륭한 용기가 어느 정도 자기에게 전해질 것이라고 믿었다. 어디서나 주로 남자 포로를 희생양으로 삼았다. 포로를 죽이기 전에 마구 때리고 돌질하고 불로 지지고 팔다리를 자르고 그 밖의 고문을 가하기도 했다. 때로는 말뚝에 묶어놓고 막대기 같은 것으로 그들을 고문하는 자와 싸워 자기를 방어하도록 하기도 했다. 간혹 그들을 좀더 오래 살려두고 좋은 음식을 제공하고 첩을 데리고 살게 하기도 했다.

소집단 및 촌락사회에서는 포로를 신에게 바치는 의식을 끝낸 다음에는 희생된 사람의 일부 또는 전부를 먹었다. 16세기 초 브라질 해안에서 표류한 독일인 선원 슈테덴(Hans Städen)의 목격담 덕분에 투피남바족(Tupinamba)의 한 집단이 종교적 희생의식과 인간고기를 먹는 식인잔치를 어떻게 결합시키는지 생생히 알 수 있게 되었다.

희생의식을 치르는 날, 밧줄로 묶인 포로가 광장으로 끌려 나온다. 여자들은 그를 둘러싸고 욕지거리를 퍼붓는다. 여자들에게는 과일이나 깨진 도자기 따위를 포로에게 던져 화풀이하는 것이 허용된다. 이윽고 검은색과 붉은색으로 몸을 칠하고 사람의 이빨로 만든 목걸이를 두른 노파가 장식된 대접 같은 것을 들고 나타난다. 이것은 희생자의 피와 창자를 담아 요리할 그릇이다. 포로를 죽이는 데 사용할 신성한 곤봉을 이 사람 저 사람에게 돌린다. 장차 포로를 잡을 수 있는 힘을 얻기 위해서다.

포로를 죽일 사람은 깃털로 기운 긴 망토를 입고 나타난다. 그의 친척들이 노래 부르고 북을 치며 그들을 뒤따른다. 집행인과 포로는 서로 비웃고 조롱한다. 포로에게는 이리저리 매를 피할 수 있을 만큼의 자유가 허용된다. 때로는 포로에게 곤봉을 주어 스스로를 방어할 수 있게 하되 공격은 하지 못하게 한다. 마침내 포로의 머리통이 박살나면, 모두 일제히 소리를 지르고 휘파람을 분다. 억류하는 동안 포로에게 여자를 제공했던 경우에는, 그 여자가 다른 사람들과 함께 식인잔치에 끼기 전에 죽은 자의 몸에 눈물을 뿌린다. 이제 앞에서 말한 노파가 달려들어 따뜻한 피를 마시고 아이들은 핏속에 손을 담근다. 엄마들은 젖꼭지에 그 피를 발라 아기에게 피를 맛보게 한다. 죽인 포로의 몸은 넷으로 잘라 구웠고 그동안 인간고기 먹는 데 가장 열심이었던 노파들은 고기 굽는 석쇠에서 뚝뚝 떨어지는 기름기를 핥아먹는다.

그로부터 약 2세기 후, 북쪽으로 약 1만 6,000킬로미터쯤 떨어진 캐나다의 휴런족(Huron) 사회에서 예수회 선교사들이 이와 비슷한 행사를 목격한다. 희생자는 온타리오호수에서 고기잡이를 하다가 동료 여러 명과 함께 붙잡힌 이로쿼이족 남자였다. 희생의식의 주관자인 추장은 그들이 지금부터 하게 될 의식이 태양과 전쟁의 신을 기쁘게 해줄 것이라고 설명했다. 동이 트기 전에 희생자가 죽지 않도록 하는 것이 중요했다. 그래서 처음에는 포로의 머리를 불태우는 정도에 그쳐야 했다. 또 그날 밤은 그들이 여자와 몸을 섞는 것을 삼가야 했다. 두 팔이 묶여 있는 포로는 고통스러워 비명을 지르기도 하고 저항하는 노래를 부르기도 하며 끌려 들어왔다. 그 저항의 노래는 이런 일을 당할 때 부를 수 있도록 어릴 때부터 배워둔 노래였다. 불타는 나무껍질을 손에 든 무리가 끌려 들어온 그를 둘러싸고 그의 몸을 지지기 시작했다. 사람들은 방의 이쪽 끝에서 저쪽 끝으로 비틀거리며 도망가는 그를 붙잡아 순전히 완력으로 그의 손뼈를 부러뜨렸고, 또 다른 사람들은 귀에 작대기를 박아 귓불을 갈기갈기 찢었다. 포로가 곧 숨을 거둘 것 같으면 추장이 끼어들어 그 놈이 다음 날 아침 햇살을 보는 게 중요하다면서 그 이상으로 괴롭히지 말라고 명령했다.

새벽이 되면 사람들은 그를 밖으로 끌어내 나무로 만든 처형대를 기어오르게 한다. 모든 마을 사람이 포로가 희생되는 모습을 볼 수 있게 하려는 것이다. 그들에게는 메소아메리카의 왕국들이 만들었던 맨 꼭대기가 평평한 피라미드가 없었다. 따라서 그들은 임시 제단을 만들었다.

이제 남자 네 명이 포로를 학대하는 일을 시작했다. 그들은 뜨거운 숯으로 포로의 눈을 지졌고 벌겋게 달아오른 도끼로 포로의 어깨를 내리쳤다. 불타는 인두를 목구멍에서 직장까지 내리 쑤셨다. 포로가 곧 확실히 숨을 거둘 것 같으면, 그중 한 명이 포로의 발목을 자르고 다른 사람은 포로의 손목을 자른다. 이와 거의 동시에 또 다른 사람이 목을 치고 머리를 떼어내 군중을 향해 던진다. 그러면 누군가 그것을 두 손으로 받아 추장에게 바친다. 추장은 나중에 그것을 가지고 '식인잔치'를 베푼다. 같은 날, 죽은 포로의 몸뚱이로 또 한 번 잔치가 벌어진다. 숙소로 돌아가는 길에 선교사는 반쯤 구운 손 하나를 꼬챙이에 꽂아서 갖고 가는 한 남자와 마주쳤다.

군사적 계산에 따르는 식인풍습

이 지점에서 이런 식인의식을 인간의 본능적인 충동 탓으로 돌리는 해석에 관해 이야기하고 넘어가기로 하자. 나는 특히 프로이트학파의 전통을 따른, 정교하게 정리된 이론에 관심이 있다. 프로이트학파의 이론들은 고문, 희생의식 그리고 식인관습이 사랑본능 및 공격본능이 표출된 것이라고 주장한다. 가령 세이건(Eli Sagan)의 주장에 따르면 사람이 사람을 잡아먹는 식인관습은 잡아먹는 상대에 대한 사랑과 상대가 자기에게 훼방을 놓기 때문에 상대를 죽여버리는 것 사이의 타협이다. 이러한 측면에서 식인관습은 인간의 가장 기본적인 공격행위라는 것이다.

희생제물이 될 사람을 극진히 대접하는 경우가 있는데 프로이트학파의 이론은 그 이유를 잘 설명해준다. 고문과 살해의 집행인들은 아버지에 대한 자신들의 사랑과 미움의 관계를 재현하는 것뿐이라는 것이다. 하지만 이러한 접근은 고문, 희생의식과 식인은 포로가 없으면 할 수 없고, 포로는 전쟁이 없으면 잡아올 수 없다는 엄연한 사실을 분명히 설명하지 못한다.

나는 앞에서 전쟁을 모든 인간에게 공통된 본능의 결과로 돌리는 이론들은 인간집단 간의 갈등과 싸움의 강도와 유형이 다양한 이유를 설명하지 못할 뿐 아니라 전쟁 불가피론을 내포해 매우 위험한 방향으로 결론을 도출할 수 있다고 지적한 바 있다.

왜 포로를 극진히 환대하고 그다음에는 고문을 가하고 신에게 바치는 제물로 삼고 그 고기를 먹는가 하는 것을 인간의 보편적인 본능인 사랑과 미움으로 설명하는 것도 같은 이유로 쓸데없는, 아니 위험한 시도다. 그리고 왜 이런 복잡한 일이 발생하는지 설명해냈다고 자칭하는 이론이 있다면 그 이론은 동시에 또 그러한 일이 발생하지 않는 이유도 설명할 수 있어야 한다. 지금 문제 삼는 행위들은 무력을 동원해 싸우는 과정의 일부이므로 이에 대한 설명은 무엇보다 군사적인 비용편익의 측면에서 근거를 찾아야 하며, 또 그것이 가장 중요하다.

군사적인 비용편익이란 군대의 규모와 정치적 지위, 무기의 제조기술, 전투원의 병참능력 등을 반영하는 변수다. 예를 들어 포로를 잡아 오는 일 자체는 공격부대의 능력, 즉 순순히 따라오려 하지 않는 포로들을 끌고 오면서도 적의 반격과 매복공격을 용하게 피하고 무사히 귀환하는 능력에 의존한다. 공격부대의 규모가 작은 데다가 적에게 보복당할지 모르는 지역이 매우 넓다면 포로를 잡아 데리고 돌아온다는 것은 아주 어려운 일이 되고 말 것이다. 이런 경우에는 포로의 몸을 조각내 일부만 가져오도록 할 수도 있을 것이다. 전투에서 뛰어난 활약과 용기를 보여준 자들의 몫으로 따로 챙겨놓은 사회적·물질적 보상을 배분하기 위해서는 반드시 적을 몇 명 죽였는지 따져야 하는데, 적의 신체 일부도 근거가 될 수 있기 때문이다. 따라서 우리는 살아 있는 포로를 온전한 상태 그대로 데리고 오는 대신 머리, 머리가죽, 손가락, 그 밖의 신체 일부만 가지고 돌아오는 관습이 널리 퍼져 있는 것을 보게 된다.

마을로 데리고 온 포로가 어떤 대우를 받게 되는지는 주로 그를 잡아 온 측의 능력, 즉 노예노동을 흡수하고 규제할 수 있는 능력의 여부에 따라 결정된다. 이는 그 사회가 국가형성 이전의 정치제도를 가졌느냐 아니면 국가형성 이후의 정치제도를 가졌느냐에 따라 달라진다. 포로 수가 적고 그나마 아주 가끔씩 포로가 잡혀 오는 경우에는 일시적으로 포로를 귀빈처럼 대한다고 해도 놀랍지 않다. 포로를 잡아 온 측의 마음속에 애증의 이중심리가 작용하든 말든, 포로는 그들에게 값진 소유물, 문자 그대로 목숨을 걸고 잡아 온 귀중한 사유물이었기 때문이다. 그런데도 보통은 그 포로를 집단의 일부로 흡수할 방법이 없었다. 그렇다고 포로를 적에게 돌려보낼 수는 없었기 때문에 결국 죽일 수밖에 없었다.

고문에는 나름대로 소름 끼치는 경제가 있었다. 고문을 당한다는 것은 말하자면 1,000번 죽는 것과 맞먹는 일이었다. 그러니 그 불쌍한 포로 한 명을 고문하는 일은 포로 1,000명을 죽이는 일과 맞먹었다. 고문은 일종의 오락이었다. 이는 여러 시대를 거치면서 관중들이 승인하고 검증한 좋은 구경거리였다. 골병들게 때리고 불에 태우고 몸뚱이를 토막 내는 광경을 구경하면서 즐기는 것이 인간 본능의 일부라고 주장할 생각은 없다. 하지만 상처에서 피가 분수처럼 솟아오르고 고래고래 비명을 지르고 악을 쓰는 장면을 한시라도 놓칠세라 넋을 잃고 주시하는 것은 분명 인간 본능의 일부다(물론 대부분 사람은 겁에 질려 등을 돌린다).

식인풍습의 다양한 측면

나는 다시 한번 남이 고통받는 것을 보며 즐거워하는 것은 인간의 본능이 아니라는 점을 강조하려고 한다. 우리에게는 그런 것을 보고 즐기는 것을 학습하는 능력이 있다. 그러한 능력을 현실화하는 것이 투피남바족이나 휴런족의 사회에서는 중요하다. 이 사회는 젊은이들에게 싸움터에서 적을 만나면 야수처럼 잔인해지라고 가르쳐야 한다. 이러한 가르침은 만약 나 자신이 적에게 잡히는 날이면 내가 일찍이 적에게 가했던 바대로 당할 것을 생각하면 금방 배우게 된다. 전사들 앞에 훈련용으로 설 만한 살아 있는 포로는, 마치 훈련받는 의사들 앞에 놓인 시체가 그러하듯 한층 더 값진 것이 된다.

다음으로 살인의식의 절차문제―신의 환심을 사기 위해 사람을 제물로 바치는 일, 성스러운 도구를 손에 든 집행인들의 행사전 성행위금지―등을 생각해볼 차례다. 소집단 및 촌락사회는 적을 전쟁터에서 죽이든 집에서 죽이든 종교의식으로서 살인을 이해했다. 싸움터로 나가기에 앞서 전사들은 자신의 몸을 색칠하고 치장하며 조상의 혼을 불러들인다. 자기를 돌보아줄 수호신들과 마주하기 위해 환각제를 복용하고 주문을 외워 자신의 무기가 더 강해지도록 한다. 전쟁터에서 살해되는 적은 그 자체로 신에게 바치는 희생제물이다. 포로들에게 가해지는 고문과 죽음이 전쟁의 신과 조상의 마음을 기쁘게 해주듯이, 전쟁터에서 죽이는 적도 전쟁 신의 마음을 즐겁게 해준다는 점에서 신에게 바치는 희생제물인 것이다.

마지막으로 식인풍습의 문제가 남아 있다. 이 문제에 관해 묻는다면, 질문자가 이 문제를 매우 오해하고 있음이 질문 자체에서 드러난다. 사람들이 누군가 고문당하는 것을 보고 즐거워하거나 겁을 먹는 것은 그렇게 배웠기 때문이다. 인간고기를 기꺼이 먹거나 먹기 싫어하는 것도 마찬가지다. 인간고기를 먹는 데 입맛을 들이면 그러한 기호는 어떤 상황에서든 전쟁을 일으키도록 동기를 부여하는 체계의 일부로 통합될 수 있고, 또 그러한 상황이나 사정은 흔히 있을 수 있다. 그뿐 아니라 적을 잡아먹는다는 것은 문자 그대로 적의 완전한 절멸에서 힘을 얻어내는 일이다. 그러므로 아무런 망설임 없이 적을 죽이는 문화가 왜 인간고기 먹는 일은 삼가는지도 설명해야 한다. 이는 하나의 수수께끼이며 우리는 이 수수께끼를 정면으로 다룰 준비가 아직 되어 있지 않다.

고문―희생―식인풍습의 복합적 체계를 군사적 비용편익이라는 다소 엇나간 듯한 측면으로 설명하려는 것이 너무 기계적이라고 생각한다면, 군사적 성격이 강하고 남성지배권이 확립된 사회에서 오이디푸스적인 상황에 따라 구성된 애증갈등의 이중심리적 동기가 존재함을 내가 부인하는 것은 아니라고 분명히 밝힌다. 나는 전쟁이 서로 모순되는 정서를 낳으며, 전쟁의 참가자들은 동시적으로 서로 다른 의미를 얻게 될 것이라고 생각한다. 나는 인간이 인간을 잡아먹는 식인행위가 희생자에 대한 애정과 증오의 동시적 표현이라는 것도 부인하지 않는다. 내가 단호하게 배격하는 것은 집단 간 공격의 구체적·특정적 유형을 애매모호하고 자기모순인 정신적 요소로 설명할 수 있다고 주장하는 견해들이다. 사실 그러한 정신적 요소란 사람들을 전쟁으로 내모는 첫째 원인인 생태환경적 압력과 사람의 생식압력에서 추출해낸 기발한 추상적 상상의 산물에 불과하다.

인간을 제물로 바치는 희생의식

아즈텍족의 종교는 사람을 제물로 바치는 희생의식을 처음으로 시작한 것이 아니라 이를 매우 파괴적인 방향으로 다듬고 격식화·절차화하는 데 이바지했다. 그 가운데에서도 특히 주목해야 할 것은 가끔 운 좋게 얻어내는 전쟁의 부산물로 산 사람을 신에게 바치는 상황을 누군가가 일상적 행사로, 즉 위칠로포치틀리나 틀라로크를 모신 큰 신전의 제단 위에 사지를 뻗은 채 누워 있는 희생자가 없는 날이라곤 하루도 없는 일상적 행사로 바꾸어놓았다는 사실이다.

사람을 제물로 바치는 일은 마을에 있는 예배당 규모의 작은 신전에 이르기까지 열두 개나 되는 중소규모의 신전에서도 거행되었다. 이런 근린시설 하나, 즉 나지막하고 윗부분이 평평한 직경 6미터의 원형 구조물이 멕시코시티의 지하철 공사장에서 출토되었다. 지금 이것은 가장 붐비는 지하철 역사 안에 전시되어 있다. 날마다 그곳을 지나가는 수많은 통근자를 위해 세워놓은 안내판에는 고대 멕시코인들이 "대단히 종교적이었다"고만 적혀 있을 뿐이다.

아스테카왕국의 군대는 휴런족이나 투피남바족의 군대보다 몇천 배 컸으므로 아즈텍족은 단 한 번의 전투로 포로 몇천 명을 사로잡을 수 있었을 것이다. 크고 작은 신전에서 날마다 적은 수의 포로와 노예를 희생제물로 바치는 일 외에, 어떤 특별한 일을 기념하기 위해 몇백 명이나 몇천 명의 목숨을 빼앗는 의식을 거행하기도 했을 것이다. 예를 들면 연대기를 기록하던 어느 스페인 사람은 1487년 수도인 테노치티틀란에서 대규모 피라미드를 준공해 바치는 헌납식이 열리자 집행인들이 약 3.2킬로미터에 걸쳐 4열로 늘어선 포로들을 밤낮 가리지 않고 4일 동안 해치웠다는 말을 전해들었다.

인구통계학자이자 역사학자인 쿡은 희생자를 해치우는 데 한 명당 2분씩 걸린다고 치고 그 행사에서 희생된 사람의 수를 1만 4,100명으로 추산했다. 이러한 추산은 디아스와 데타피아(Andrés de Tapia)가 아스테카왕국의 여러 도시에서 두개골을 선반 위에 가지런히 진열해 손쉽게 그것들을 셀 수 있게 한 광경을 목격하지 않았더라면 과장이라고 무시당할 수도 있었을 것이다. 디아스는 소코틀란의 광장에서 목격한 광경을 이렇게 기록했다.

거기엔 아주 규칙적으로 가지런히 진열한 사람의 두개골이 산더미처럼 쌓여 있었다. 어쩌나 가지런히 진열해놓았는지 그 수를 금방 헤아릴 수 있었다. 10만 개는 넘을 것 같았다. 다시 한번 말하는데 거기에는 두개골이 10만 개 이상 있었다.

한편 데타피아는 옛 수도 테노치티틀란의 중심부에서 본 거대한 두개골 진열장을 이렇게 묘사했다.

기둥들은 약 91센티미터 간격으로 세워져 있었고, 그 기둥 맨 위에서 아래까지 긴 막대기가 빽빽이 꽂혀 있었다. 그 막대기 하나마다 신전을 거쳐 나온 두개골이 다섯 개씩 꽂혀 있었다. 나와 움브리아(Gonzalo Umbría)라는 사람은 막대기를 세면서 그 수에 5를 곱했다. 그러자 앞에서 말한 대로 두개골이 13만 6,000개나 되는 것을 알게 되었다.

이에 그치지 않는다. 타피아는 전적으로 두개골과 석회반죽으로 쌓아 올린 높은 탑 두 개에 관해서도 기술한다. 그 탑에도 두개골과 턱뼈가 가득하다고 했다.

이처럼 방대한 대량도살은 인간의 피를 마셔야만 한다는 생각에 사로잡힌 신을 기쁘게 할 신성한 의무를 수행하기 위해 사람들이 경건한 마음으로 전쟁을 벌인 결과라고 설명되어왔다. 수스텔(Jacques Soustelle)의 말을 들어보자.

그렇다면 사람들은 어디서 희생자들을 구하는 걸까. 희생제물을 바치는 것은 신에게 영양을 제공하기 위함이다. 이는 반드시 필요한 일이다. ……그것이 없으면 태양과 온 우주가 신의 저주를 받아 전멸할 것이니, 귀중한 피를 어디서 얻을 수 있을까. 그러므로 항상 전쟁을 치르는 것은 피할 수 없다. ……전쟁은 단순한 정치적 수단이 아니다. 그것은 무엇보다도 종교적 의식이요 성스러운 행위다.

하지만 국가 간의 신성한 전쟁은 매우 흔한 일이다. 유대교인, 그리스도교인, 이슬람교인, 힌두교인, 그리스인, 이집트인, 중국인, 로마인 모두 자신이 섬기는 신의 환심을 사기 위해서든 신의 뜻을 받들기 위해서든 전쟁을 벌였다. 오직 아즈텍족만이 신에게 바칠 제물을 얻기 위해 싸움터로 나가는 것을 신성하다고 생각했다. 고대부터 지금까지 수많은 국가가 인간도살과 잔학행위를 저질렀지만, 하늘에 계신 지배자께서 인간의 피를 마시려는 참을 수 없는 욕망을 품었다는 명분 아래 이러한 짓을 한 국가는 없었다.

구세계의 신들이 꿀술이나 암브로시아(마시면 불로불사가 된다는 그리스신화에 나오는 과즙—옮긴이)를 마시고 식물이나 동물이 분비하는 단물을 먹고살면서도 다음에 먹을 끼니를 어떻게 구할지 전혀 걱정하지 않았다는 것은 결코 우연한 일이 아니다. 아스테카 왕국의 군대는 신에게 제물로 바칠 포로를 되도록 많이 잡는 데 얼마나 열심이었던지, 적의 항복을 받아내기 전에 그들을 너무 많이 죽일까 봐 군사적으로 밀어붙이는 것을 종종 삼갈 정도였다. 이런 전술 때문에 그들은 코르테스와 싸우며 비싼 대가를 치러야 했다. 아즈텍족이 볼 때 눈에 띄는 적을 모조리 죽이려고 드는 코르테스의 군대는 도무지 제정신이 아니었다.

쿡은 아즈텍족의 희생의식에 감상주의적으로 접근하기를 거부한 최초의 근대 인류학자였다. 그는 이렇게 말했다. "순수한 종교적 충동이 아무리 강할지라도 기본적인 경제적 저항을 이겨내면서까지 상당히 오랫동안 지속될 수는 없다." 쿡은 아즈텍족의 전쟁과 희생의식이 인구증가를 억제하기 위한 방법의 하나였다는 견해를 제시했다. 그는 전투 중 사망한 자와 희생의식으로 목숨을 잃은 자를 합치자 사망률이 연간 25퍼센트나 높아졌다고 설명한다. "생계수단이 허용하는 한계 안에서 인구는 최대치에 이르고 있었으므로 전쟁과 종교적인 희생의식은 과다한 인구증가를 억제하는 데 매우 효과적이었다." 쿡의 주장은 그전 이론에 비하면 진일보했지만 그래도 주요 논점에는 분명 결함이 있다.

사실 아즈텍족은 전쟁과 희생의식으로는 멕시코계곡에서의 인구증가를 제대로 억제하지 못했다. 전쟁에서 죽는 자와 희생의식으로 죽는 자는 거의 남자였으므로 25퍼센트 증가한 사망률도 실은 남자사망률이다. 그나마도 25퍼센트 증가한 출산률로 쉽게 메울 수 있었다. 아즈텍족이 계획적으로 인구증가율을 떨어뜨릴 생각이 있었다면, 남자가 아니라 여자를 집중적으로 희생제물로 삼았을 것이다. 그뿐 아니라 희생의식의 기능이 인구조절이었다면, 신세계의 다른 지역에서 막강한 군대로 밀어붙여 적을 죽이는 게 훨씬 편했을 텐데 그러지 않았던 이유는 무엇이었을까. 쿡은 메소아메리카인의 특이한 관습, 즉 왜 싸움터에서 바로 죽이면 될 것을 후방으로 데리고 와서 피라미드의 꼭대기에 올려놓고 죽여야만 했는지를 설명하지 못한다.

아즈텍족의 희생의식을 서술한 지금까지의 보고들은 희생자의 몸뚱이가 피라미드의 꼭대기에서 굴러떨어지는 것으로 끝을 맺는다. 성직자가 아직도 박동을 멈추지 않는 심장을 태양을 향해 높이 쳐들고 있는 이미지에 넋을 잃어서, 피라미드의 계단을 굴러 땅바닥에 떨어진 희생자의 시체가 어떻게 처리되는지 궁금해하는 일을 깜빡 잊기 쉽다. 뉴 스쿨의 하너(Michael Harner)는 누구보다도 훌륭한 이해력과 용기로 이 문제를 파고들었다. 나는 이 장의 나머지 부분에서 그의 연구성과에 크게 의존해 논의를 이끌어나갈 것이다. 아즈텍족의 희생의식의 수수께끼를 푼 공적은 전적으로 그에게 돌아가야 할 것이다.

인간고기를 먹는 이유

하너가 지적한 바와 같이, 모든 목격담이 기본적으로 일치하는 만큼 희생제물이 된 사람의 시체가 어떻게 되었는지는 사실 매우 명확하다. 투피남바족이나 휴런족, 그 밖의 촌락사회가 희생제물로 삼았던 자의 시체를 어떻게 처리했는지 조금이라도 아는 사람이면 누구나 같은 결론에 도달할 수밖에 없다. 그 결론이란 희생자들의 몸뚱이는 모두 승리자가 먹어치웠다는 것이다. 베르나르디노의 서술은 이 점에 관해 거의 의심할 여지를 남겨놓지 않는다.

도살팀의 우두머리가 그들의 몸에서 심장을 뜯어내어 직접 쪽박에 심장에서 나오는 피를 받은 다음, 시체를 피라미드의 계단을 따라 아래로 굴러가게 한다. 시체는 저 아래 작은 광장에 이르러 멈춘다. 그러면 쿠아카퀼틴(Quaquacuiltin)이라고 불리는 노인이 시체를 붙잡아 부족신을 모시는 신전으로 옮겨놓고, 그곳에서 시체를 먹기 좋게 가른다.

베르나르디노의 또 다른 서술이다.

그들은 희생제물로 바칠 사람을 죽여 심장을 뜯어낸 다음,

조용히 시체를 옮겨 계단을 따라 굴러떨어지게 한다. 시체가 바닥에 이르면 시체의 목을 잘라내고 꼬챙이에 꿴다. 이후 시체를 칼푸이(Calpulli)라 부르는 집으로 들고 가 먹기 좋게 토막낸다.

    ……그들은 시체의 심장을 끄집어내고 머리를 잘라낸다. 그 다음 시체의 고기를 나누어 먹어치운다.

두란도 비슷한 기록을 남겼다.

    심장을 뜯어낸 다음에는 그것을 태양에 제물로 바치며 피는 태양의 신을 향해 뿌린다. 태양이 서쪽으로 지는 것을 본떠서 시체를 피라미드의 계단을 따라 아래로 굴러떨어지게 한다. 사람을 제물로 바치는 희생의식이 끝나면 전사들은 춤을 추고 제사를 지내고 인간고기를 나누어 먹는 큰 축제를 벌인다.

    이러한 서술들은 아즈텍족의 전쟁―희생의식―식인풍습이 뒤섞인 문화에 관해 여러 요점을 명확히 밝혀준다. 하너는 각 포로마다 따로 주인―아마도 실제로 그 포로를 사로잡은 병사들을 지휘한 장교급 인물―이 있다는 사실에 주목한다. 테노치티틀란으로 끌려온 포로는 주인의 시설물 안에 수용된다. 포로가 얼마나 오래 그곳에 갇혀 있었는지 또는 어떤 대접을 받았는지에 관해서는 별로 알려진 것이 없다. 하지만 그들의 체중이 줄지 않도록 토르티야(tortilla)를 넉넉히 제공했다는 것은 추측할 수 있다. 심지어 세력이 강한 군대의 우두머리쯤 되면, 특별한 축제날 또는 생일이나 초상, 혼례 같은 집안행사를 준비하기 위해 포로 수십 명을 잘 먹이며 기르기도 했을 것이다. 신에게 바치는 제물로 포로가 희생되는 날이 점점 다가오면 주인은 식구와 이웃사람의 학습을 위해, 또 재미있는 구경거리로서 포로들을 고문했을 것이다.

희생의식이 있는 날, 주인과 그의 병사들은 포로를 호송해 피라미드 바로 아래까지 데리고 가서, 같은 날 희생당할 다른 유력자들이 호송하는 포로들의 행진을 구경한다. 시체가 멈추지 않고 계속 굴러떨어질 만큼 피라미드의 계단이 가파르지 않기 때문에, 심장을 떼어낸 포로들의 시체는 저절로 굴러떨어지기보다는 입회인들의 힘에 떠밀려 아래로 옮겨진다. 베르나르디노가 쿠아카퀼틴이라고 부른 노인이 시체를 인수해 주인의 집으로 돌려보내면, 시체의 사지를 자르고 후춧가루와 토마토로 양념해 스튜를 만들어 먹었는데 이는 그들이 좋아하는 요리였다.

베르나르디노에 따르면 그들은 인간고기에 호박꽃을 얹어 먹기도 했다. 그가 눈여겨본 바로는 성직자가 포로의 피를 쪽박에 받아 주인에게 넘겨주었다. 우리는 그들이 심장을 화로에 집어넣어 코팔(copal)과 함께 태운다는 것은 알지만, 완전히 재가 될 때까지 태우는 것인지는 아직도 분명치 않다. 시체의 몸통과 내장 그리고 뇌수를 포함한 머리를 어떻게 했는지도 의문이다. 어쨌든 해골이 결국 진열장에 전시되는 운명을 밟는다는 것은 앞에서 인용한 타피아와 디아스의 서술처럼 자명하다. 대부분 식인종이 뇌를 즐겨 먹는 사실에 비추어보면 해골로 진열되기 전 성직자나 구경꾼들이 그것을 떼어냈을 것이다.

디아스에 따르면 몸통은 왕이 운영하는 동물원에 있는, 육식을 좋아하는 포유동물이나 새 또는 뱀의 먹이로 던져주었다. 그러나 나는 동물원 관리인들―타피아는 이런 관리인이 제법 많다고 말한다―이 먼저 몸통에 붙어 있는 고기를 대부분 먹어치웠을 것으로 생각한다.

나는 아즈텍족의 식인풍습이 종교의식의 일부로 인간고기를 먹는 시늉만 하는 것이 아님을 기정사실로 확립하기 위해 희생자의 몸뚱이가 어떤 운명에 처하게 되는지 추적했다. 그 결과 인간고기는 동물고기와 마찬가지로 소비되는 것을 알 수 있었다. 인간고기라는 형태로 동물단백질의 상당한 양을 생산하고 재분배하는 국가제도에 따라, 살인은 종교의식의 일부로서 아즈텍족의 성직자들에게는 정당한 일이다. 물론 성직자들은 다른 임무도 수행하지만 실질적으로 사람을 도살하는 일 이상으로 그들에게 중요한 임무는 없었다.

이러한 식인왕국이 들어서게 된 조건이 무엇인지는 매우 신중하게 연구할 만한 과제다. 다른 지역에서는 오히려 국가나 제국의 발흥이 희생의식이나 식인풍습 같은 옛 문화가 위축되거나 소멸되는 데 이바지하지 않았던가. 아즈텍족의 신들과 달리 구세계의 거룩한 신들은 인간고기 먹는 것을 금기시했다. 그런데 왜 유독 메소아메리카의 신들은 식인을 장려했단 말인가.

하너가 제안한 대로 우리는 이 의문에 대한 해답을 두 가지 측면에서 찾아봐야 한다. 첫 번째는 여러 세기에 걸친 강도 높은 생산활동과 인구증가의 충격으로 메소아메리카의 생태계가 구체적으로 어떻게 소모되고 파괴되었는지에 관한 것이다. 두 번째는 더 저렴한 것을 선택할 수 있는 환경에서 인간고기를 동물단백질의 공급원으로 삼는 일이 비용편익의 면에서 어떠했는지 따져보는 일이다.

앞서 말했듯이 메소아메리카는 다른 어느 지역보다도 동물자원이 많이 파괴된 상태에서 빙하시대의 종결을 맞았다. 인구가 꾸준히 증가하고 고산지대에 자리 잡은 제국들이 강제적으로 관리한 집중적 생산강화로 사실 보통 사람들의 식단에서 동물단백질은 자취를 감추었다. 지배계급과 그 가신들은 당연히 개, 칠면조, 오리, 사슴, 토끼 그리고 생선 등 산해진미를 계속 즐겼다. 그러나 하너가 말한 대로 보통 사람들들은 치남파스가 확대되었는데도 텍스코코호의 수면에서 걷어낸 수초로 겨우 입에 풀칠하는 어려움을 자주 겪어야 했다. 충분한 양의 옥수수와 콩은 필수아미노산을 필요한 만큼 공급하는 데 부족함이 없었다. 하지만 15세기에 생산위기가 반복적으로 발생하자 사람들은 단백질을 충분히 공급받지 못한 인체가 육류를 요구하는 생리현상을 자주 겪어야만 했다. 모든 종류의 지방질에 대해서도 마찬가지였다.

그러면 과연 신에게 바치는 제물로 사람을 죽여 그 고기를 나눠 먹음으로써 아즈텍족의 식생활에서 단백질 및 지방질 섭취량은 개선되었을까. 멕시코계곡의 인구를 200만 명이라고 했을 때 식용포로가 연간 1만 5,000명밖에 되지 않는다면 '아니요'라고 대답할 수밖에 없다. 하지만 그 질문 자체가 잘못되었다. 인간고기의 분배가 아즈텍족의 건강과 정력증진에 평균적으로 얼마만큼 이바지했는지가 아니라 위급한 시기에 특정 집단에 일종의 보상으로 인간고기를 지급하는 일이 정치적 통제의 비용편익 측면에서 결과적으로 얼마만큼 유리한지를 물어야 한다. 기껏 바랄 수 있는 것이 어쩌다가 돌아오는 손가락 발가락 따위였다면 그 제도는 아마 틀림없이 별로 유효하지 않았을 것이다.

그러나 만약 인간고기를 귀족, 군인 그리고 그 신하들에게 듬뿍 지급했다면, 또 농업생산량이 주는 시기에 적절히 지급했다면, 정치적 붕괴를 충분히 피할 수 있을 것이다. 이러한 분석이 옳다면 우리는 반대의 함의, 즉 가축을 희생제물로 이용할 수 있었던 구세계의 여러 국가와 제국의 환경이 식인풍습을 금지하고 사랑과 자비의 종교를 발전시키는 데 중요한 역할을 했을 것이라는 함의에 대해 깊이 생각하고 검토해야만 한다. 다음 장에서 밝히겠지만 그러므로 그리스도교는 마굿간에서 태어난 아기가 인류에게 준 선물이라기보다는 오히려 마굿간의 어린 양이 인류에게 준 선물이었던 것이다.

10

고마운 어린 양

예수가 십자가에 못 박혀 죽은 것이
유월절과 관련해 일어났던 일인 만큼
그의 죽음은 쉽사리 짐승이나 사람의 목숨을
신에게 바치는 희생의식의 이미지나 상징과
동화되어버린다.
세례 요한은 우리에게 돌아올 구세주를
'하나님의 어린 양'이라 불렀다.

여러 지역의 희생의식

전쟁에서 사로잡은 포로를 신에게 바치는 희생제물로 삼고 그 고기를 먹는 풍습이 아메리칸인디언들에게만 있었던 특수한 일이라는 인상을 받지 않았기를 바란다. 불과 50년 또는 100년 전까지만 해도 포로 중 일부를 희생제물로 삼아 그 고기를 나누어 먹는 일은 사하라 이남의 아프리카 전역과 동남아시아, 말레이시아, 인도네시아, 오세아니아에 산재하는 수백 개의 국가성립 이전 단계의 사회에서 흔히 볼 수 있는 관행이었다. 하지만 메소포타미아, 이집트, 인도, 중국 또는 유럽 등지에서는 국가가 출현하기 전에도 식인풍습이 재분배의 중요한 장치였던 적이 결코 없었다. 이렇게 믿는 데는 그럴 만한 이유가 있다.

앞서 열거한 여러 지역에서도 전부 사람을 종교의식의 희생제물로 삼기는 했다. 그러나 그것을 먹는 일은 거의 없었다. 권위 있는 고대 로마의 전적들―카이사르(Julius Caesar), 타키투스, 플루타르크 등― 은 고대 그리스 및 고대 로마의 변경에 살던 '야만'족 사이에서는 흔히 포로를 희생제물로 삼았다고 주장한다. 당시 그리스인과 로마인들은 어떤 종류든지 사람을 희생제물로 신에게 바치는 짓을 부도덕한 일로 보고, 그들의 정직한 병사들이 브리튼족(Briton), 갈리아족(Gaul), 켈트족(Celt) 그리고 튜튼족(Teuton) 같은 '미개'한 민족들의 종교의식에서 목숨을 잃는 일에 불편한 심기를 토로했다.

그러나 호메로스시대(Homeric Age, 기원전 12세기부터 기원전 9세기 사이의 시대로 호메로스가 남긴 서사시 외에는 역사적 기록물이 거의 없어 호메로스시대로 불린다―옮긴이)가 되면 그리스인들은 신의 뜻을 돌리기 위해 소수의 포로를 죽이는 일을 점점 싫어하지 않게 되었다. 예컨대 트로이전쟁의 영웅 아킬레스(Achilles)는 그의 전우 파트로클로스(Patroclus)의 시체를 화장하는 장작더미에 트로이인 포로 열두 명을 산 채로 집어던져 불태워 죽인다. 그리스와 페르시아 간에 살라미스해전이 벌어진 기원전 480년에도 그리스함대의 사령관 테미스토클레스(Themistocles)는 승리를 다짐하기 위해 페르시아인 포로 세 명을 희생제물로 바칠 것을 명령했다. 로마인들 역시 한때 사람을 희생제물로 삼은 적이 있다. 그들은 기원전 226년 무렵, 갈리아족 두 명과 그리스인 두 명을 생매장했다. 갈리아족과 그리스인들이 곧 로마시를 점령할 것이라는 예언을 미리 막기 위해서였다. 비슷한 사건은 기원전 216년과 기원전 104년에도 일어났다.

　로마군의 노련한 용사들도 전투 때 완전 나체로 무시무시한 괴성을 지르면서 쌓인 눈을 헤치고 로마군의 전열에 뛰어드는 켈트족과 처음 부딪히자 기가 꺾였다. 철기시대 유럽 전역에 '참수된 머리를 숭상하는' 켈트족의 종교의식이 퍼져 있었다는 사실에서 아메리칸인디언과 흑인만이 사람을 죽이고 머리를 모은 것은 아니라는 점이 명백해진다. 켈트족의 전사들은 갓 잘라낸 적군의 머리를 이륜전차에 싣고 다녔으며, 그것을 집으로 가져가서는 서까래에 주렁주렁 매달아놓았다. 프랑스 남부에 살던 켈트족은 큰 돌기둥에 두개골을 집어넣어 진열했다. 높은 언덕 위의 성채나 보루 그리고 마을로 들어가는 문을 해골로 장식하기도 했다. 이런 해골이 희생제물로 죽은 자의 것인지는 알 수 없다. 다만 사람을 희생제물로 신에게 바치는 것은 켈트족의 종교의식의 중요한 부분이었고, 드루이드(Druid)라 불리는 성직자가 그 의식을 거행했다고 알려져 있다.

켈트족은 사람을 불태워 죽이는 것을 좋아했으며, 이를 위해 버들로 사람만 한 바구니를 짜서 그 속에 포로를 넣고 불을 질렀다. 어떤 경우에는 포로의 배를 갈라 창자를 끄집어내거나 칼이나 창으로 등을 찔러 꿰어낸 창자의 모양 또는 사망 직후 사지의 위치 등을 보고 미래를 점치곤 했다.

헤로도토스는 머리를 사냥하는 또 다른 민족 스키타이족(Scythian)에 관한 기록을 남겼다. 다뉴브강 하류와 흑해 근처에 사는 스키타이족은 싸움터에서 사로잡은 포로를 100명에 한 명꼴로 으레 죽였다. 시카고 대학 겔브(Ignace Gelb)에 따르면 고대 메소포타미아에서는 포로를 신전에 산 제물로 바쳤다고 한다. 라가시(티그리스강과 유프라테스강 사이에 있는 수메르의 고도―옮긴이)에서 출토된 기원전 2500년 무렵의 조각에는 산더미처럼 쌓인 적군의 시체가 묘사되어 있다. 겔브는 고대 중국에서도 "포로들은 흔히 희생제물로 사용되었다"고 말한다.

성서에 나오는 아브라함과 이삭의 이야기가 말해주듯이, 고대 이스라엘인들의 심성에 비춰봤을 때 그들도 신에게 사람을 희생제물로 바쳤을 가능성이 매우 높다. 아브라함은 자기 아들을 죽일 것을 요구하는 신의 목소리를 들었다. 그 아들은 막판에 가서 우호적인 천사의 도움으로 가까스로 목숨을 건진다. 베델(Bethel)의

히엘(Hiel)이 예리코를 재건할 때 그는 주님의 말씀에 따라 그의 큰아들 아비람(Abiram)을 희생제물로 바친 곳에는 주춧돌을, 막내 아들을 희생제물로 바친 곳에는 대문을 세웠다.

고대 브라만교의 경전도 희생의식에 대한 끊이지 않는 관심을 드러낸다. 죽음의 여신 칼리(Kali)는 피에 굶주린 아즈텍족의 신들과 놀랍도록 닮았다. 칼라의 성서인 『칼리카 푸라나』에서 칼리는 인간의 두개골들을 꿰어 엮은 것을 화환처럼 두르고 피 냄새를 풍기며, 한 손엔 해골을 들고 다른 손엔 칼을 든 무시무시한 모습으로 묘사된다. 사람을 희생제물로 삼는 브라만교의 절차는 아주 세밀하다.

희생될 자를 여신 앞에 데려온 다음 예배자는 꽃, 백단(白檀), 수액으로 만든 페이스트와 나무껍질 등을 바치면서 그리고 희생의식에 어울리는 만트라 주문을 되풀이해 외우면서 여신을 찬양해야 한다. 그다음에는 북쪽을 향해 서서 희생될 사람을 동쪽을 향하도록 한 다음 뒤돌아보고 다음과 같은 만트라 주문을 반복해야 한다. "오호 사나이여! 그대는 나의 좋은 운수 때문에 오늘 희생제물로 여기 나타났으므로 나 그대에게 인사하노라. 오늘 나는 그대를 도살하노니, 희생의식으로서 도살은 살인이 아니니라." 이렇게 인간의 모습을 한 희생제물에 관해 명상하면서, "옴, 야임, 흐리우, 스리우"라고 만트라 주문을 외우고 희생자의 머리 위에 꽃 한 송이를 던져야 한다. 이어서 스스로 무엇을 원하는지 생각하고 여신에게 그 일을 위탁하면서 희생될 사람에게 물을 뿌려야 한다. 그다음에는 "오 검이여! 그대는 찬디카의 혀이니라"라는 만트라 주문을 외움으로써 검을 신성하게 해야 한다.

이렇게 해서 그들은 "암 훔 파트"라는 만트라 주문을 되풀이하면서 신성화된 검을 휘둘러 훌륭한 희생자의 목숨을 끊는다.

순장문화의 등장

아마도 고대국가나 제국 사이에서 가장 오래 지속된 희생의식은 왕과 황제의 장례 때 처첩, 노비, 시종들을 순장하는 일이었을 것이다. 예컨대 스키타이족은 왕실의 요리사, 몸종, 시종, 집사들을 모두 죽였다. 왕의 말 가운데 가장 훌륭한 말과 저승에서 그 말을 다룰 젊은이도 함께 죽였다. 몸종을 비롯한 가신을 순장한 흔적은 아비도스에 있는 고대 이집트의 분묘와 우르(이라크 남부에 있던 고대 수메르인의 도시—옮긴이)에 있는 고대 수메르인 왕들의 무덤 등에서도 찾아볼 수 있다.

가신들을 순장한 것은 두 가지 이유에서였다. 우선 왕은 죽은 뒤 저승에 가서도 이승에서 누리던 생활을 그대로 영유하기 위해 궁정을 그대로 가지고 갈 필요가 있었다. 이보다 더욱 현실적인 이유는 왕을 가장 가까이 섬기는 자들이 왕의 생명을 자신들의 생명만큼 소중하게 아낄 것이라는 점이다. 그럼으로써 그들은 왕을 거역하는 음모는 고사하고 사소한 위협도 꿈꾸지 않을 것이며 이는 왕의 마음을 안심시키는 데 큰 효과를 발휘했다.

기원전 2000년대 말 중국은 세계에서 가장 대규모로 근신(近臣)들을 순장이라는 이름으로 희생시켰던 것 같다. 왕의 장례 때마다 수천 명이 죽어야 했다. 이 관행은 주(周)나라(기원전 1037~기원전 257)가 들어서며 포로를 희생제물로 삼는 일과 함께 금지되었다. 진(晉)나라는 살아 있는 사람이나 짐승 대신 그와 닮은 토우를 만들어 사용했다. 기원전 210년, 처음으로 중국을 통일해 지배한 진시황이 죽자, 사람들은 황제의 봉분 근처에 축구장만 한 동굴을 파고 흙으로 빚은 실물 크기의 무장한 군인과 기병용 말을 6,000구씩 묻었다.

동물을 희생제물로 바치는 풍습

앞에서 우리는 국가가 처음 형성되었던 구세계의 중요한 종교의식으로서 희생의식의 사례와 양상을 살펴보았다. 여기서 두드러지는 것은 희생의식의 관행과 식인풍습 사이에 뚜렷한 연관을 찾아볼 수 없다는 사실이다. 어느 곳에서도 인간고기의 재분배를 국가나 종교적·군사적 기구가 나서서 처리한 흔적은 찾아볼 수 없다. 리디아(소아시아 서부의 고대국가―옮긴이)의 파우사니아스(Pausanias, 2세기 후반에 활약한 여행가이자 지리학자―옮긴이)는 콤부티스(Combutis)와 오레스토리오스(Orestorios) 휘하의 갈라이족이 칼리에아스의 모든 남자를 죽여 피를 마시고 고기를 먹었다고 전한다.

후대에 타타르족(Tartar)과 몽골족도 이와 비슷한 비난을 받았다. 그러나 이런 보고들은 아즈텍족의 식인숭배를 다룬 민족지학

적 서술과는 성격이 다른데, 전쟁 중에 자행된 잔학행위를 일회적
으로 소개한 것에 지나지 않는다. 이집트, 인도, 중국 등지에서도
식인풍습에 관한 기록들을 찾을 수 있다. 그러나 이것들은 상류계
급의 비뚤어진 미각을 위해 마련되는 이국적인 별미에 관한 이야
기이거나 가난한 사람들이 살아남기 위해 서로 잡아먹었다는 기
근에 관한 이야기다. 로마 이후 유럽에서는 식인을 큰 범죄로 보
았고, 그래서 사람들은 마녀, 늑대인간, 흡혈귀 그리고 유대인이나
감히 그런 범죄를 저지를 수 있다고 생각했다.

　유럽에서부터 중국에까지 이르는 지역에서는 인간이 아니라 짐
승을 제단 앞으로 끌고 와 제물로 바친 다음 토막 내고 재분배잔
치를 벌이며 먹어치웠다. 예컨대 북유럽의 사가(장편민담―옮긴
이) '착한 하콘'(Hakon the Good)에는 켈트족이나 튜튼족의 왕공
이 베푼 재분배잔치에서 희생제물인 동물이 얼마나 중요한 역할
을 했는지 확실히 말해주는 대목이 나온다.

　신에게 희생제물을 바치는 의식이 있는 날, 모든 농민이 신
전으로 모이는 것이 예로부터 전해지는 풍습이었다. 그때 그들
은 행사가 진행되는 동안 필요한 모든 것을 가지고 나온다. 남
자들은 이 잔치에 에일(맥주의 일종―옮긴이)을 들고 나왔다.
말을 포함해 모든 종류의 가축을 잡았다. 짐승의 고기는 뜨거
운 물에 고아 맛 좋은 수육으로 만들어 참석자들에게 돌렸다.
신전 바닥 한가운데에 불을 지피고 그 위에 솥을 걸었다. 불 주
변에 앉아 에일을 가득 담은 술잔을 돌렸다. 잔치를 베푸는 사

람, 즉 우두머리는 모든 이에게 술과 희생된 짐승의 고기를 나누어주었다.

영웅 지크프리트(Siegfried)의 일대기를 노래한 19세기 발라드에 잘 표현되어 있는 바와 같이, 이들 의식과 행사의 주제는 후한 인심과 공유정신이었다. 북유럽의 사가들은 지크프리트를 '손이 큰 사람'으로 표현했다.

> 접시며 컵이 무슨 소용인가.
> 인심 후한 지크프리트,
> 그를 보러 손님들이 모였네.
> 핏줄을 따지자면 거인족의 후손
> 그는 신들을 사랑하네―듬뿍듬뿍 후한 손
> 그의 칼이 거둬들이는 온갖 소득
> 아낌없이 온 나라에 뿌리네.

우리는 타키투스가 남긴 저작에서 모든 부족민이 소나 수확한 작물의 일부를 추장에게 선물로 바쳤다는 것과 사실상 소는 매우 값진 것으로 백성의 유일한 부였음을 알 수 있다. 피곳(Stuart Piggott)이 지적했듯이, 고대 아일랜드의 옛 민담 '쿨리의 소 훔치기'(The Cattle-Raid)는 크루아찬의 추장 알릴(Alill)과 그의 아내 메브(Medb)가 자기네 재산을 자랑하는 장면으로 이야기가 시작된다. 그들은 무쇠솥을 시작으로 황금 장식물, 옷, 양, 말, 돼지를 거쳐 마침내 소를 자랑하기에 이른다. 고대 아일랜드인은 게르만족이나 호메로스시대의 그리스인 그리고 옛 라틴인이 그러했듯이 소를 부의 가장 중요한 척도로 여겼다. 이로 미루어볼 때 부족장을 중심으로 하는 사회나 초기 국가가 형성되는 데 핵심적인 역할을 하는 재분배잔치에서 가장 중요한 요소는 다름 아닌 소였다.

고대 그리스인과 로마인들도 종교축제 때는 짐승을 제물로 많이 사용했다. 각 신전은 신에 따라 특정 짐승만을 희생제물로 바쳤다. 예를 들면 그들은 염소가 포도주의 신 바쿠스에게 바치는 희생제물로 적합하다고 생각했다. 아마도 염소는 포도밭에 위협적이었기 때문일 것이다. 그리스의 몇몇 도시는 아즈텍족이 신의 화신으로 지정된 사람을 대하는 것처럼 황소를 대했다. 즉 희생의식을 집행하기 전 1년 동안 황소에게 화환을 두르고 잔치를 베풀어 환대하곤 했다.

구약성서를 읽은 사람이면 누구나 알듯이 고대 이스라엘인들은 신에게 짐승을 희생제물로 바치는 일에 정성을 쏟았다. 「레위기」(Leviticus)는 동물을 언제, 어디서, 어떻게 제물로 올려 의식을 거행해야 하는지 상세히 정하고 있다. 「민수기」(Numbers)에는 첫 예배당의 헌납식 때 황소 36마리, 양과 어린 양 144마리, 염소와 어린 염소 72마리를 22일 동안 바쳤다고 쓰여 있다. 이스라엘인들이 족장을 중심으로 하는 목가적인 사회조직에서 국가조직으로 옮겨감에 따라 재분배의 규모도 증대했다. 예루살렘에 세워진 솔로몬 신전의 헌당식 때는 소 2만 2,000마리, 양 12만 마리를 도살했다. 이스라엘인들에게 가장 중요했던 희생의식은 유월절에 어린 양한 마리를 희생제물로 바치는 잔치였다. 유월절은 이스라엘인들이 노예생활을 하던 이집트에서 탈출한 것을 기념하는 절기다. 당시 이스라엘인들은 모세의 지시로 어린 양 한 마리를 잡아 그 피를 자기 집의 창과 출입문의 상인방(창틀이나 문틀 윗부분에 벽의 하중을 받치기 위해 세우는 나무―옮긴이)과 기둥에 바른 다음, 그 고기를 구워 매운 약초, 이스트를 넣지 않은 빵과 먹었다. 그날 밤 하느님은 어린 양의 피로 표시되어 있지 않은 집의 장자에게 벌을 내려, 이집트왕이 이스라엘인들을 놓아주도록 했다.

이스라엘인 중에서 드루이드와 유사한 성직자 계급을 구성하던 레위족(Lévite)은 짐승도살권을 독점했다. 그들은 짐승의 도살과 재분배를 감독하거나 직접 했으므로 모든 식육류는 문자 그대로 그들의 손을 거쳐야만 했다. 그들은 도살한 짐승의 고기 가운데 가장 큰 몫은 주인에게 돌려주고 소량의 맛 좋은 부분은 자기 자신과 여호와를 위해 따로 남겨놓았다.

아주 오래전 스미스(William Smith)는 자신의 중요한 저서 『셈족의 종교』(Religion of the Semites)에서 옛 이스라엘에서는 모든 짐승도살이 신에게 재물을 바치는 희생의식이었다고 지적하며 "사람들은 종교적 행위로서만 소고기나 양고기를 먹을 수 있었다"고 주장한다. 동아프리카에서 현존하는 유목민들을 연구해온 인류학자들은 약간 다른 시각으로 동일한 상황에 접근한다. 동아프리카의 목축민들은 기르는 짐승의 고기를 먹지 않고 대신 그들의 젖과 피를 마시며 살아간다는 것이다.

슈나이더(Harold Schneider)가 연구대상으로 삼은 파코트족

(Pakot)은 종교의식과 그 밖의 엄숙한 의식을 올리는 경우에만 짐승을 도살할 수 있었다. 그러나 도살하는 짐승의 수나 종교의식을 거행하는 횟수는 짐승을 쉽게 구할 수 있는지에 규제받았다. 소처럼 값비싼 짐승은 희생시킬 수 없었다. 귀한 손님을 위해 바비큐를 대접하는 현대 미국인들은 파코트족이나 쇠고기를 좋아한 고대인들과 닮은 점이 많다(내친김에 말한다면 '바비큐'라는 말에는 재미있는 내력이 있다. 그것은 카리브어의 'barbricot'라는 말에서 파생되었다. 카리브는 '인간고기를 먹는'이라는 뜻인 'cannibal'의 어원이며 카리브인들은 식인잔치를 준비할 때 푸른 나뭇가지로 만든 석쇠를 사용했는데 이를 카리브어로 'barbricot'라 했다).

다시 이스라엘인의 이야기로 돌아가보자. 그들의 역사에서 '위대한 시혜자'인 우두머리, 즉 추장 또는 족장이 주최하는 재분배잔치 때 먹을 목적으로 짐승들을 도살했던 시기가 있었다는 것에는 의심할 여지가 없다. 다음 인용문에 나오는 '아낌없이 후한 인심'은 튜튼족에게 매우 중요했듯이 고대 이스라엘인에게도 매우 중요했다.

저 머나먼 사무엘시대 이래로 우리는 씨족집단이나 마을 또는 도회지 주민집단이 종교적 잔치를 베푸는 것을 본다. 그러한 잔치를 지배하는 법칙은 바로 아낌없이 후한 인심이었다. 손님이 없는 희생의식이란 있을 수 없었다. 아는 사람이라면 가난한 자에게든 부자에게든 마음 놓고 몫이 돌아갔다.

예수가 세상에 나타날 무렵 레위족이 독점적으로 누리던 도살권은 화폐로 그 가치가 매겨지게 되었다. 믿음이 신실한 신자들이 짐승을 끌고 신전으로 성직자를 찾아오면, 성직자는 한 마리당 얼마씩 돈을 받고 짐승의 목을 잘라주었다. 순례자들은 아주 먼 여행 끝에 예루살렘을 찾아 자신들이 끌고 온 어린 양을 도살했다. 신전에는 예수가 그들의 탁자를 뒤엎은 것으로 유명한 환전상이 있었다. 따라서 순례자들은 불편함 없이 그 지역의 화폐로 거래할 수 있었다.

상징화된 희생제물

기원후 70년에 예루살렘이 함락된 후 유대교 랍비들은 더 이상 짐승을 도살하는 희생의식을 열지 않았다. 그러나 완전히 도살을 그만둔 것은 아니었다. 정통 유대교도들은 오늘날에도 종교전문가의 감독 아래 짐승의 목을 따 도살하는 방식을 고집하고 있으니 말이다.

예수가 십자가에 못 박혀 죽은 것이 유월절과 관련해 일어났던 일인 만큼 그의 죽음은 쉽사리 짐승이나 사람의 목숨을 신에게 바치는 희생의식의 이미지나 상징과 동화되어버린다. 세례 요한은 우리에게 돌아올 구세주를 '하나님의 어린 양'이라 불렀다. 한편 그리스도교도들이 엄수하는 성찬식은 희생제물로 바친 짐승을 나누던 재분배잔치의 기능을 상징적으로 유지하고 있다.

예수는 유월절에 조각낸 빵과 포도주를 제자들에게 나누어주었다. 그는 빵을 가리켜 "이것은 나의 몸이요"라 하고 포도주를 가리켜 "이것은 나의 피요"라 했다. 로마가톨릭교회의 성체성사에서는 지금도 이런 재분배가 종교의식으로 되풀이된다. 성직자는 웨이퍼(wafer, 성체용 빵―옮긴이)를 먹고 포도주를 마시며 회중들은 웨이퍼 빵만 먹는다. 이 웨이퍼 빵을 적절하게도 '호스트'(host)라 부르는데 이 말은 '희생'(sacrifice)을 의미하는 라틴어 호스티스(hostis)에서 파생된 것이다.

프로테스탄트와 가톨릭은 포도주와 성찬용 빵이 실제로 그리스도의 피와 살로 '성변'(聖變, transubstantiation)했는지를 두고 많은 피와 잉크를 흘리며 논쟁을 벌였다. 하지만 신학자와 역사학자들은 그리스도교의 '미사'에 내포된 진정한 진화론적인 의미를 아직도 이해하지 못하는 것 같다.

오래전부터 그리스도교는 유월절에 어린 양을 잡아먹는 것을 정신적인 의미로만 받아들였다. 또한 어린 양을 아무 영양가도 없는 빵으로 바꿈으로써 모인 사람들이 빈 배를 움켜쥐고 집으로 돌아가지 않을까 하는 걱정을 덜었다. 그러나 그 일이 실제로 일어나는 데는 시간이 좀 걸렸다.

그리스도교가 성립된 첫 2세기 동안 교우들은 모두 힘을 모아 아가페 또는 사랑의 잔치라고 알려진 밥 먹는 모임을 열었다. 그리스도교가 로마제국의 공식종교가 된 후 교회는 그 시설이 수프 끓이는 부엌으로 되어버린 것을 발견했다. 결국 363년 라오디케아에서 열린 공의회는 교회당 경내에서 사랑의 잔치를 여는 것을 금지했다.

여기서 주목해야 할 것은 성찬식 때 먹는 음식은 성변이 일어나든 일어나지 않든 전혀 영양가가 없다는 점이다. 19세기 인류학자들은 인간과 동물을 제물로 바치던 시기를 지나 빵과 포도주를 먹는 성찬식이 자리 잡는 과정에서 도덕적 진보와 계몽의 산 증거를 봤다고 하지만 나는 그들의 낙관론에 동의할 수 없다. 그리스도교가 짐승을 희생제물로 삼는 일을 초월하게 된 것을 축하하기에 앞서 인구의 급속한 팽창으로 적정한 수준의 단백질을 공급하기 어려워졌다는 사실을 유의해야 한다. 짐승을 희생제물로 삼지 않게 된 것은 종교적 행사로서의 재분배잔치 역시 끝났음을 의미했다.

현세에서 후한 선심을 실현할 수 없거나 이것이 불필요하게 되었을 때, 그리스도교는 여러 종교와 마찬가지로 내세의 선심을 택했다. 사람들이 이 세상보다 천국을, 현세보다 내세를 훨씬 중요하게 생각하는 신 앞에 무릎을 꿇는 것이 인도나 이슬람 그리고 고대 로마의 지배자들에게는 아주 편한 일이었다고 해도 나는 그것이 종교의 이름으로 행한 선행의 가치를 손상시킨다고는 생각하지 않는다.

구세계 제국들의 통치조직이 점점 커지면서 그것들은 대륙의 차원에서 자원들을 망가뜨리고 고갈시켰다. 지구가 누더기를 걸치고 땀 흘려 일하는 노동자로 가득해지자 이제 '위대한 시혜자'는 옛 야만족의 추장들처럼 '아낌없이 후한 인심'을 보일 수 없게 되었다. 그리하여 그들은 그리스도교, 불교 또는 이슬람교의 '위대한 신자'가 되어 웅장한 성당, 대사찰, 모스크를 세웠지만 거기에는 전혀 먹을 것이 없었다.

그렇다면 주변에 아직도 짐승이 많아 모든 사람의 밥상에 고기가 종종 오를 수 있었던 시대로 돌아가보자. 페르시아인이든 베다 사회의 브라만이든 중국인이든 일본인이든 모두 한때는 짐승을 종교의식의 제물로 삼았다. 유라시아를 가로질러 북아프리카에 이를 때까지 국가가 지원하는 종교의식을 치를 때 짐승을 희생제물로 삼지 않는 사회는 단 한군데도 없었다. 일부 지역에서는 특별한 생태환경 때문에 특정 동물을 선호하는 경향이 뚜렷이 나타나기는 했지만, 초식동물과 반추동물치고 이러한 희생의식에서 사용되지 않은 것은 없었다.

북아프리카와 아라비아의 주민은 낙타를, 중앙아시아의 유목민은 말을 희생제물로 삼았다. 지중해 연안 일대에서는 황소가 특별히 주목받았다. 그런가 하면 스페인에서 일본까지의 직선상에 있는 나라들은 식인풍습이 있었다고 해도 매우 작은 규모였다. 유라시아의 종교는 식인행위를 금지했으나 사람들은 적군에게 장기간 포위되거나 흉작으로 먹을 게 부족해지면 인간고기를 먹기도 했다. 그런 일시적 잘못은 국가의 종교정책과는 무관했고, 지배계급은 식인행위를 장려하기보다는 으레 못하게 말리는 쪽이었다.

지금까지 이야기했던 것 가운데 많은 부분은 같은 주제로 먼저 글을 쓴 분들에게 이런저런 논평을 받았다. 내가 최초로 메소아메리카에 가축이 드문 것과 아스테카왕국에서 유난히 인간을 잡아먹은 것 사이에 상관관계가 있음을 발견한 것은 아니다. 사실 하녀가 이를 정리하기 전까지는 고대 구세계와 신세계의 국가종교가 서로 다른 이유를 구체적으로 설명하는 이론이 정립되지 못했다. 그전까지는 메소아메리카에 희생제물로 삼을 만한 짐승이 없었기 때문에 그토록 특이한 종교가 탄생했다고 생각했다. 구세계에는 격식에 맞춰 희생의식을 올리기에 적합한 동물이 흔했다는 주장이다. 그래서 포로를 희생의식에 이용할 필요가 없었고 대신 짐승을 희생제물로 삼게 되었다는 것이다.

최근 이런 견해를 지지하고 나선 사람 가운데 타나힐(Reay Tannahill)은 아메리카 토종말이 멸종된 점, 순록과 들소가 저 먼 멕시코 남부에 이르기까지 발견되지 않은 점 그리고 그 밖의 사냥감이 드물다는 점에 주목하는데 이는 적절한 착상이다. 그러나 왜 개와 칠면조─사육된 단 두 종의 짐승─는 사람 대신 희생제물로 사용되지 않았는지에 대해 이 학자는 "이들은 신에게 바치기엔 너무나 천하기 때문이다"라고 답한다.

이런 설명은 포로를 잡아먹는 이유에 대해 아즈텍족 자신이 스스로 하는 설명만큼 허점이 많다. 신이 그것을 업신여길 것이라고 생각하거나 상상하는 것으로 그들의 종교적 믿음이나 관행을 설명할 수는 없다. 이처럼 곧 사회생활을 설명하는 모든 궁극적 근거를 사람들이 제멋대로 생각하거나 상상하는 바에 둔다면 이런 방법은 인간의 모든 지적인 천착이나 탐구를 반드시 무효화할 것이다. 왜냐하면 그것은 언제나 그리고 반드시 그러한 천착이나 탐구를 부질없는 후렴, 즉 "사람들은 자신이 생각하거나 상상하는 바를 생각하거나 상상한다"는 실로 쓸데없는 후렴으로 끝내고 말 것이기 때문이다.

왜 개나 칠면조는 초자연적인 식욕을 지닌 신의 입맛에 맞지 않는단 말인가. 다른 문화의 구성원이라면 신은 암브로시아 같은 불로초를 먹고살 것이다. 아니 아무것도 먹지 않을 것이라고 쉽게 상상할 수도 있다. 비의 신 틀라로크의 얼굴을 상상할 수 있는 아즈텍족이라면 신이 칠면조의 창자나 개의 염통을 열렬히 좋아한다고도 상상할 수 있지 않을까. 결국 신이 아니라 아즈텍족이 칠면조나 개는 가치가 없다고 생각했다는 말이 된다. 아즈텍족이 그러한 생각을 하게 된 이유는 개나 칠면조의 천성과는 아무 상관이 없다. 그것이 집오리라고 해도 이야기는 달라지지 않는다. 오히려 문제는 이런 종류의 짐승에서 많은 고기를 얻어내는 데 비용이 많이 든다는 사실이었을 것이다. 개를 고기의 공급원으로 삼는 데 따르는 문제는 개는 고기를 먹어야만 가장 잘 자라고 번식한다는 점이다. 칠면조나 그 밖의 가금류를 고기의 공급원으로 삼는 데 따르는 문제는 가금류는 곡류를 먹어야만 가장 잘 자라고 번식한다는 점이다. 이 두 경우 모두 고기면 고기, 곡류면 곡류를 직접 섭취하는 것이 먹이사슬의 또 다른 고리를 거쳐 섭취하는 것보다 훨씬 더 효율이 높다.

한편 구세계의 가축은 초식동물이고 반추동물이어서 풀, 작물의 그루터기, 잎사귀, 그 밖에도 사람은 먹지 못하는 식물을 먹고 가장 잘 번식한다는 이점이 있다. 그러나 이처럼 초식동물이 먹을 수 있는 식물은 홍적세에 멸종되어 메소아메리카에서는 찾아볼 수 없었다. 그렇다고 동물단백질 공급원으로 육식동물을 구하기에는 많은 비용이 들어 아즈텍족은 결국 인간고기를 먹게 된 것이다. 포로들에게서 고기를 얻어내는 것에도 역시 많은 비용이 든다. 무장한 사람을 사로잡는 것은 매우 값비싼 일이었다. 하지만 달리 동물단백질을 공급받을 방법이 없는 사회는 식인에서 얻을 수 있는 이익을 그것에 드는 비용보다 높이 평가하게 된다. 반대로 이미 말, 양, 염소, 낙타, 소, 돼지 등이 있는 사회는 식인에 따르는 비용이 식인에서 얻을 수 있는 혜택이나 이득보다 더 클 수도 있다.

식인풍습의 비용편익분석

식인풍습에 대한 연구에서 비용편익분석을 배제하고 옛 도덕적 진보이론으로 돌아간다면 내 이야기도 좀더 감동적일 수 있을 것이다. 우리는 대부분 아즈텍족은 도덕성이 원시적인 충동수준에 머물러 있기 때문에 식인풍습을 벗어나지 못했고, 구세계 국가들은 문명의 진보로 그들의 도덕성이 크게 상승했기 때문에 식인풍습을 금지했다고 믿는다. 하지만 나는 이러한 선호가 위선적인 생각에서 나온 것이 아닌가 한다. 만약 그게 아니라면 편견에 연유한 것이 아닌가 염려된다. 구세계에서 식인풍습이 쇠퇴했다고 해도 그 국가와 제국들의 시민살해율은 낮아지지 않았다. 그리고 모든 사람이 알고 있듯이 전쟁규모는 선사시대 이래 오늘날에 이르기까지 꾸준히 커졌고, 특히 그리스도교가 주요 종교인 국가들은 무력분쟁을 일으켜 높은 사상자수를 기록했다. 전선에 방치되어 썩어가는 시쳇더미나 잔치에서 먹기 위해 토막 낸 시체나 전부 죽은 사람의 시체인 것은 마찬가지다. 오늘날 제3차 세계대전이 발생하기 일보 직전의 상태에서 허우적대는 우리가 아즈텍족을 무시할 처지가 아니다.

핵의 시대인 오늘날 세계가 사라지지 않은 것은 오직 한 가지 이유 때문이다. 먼저 공격당하면 그에 대한 보복으로 몇천만 명을 몰살해도 정당하다고 생각할 만큼 상대편의 도덕적 수준이 낮다고 확신해 누구도 먼저 공격하려고 하지 않기 때문이다. 살아남은 자가 있다고 해도 방사능 때문에 먹는 것은 고사하고 시체를 묻을 수도 없을 것이다.

국가성립의 초기 단계에서의 식인풍습에 대한 비용편익분석은 두 가지 측면을 지닌다. 첫 번째는 적국의 병사를 음식으로 생각하기보다는 생산자로 이용하는 문제다. 겔브는 메소포타미아가 어떻게 발전했는지 토론하는 가운데 남자는 싸움터가 아니면 희생의식에서 죽고, 붙잡힌 여자와 아이들은 노역부대에 편입되었다고 지적한다. 이 사실은 "남자에 비해 상대적으로 여자나 아이들은 마음대로 부리고 명령하기 쉬웠다는 것"과 "수많은 사나운 남자 포로를 멋대로 움직이고 다룰 만큼 당시의 국가기구가 강력하지 않았다는 것"을 의미한다. 그러나 국가기구가 강력해지면서 사람들은 적국의 남자 포로에게 표지를 달거나 낙인을 찍고, 밧줄로 묶거나 목에 멍에를 메워 부려먹었다. 나중에는 자유롭게 정착하도록 포로들을 풀어주거나 왕의 호위병, 용병 또는 허드렛일하는 일꾼 등 왕실을 위해 전문적으로 일하도록 했다.

포로들의 지위변화(토착빈민계급 다음가는)는 메소포타미아에서 두 번째로 중요한 노동력을 공급하는 요인이 된다.

겔브는 메소포타미아, 인도, 중국 등에서 포로들은 정도의 차이는 있어도 노예가 아닌 자유로운 농민으로 왕국 전역에 정착해 살았다는 사실을 강조한다. 가축은 젖과 고기의 공급원으로, 포로들은 농부, 노동자 그리고 병사로 써먹는 것이 비용편익의 측면에서 분명히 유리했다. 이러한 현상의 기저에는 구세계 국가 및 제국들의 생산 및 생식기반을 확대하고 강화하는 가축의 존재가 있었다. 가축은 아즈텍족이 자신들의 생활수준을 크게 끌어내리지 않고서는 엄두도 못 낼 수준으로 생산과 생식기반을 확대할 수 있게 했다(생산강화의 과정에서 저지른 죄에 대한 응보가 그나마 그것들을 곧 상쇄하게 될 것이지만 말이다).

식인풍습의 비용편익을 평가할 때 고려해야 할 두 번째 차원은 이 문제가 결국 인구증대와 생산강화 및 환경적 고갈에도 불구하고 생활수준을 유지하려는 데서 비롯된다고 하더라도 이는 경제적이라기보다는 정치적인 차원의 것이라는 점이다. 앞서 밝혔듯이, 소집단 및 촌락사회에서 경제적 재분배 및 대외전쟁 수행의 책임을 맡은 지도층이 확대되고 계층이 분화하면서 국가는 출현했다. 예컨대 가장 초기의 왕들은 '위대한 시혜자'의 이미지를 스스로 형성했으며, 이른바 '대인'들은 자기들이 남을 지배하는 것을 정당화하는 데 언제 어디서나 같은 이미지를 활용했다. "그의 후덕한 손은 적을 무찔러 얻은 전리품을 온 나라에 뿌렸다"는 구절이 이를 말해준다.

그러나 인구가 급속히 늘어나고 환경이 고갈되자 계속 후한 선심을 베풀기 위해서는 새로운 영토를 찾아 계속 확장하고 많은 농사꾼을 잇달아 흡수해야 했다. 이런 상황에서 포로들을 죽여 먹어치운다는 것은 구세계의 특징적 생태환경에서 비단 큰 인력낭비일 뿐 아니라 제국적인 야망을 품은 나라의 전략으로서는 최악이었다.

'위대한 시혜자'에게 무릎 꿇는 자를 모두 잡아먹겠다는 태도로는 쉽게 제국을 건설할 수 없다. 오히려 모든 제국적 팽창을 성공으로 이끌 기본원리는 '위대한 시혜자'에게 굽히는 자가 문자 그대로든 비유적으로든 잡아먹히지 않도록 주의하는 것이다. 그들이 목숨을 부지하고 더 잘 먹고 잘살게 되어야 한다는 것이다. 식인풍습과 제국은 뒤섞일 수 없다. 사람들은 역사 내내 불평등한 부의 분배가 자신의 복지를 위해 필요하다는 것을 믿도록 속임당하고 또 속여왔다. 그러나 '위대한 시혜자' 가운데 잡아먹고 잡아먹히는 관계에 일종의 '동위성'이 있다는 것을 설득할 수 있는 사람은 아무도 없었다. 바꿔 말하면 식인풍습을 택한다는 것은 이웃과의 끊임없는 전쟁을 택한다는 것이다. 백성을 문자 그대로 국 끓여 먹을 고기로밖에 대접하지 않는, 반란으로 뒤끓는 영역을 택한다는 것이다. 이러한 선택은 아스테카왕국의 경우처럼 환경이 이미 고갈되어 제국적인 정치단계로 나아갈 수 없는 국가에나 의미가 있을 뿐이다.

포로에 대한 온정정책에 대비되는 대내 온정정책도 있었다. 제국이 커지면서 통치자는 지배계급의 다른 구성원들에게 지나치게 착취당하는 약한 자들을 보호해주는 신성한 존재라는 이미지를 구축해야 했다. 제국의 정부는 과다한 과세와 과소한 과세 사이에서 줄타기를 해야 했다. 농민에게 과세하는 지방관리들의 권한을 황제가 견제하지 않으면 백성은 반란을 일으킬 것이다. 그러면 법과 질서를 유지하기 위한 비용은 더 커지고, 제국의 존립은 위태로워질 것이다. '위대한 시혜자'라는 통치자의 이미지가 모든 대륙에서 모든 차원의 화폭 위로 퍼져나감으로써 그가 정의와 자비의 위대한 시혜자요, 약자를 보호하는 신성한 존재라는 이미지는 자연스럽게 생성되었다. 구세계의 종교가 사랑과 자비라는 보편적인 가치를 따르는 이유가 바로 이것이다.

기원전 1700년에 쓰인 『함무라비법전』은 세계에서 가장 오래된 법전으로 강자에게서 약자를 보호하는 것을 바빌로니아제국의 기본적인 통치원리로 삼고 있었다. 함무라비(Hammurabi)는 자기 자신을 '위대한 시혜자'로 보호자, 풍부한 부를 주는 사람, 백성에게 얼마든지 물을 대주는 사람, 경작지를 넓히는 사람, 곳간에 곡식을 높이 쌓아 올리는 사람, 성스러운 잔치를 넉넉하게 베푸는 사람, 주거지의 기초를 튼튼히 닦고 주민들에게 좋은 것을 넉넉히 제공하는 사람 등으로 묘사했다. 그는 본인이 '빛을 땅 위에서 솟아오르게 하는 태양신'이라고 선언한다. 또한 '강자가 약자를 제압하지 못하도록 부정한 자와 사악한 자를 멸하는 존재'라고도 선언한다.

정치성이 짙은 유교에도 이러한 제국적 계산법이 존재한다. 고대 중국의 왕후들은 궁정 안에 일종의 '고문단'을 두고 어떻게 하면 제국이 망하지 않고 계속 부강할 수 있을지에 관해 조언을 구했다. 이런 왕후의 고문 가운데 가장 유명한 사람이 공자와 맹자다. 이 두 사람은 모두 그들이 섬기는 왕후에게 백성을 잘 먹이고 세금을 많이 걷지 않는 것이 오래도록 치세를 누릴 수 있는 방법이라고 끊임없이 역설했다. 비교적 더 대담했던 맹자는 군주란 상대적으로 중요하지 않고, 오직 어진 제왕만이 오랫동안 자리를 지킨다고 말했다.

가장 귀중한 것은 백성이며, 사직(社稷)은 그다음이요, 임금은 그 가운데 가장 대단하지 않다. 그러므로 농사짓는 사람들의 마음을 얻는 사람은 천자(天子)가 된다. 만약 왕이 백성에게 어진 정치를 베풀어 형벌을 아끼고 세금을 가볍게 거두면 백성이 스스로 논밭을 깊게 갈고 정성껏 김매기하게 된다. ……그 나라 백성은 튼튼한 갑옷과 강력한 무기를 갖춘 진나라나 초나라 군대에 맞서 막대기를 들고 나라를 위해 싸우게 될 것이다. 진나라와 초나라 군주들은 백성의 시간을 빼앗아 농사일을 할 수 없게 하니 이들은 이를테면 백성을 구렁텅이에 밀어 넣고 물에 빠뜨리는 격이라. 이러한 경우 왕이 나서면 누가 능히 왕과 대적하겠는가. 따라서 어진 자는 무적이라 했으니 청컨대 왕께서는 내 말을 의심치 마시라.

이와 같은 실용주의적인 가르침과 사랑과 관용, 인간의 생명을 신성하게 생각하는 종교는 거리가 그리 멀지 않다. 맹자의 철학은 이미 인(仁)을 인성의 특정으로 규정짓는다.

국가가 주도하는 종교적 식인풍습의 비용편익을 따져보면 희생의식과 식인풍습이 왜 구세계 국가의 종교에서는 외면받았는지 알게 된다. 그뿐 아니라 하녀가 시사했듯이, 이는 남아메리카의 열대고산지대에서 잉카제국이 아스테카왕국의 유형이 아닌 메소포타미아나 중국의 유형을 따라 출현하게 된 이유를 설명할 수도 있다.

잉카제국은 전성기에 북부 칠레에서 남부 콜롬비아까지 약 2,414킬로미터나 되는 광대한 영토를 차지한 인구 600만 명의 대제국이었다. 이 광대한 제국은 아스테카왕국 치하에 있었던 때와는 달리 촌락, 구(區), 주(州)로 구분되었다. 또한 대황제가 임명한 관료들은 법과 질서 그리고 높은 수준의 생산량을 유지하는 책임을 맡았다.

마을의 농지는 세 부분으로 나뉘었는데, 그 가운데 농민들의 생계용 농지가 가장 컸다. 그다음으로 넓은 땅에서 나오는 수확은 성자 및 정치관료들이 가져갔는데 이들에게는 관할지역의 곳간을 운영해야 하는 책임이 있었다. 이 곳간은 늘 일정한 원칙에 따라 운영되었다. 잉카제국은 식량위기를 해결하거나 농업생산량의 기복을 보충할 때 그곳에 저장된 양곡을 사용했다. 가뭄으로 피해를 입으면 곳간의 곡식들은 정부가 건설한 전국의 도로와 교량망을 따라 어려움을 겪는 지역으로 급송되었다.

함무라비나 유교의 정치철학과 마찬가지로 잉카제국의 정치철학에도 후덕하고 손이 큰 '대인정신'이 담겨 있었다. 그들은 적국에게 높은 생활수준을 누리고 싶으면 잉카제국의 통치에 복속하라고 촉구했다. 그들은 패배한 군대를 제국 안의 다른 지역으로 옮겨 농부나 노동자로 정착하게 함으로써 완전히 편입시키고, 지도자급 인물들은 수도 쿠스코에서 잉카제국의 국가종교를 믿도록 교육했다. 잉카제국의 군대는 "우리는 너희를 잡아먹을 것이다"라는 기치 아래 적을 향해 진군하지 않았다.

중국이나 메소포타미아에서 그랬던 것처럼 옛날에는 잉카제국의 성직자들도 이따금 사람을 제물로 삼는 희생의식을 치렀다. 이는 창조자 비라코차(Viracocha)와 태양의 신 인테(Inte)의 영광을 위한 것이었지만 그렇다고 그것이 전쟁하는 데 필수적인 것은 아니었다. 전쟁에서 진 주(州)의 군대에서 병사 한두 명을 골라 그리했을 뿐이다. 주로 소년이나 소녀들을 제물로 삼았던 것 같다. 그들에게는 좋은 음식을 잔뜩 대접하는 등 특별히 대접했다. 여기서 가장 중요한 것은 희생자를 토막 내어 그 고기를 먹었다고 볼 만한 아무런 증거가 없다는 점이다.

잉카제국의 성직자들은 고기를 재분배하는 역할을 맡았고 희생의식은 매일 치러졌다. 쿠스코의 고위성직자들은 라마를 도살하는 데 외과의사 같은 솜씨를 발휘했는가 하면, 군소 신전에서는 기니피그가 희생제물이 되는 영예를 누렸다. 앞에서도 지적했지만 이 두 짐승은 아즈텍족의 식료품목록에서는 찾아볼 수 없다. 이 두 짐승 가운데 라마가 우리의 논의에서 더 중요하다. 왜냐하면 라마가 사는 자생초지를 가득 메우고 있는 풀은 고지에서 자라는, 사람은 먹지 못하는 풀이기 때문이다.

페루의 산마르코스 대학의 피르스페헤이라(Pires-Ferreira)와 페테르 카울리케(Peter Kaulicke)는 최근 한 발굴조사에서 마지막 빙하기가 끝날 즈음 후닌의 고원지대에 침입한 수렵민이 라마를 사육한 기원을 추적해냈다. 라마는 기원전 2500년에서 기원전

1750년 사이의 어느 시기까지도 완전히 사육되지 않았다. 이는 구세계를 기준으로 하면 늦은 것이지만, 남아메리카에서는 막 형성되는 국가에서 일정한 역할을 하기에 충분히 이른 것이었다.

잉카제국의 라마나 기니피그의 본성은 아스테카왕국의 개나 칠면조보다 천하지 않다. 다만 고기의 공급원으로서 개나 칠면조보다 낫다는 것뿐이다. 라마가 있었기 때문에 잉카제국은 사람을 희생제물로 삼지 않아도 되었다. 라마가 식인행위를 그만둘 수 있게 해줬던 것이다. 여기서 얻게 되는 교훈은 간단명료하다. 바로 반추동물의 고기가 신의 입맛을 바꾸었고 '위대한 시혜자'들을 자비롭게 했다.

11

육식금기

구세계의 넓은 목축지대와 여기에 접하고 있는

하천 유역의 여러 계곡지대에서 돼지가 금기시된 사실은,

성서의 금기를 고대국가 및 제국의 발흥과 관련해

생산강화와 자원고갈이 몰고 온

생태계의 거듭되는 변화에 대한

가치 있는 적응적 반응으로 봐야 할 것이다.

살아 있을 때 더 가치 있는 가축

나는 앞에서 동물사육의 기원이 홍적세에 거대동물이 절멸한 것에 자극받아 시작된 동물보호에 있음을 이미 밝혔다. 그러나 부락민에게 공급할 고기를 확보하기 위해 시작된 동물사육은 늘 역설적인 결과로 끝났다. 이는 생식압력을 덜기 위해 한 가지 생산양식에 집중할 때면 언제나 맞닥뜨리는 역설적인 결과였다. 신석기시대 초기에 부락들은 숲과 목초지 등 여분의 땅에 둘러싸여 있었다. 이런 여분의 땅들은 사람이 직접 먹는 밀, 보리, 그 밖의 작물을 경작하는 데는 쓸모가 없었다. 따라서 사람들은 이런 땅을 이용해 주로 고기를 얻을 목적으로 양, 염소, 돼지, 소, 그 밖의 가축들을 얼마든지 기를 수 있었다.

그러나 고대국가 및 제국의 팽창주의적 정치·경제에 따라 인구밀도가 치솟자 동물을 사육하기 위해 가용할 수 있는 숲과 미개간 목초지의 면적이 점차 줄어들었다. 가축을 소유하는 농가가 급증한 곳에서는 식용작물을 더 많이 경작할 것인지 아니면 가축을 더 기를 것인지를 선택해야 했다. 고대국가 및 제국은 하나같이 식용작물에 우선권을 주었다. 동일한 인간의 노력(일정 칼로리)을 작물생산과 동물사육에 각각 투입했을 때, 노력의 대가로 돌아오는 칼로리의 양이 후자보다 전자의 경우에서 평균 열 배가량 높았기 때문이다. 다시 말해 식물과 인간 사이에 동물을 추가해 생태적인 먹이사슬의 고리를 하나 더 연장시키느니 식용작물을 직접 먹는 것이 에너지 면에서 훨씬 유리하다는 것이다.

곡물은 광합성작용으로 일광(日光) 1단위의 약 0.4퍼센트를 사람이 먹을 수 있는 물질로 전환시킨다. 곡물을 소에게 먹이면 이 것의 5퍼센트, 즉 일광 1단위의 0.02퍼센트만을 생산한다. 동물을 사육하기 위한 목장용 땅을 줄이더라도 농경지를 늘리기로 한 결정은 동물을 먹여 살리느니 사람을 먹여 살리기로 한 전략이다.

가축은 다른 제품을 생산하거나 사역(使役)하는 데 활용할 수 있다. 고기만을 위해 동물을 길러 죽이는 것은 짐을 끌고, 섬유질을 생산하고, 비료를 제공하는 그들의 가치를 파괴하는 것이다. 몇 종류의 가축이 젖과 유제품 등으로 끊임없이 동물단백질을 공급할 수 있다는 점을 생각해보면, 우리는 가축을 고기의 공급원으로서만 이용하는 것이 왜 꾸준히 줄어들었는지 쉽게 이해할 수 있다. 가축들은 살아 있을 때 더 가치 있는 법이다. 이렇게 해서 고대국가 및 제국의 백성은 밥상에 고기를 점점 올려놓지 않게 되었다.

수천 년 동안 '발전'한 다음에도 백성은 옛 수도 테노치티틀란의 주민과 거의 다름없이 아주 적은 양만의 동물단백질을 평균적으로 섭취했다. 구세계의 최대 육류 및 곡물생산지였던 광대한 지역에서도 고기는 얼마 가지 않아 사치품이 되었다. 고기는 신에게 짐승을 제물로 바치는 희생의식 같은 재분배잔치 등의 특별한 경우에만 먹을 수 있는 것으로 점점 제한되었다. 마침내 가장 값진 고기를 먹는 것이 전면 금지되고, 자원고갈이 가장 심한 지역에서는 아예 종교적으로 터부시되었다. 얼마 안 가 역사상 처음으로 고기보다 식물을 먹어야 하느님과 가까워진다는 믿음을 심어주는 종교적 교리가 출현하게 되었다.

1인당 육류 소비량의 감소는 영양수준의 하락을 의미했다. 육식을 나쁜 습관이라고 주장하는 오늘날의 열성적인 채식주의자들은 이 점을 쉽게 납득하지 않을 것 같다. 따라서 나는 왜 특정 동물의 고기만 고대 중동에서 금기시되었는지를 다루기에 앞서 이 점을 분명히 밝히려고 한다.

인간은 식물성 식품만 먹어도 필요한 모든 영양소를 충족시킬 수 있다는 채식주의자들의 주장은 전적으로 옳다. 단백질의 구성요소인 20종의 모든 아미노산이 식용작물 안에 들어 있기 때문이다. 그러나 한 가지 식용작물에 모든 아미노산이 전부 들어 있지는 않다. 각종 아미노산을 골고루 섭취하려면 콩류나 견과류 같은 부피가 큰 질소계 식품을 다량 섭취하고 그보다 더 많은 탄수화물 식품, 즉 곡류나 뿌리작물을 매일 섭취해야 한다(콩류나 견과류는 그 자체로 비싼 식품이다). 그러므로 육식을 하는 것이 인체의 건강과 활력을 위해 필요한 모든 아미노산을 섭취하는 훨씬 효과적인 방법이다. 동물고기는 필수영양소를 고도로 압축해 제공한다. 단백질 공급원으로서 고기는 생리학적으로도 식용작물보다 효과적이다. 이런 사실은 국가가 형성되기 전, 촌락사회 주민들이 재분배잔치에서 식물성 식품이 아닌 고기를 선택한, 거의 보편적인 선호에서도 잘 나타난다.

값이 너무 비싸 고기를 얻기 위해 죽일 수 없게 된 최초의 가축은 아마 돼지였을 것이다. 우리는 구약성서에서 이스라엘인이 돼지고기를 먹지 말라고 명령받은 사실을 알고 있다. 소, 양, 염소는 고대 이스라엘의 재분배잔치에서 중요한 역할을 했기 때문에 이처럼 훌륭한 고기를 먹지 못하게 하는 것은 이해하기 어려울 수 있다. 가축으로 길들인 돼지의 화석이 신석기시대의 팔레스타인, 시리아, 이라크 그리고 아나톨리아의 촌락에서 양이나 염소의 화석과 거의 같은 시기에 출토되었다. 더구나 다른 동물과 달리 돼지는 주로 그 고기를 먹기 위해 가축으로 길러졌다.

돼지는 짜낼 젖도 없고 타고 다닐 수도 없다. 다른 가축을 몰거나 지킬 수도 없고, 쟁기를 끌거나 짐을 실을 수도 없고, 쥐를 잡지도 못한다. 하지만 고기 공급원으로서 돼지는 경쟁상대가 없을 만큼 훌륭하다. 돼지고기는 탄수화물을 단백질과 지방으로 전환하는 데 가장 효율적이다. 돼지 한 마리에게 사료를 45킬로그램 먹이면 고기를 약 9킬로그램 생산해낸다. 그러나 소는 같은 양의 사료를 먹고도 고기를 3킬로그램밖에 생산하지 못한다. 칼로리 면에서도 돼지는 소보다 세 배 이상, 닭보다 두 배 이상 효율적이다(돼지고기는 소고기보다 킬로그램당 칼로리가 더 높다).

고기가 금지되는 원리

나는 돼지고기가 초자연적인 이유로 최초의 금지대상이 된 이유를 설명하기에 앞서 고기에 대한 '터부'를 확정하는 일반원칙에 관해 몇 가지 언급하고자 한다. 아마존강 유역 인디언 사이의 동물터부를 연구한 로스(Eric Ross)도 말한 바와 같이, 특히 유의해야 할 가장 중요한 일반원칙은 특정 동물의 생태학적 역할은 항상 고정되어 있지 않다는 점이다. 이는 굉장히 역동적이다. 특정 동물의 식용에 관한 그 사회의 비용편익이 악화되는 경우, 초자연적인 이유로 그 동물을 먹지 못하게 하는 문화가 생기기 마련이다. 식량을 확보할 수 있는 다른 체계에 위협을 가하지 않고도 값싸고 풍부하게 그 고기를 먹을 수 있는 동물이 초자연적인 이유로 금지대상이 되는 경우는 드물다. 반면 한때 비용보다 이익이 컸으나 점점 이익보다 비용이 커지는 동물은 초자연적인 이유로 금지대상이 된다. 영양학적으로 가치 있는 동물은 비싸지지만 그것을 계속 이용하는 것이 기존 생존양식을 위태롭게 할 경우, 가장 심각한 제재가 가해지기 쉽다. 돼지가 바로 그러한 동물이었다.

양돈은 덥고 반건조한 고대 중동지역에서는 생계시스템 전체에 위협을 가할 만큼 큰 비용을 초래했다. 그리고 기원전 4000년 이후 이 지역 전체에서 시원적 국가 및 제2단계 국가들이 발전하면서 생산강화, 자원고갈, 인구증가가 가속화되자 이러한 위협이 급격히 커졌다. 돼지는 본질적으로 숲이나 강둑, 습지대 가장자리에서나 살 수 있다. 생리적으로 돼지는 스스로 체온을 조절할 수 없기 때문에 고온과 직사광선에 취약하다. 땀을 흘릴 수도 없다. 서식지인 숲속에서 돼지는 돼지감자, 나무뿌리, 땅에 떨어진 과일과 견과류를 먹고산다. 섬유질이 많은 식물만 먹는다면 돼지는 식물을 고기와 지방으로 전환하는 다른 반추동물보다 특별히 나을 게 없다. 소, 양, 염소, 당나귀, 말 등과 달리 돼지는 섬유질을 대사시키지 못한다. 돼지가 풀만 먹고 살게 된다면 사람보다 나을 것이 하나도 없다.

돼지가 처음으로 가축이 되었을 무렵에는 타우루스산맥과 자그로스산맥의 구릉 등 중동의 고지대를 뒤덮은 광활한 숲이 있었다.

그러나 기원전 7000년대 초, 농경과 목축의 혼합경제가 확장되고 강화되면서 중동에 있는 숲의 수백만 제곱미터가 초원으로 바뀌었다. 동시에 수백만 제곱미터의 초원이 또다시 사막으로 바뀌었다.

농업과 목축이 강화되면서 울창했던 열대성 및 아열대성 식물은 줄어들고 그 자리를 건조지 식물이 채웠다. 권위자들의 평가에 따르면 기원전 5000년에 전체 지표의 70퍼센트를 뒤덮었던 아나톨리아의 숲은 오늘날에 이르러 13퍼센트까지 줄어들었다. 카스피해 근처의 숲은 4분의 1만 남아 있으며 자그로스산맥의 떡갈나무와 노간주나무숲은 5분의 1 또는 6분의 1만, 습한 지역의 숲은 절반만 남아 있다. 엘버그와 코라산의 노간주나무숲은 20분의 1만 남아 있다. 가장 큰 타격을 받은 지역은 목축민의 손에 들어간 지역이었다. 하이얌(Omar Khayyam, 페르시아의 천문학자이자 시인―옮긴이)의 다음 시구가 요약하듯, 중동의 농지와 사막의 경계선은 하루가 다르게 수시로 바뀌는 뚜렷한 특색이 있다.

씨 뿌린 곳과 사막을 싹둑 갈라놓은 돋아나는 푸른 목초지의 띠를 따라…….

화이트(H. Whyte)도 지적했듯이, "지중해 연안, 아나톨리아의 고원지대 그리고 이란의 벌거벗은 산맥과 구릉은 수천 년 동안 사람들이 이것들을 무절제하게 이용했음을 증언하는 확실한 증인으로 우뚝 서 있다."

고대 이스라엘인들이 팔레스타인으로 옮겨온 것은 기원전 약 1200년 무렵으로 철기시대의 초기와 중기 사이였다. 그들은 그때까지 경작되지 않았던 산악지대를 차지했다. 벌채가 신속하게 진행되면서 유대인의 산림지대와 사마리아의 언덕들은 관개수리를 갖춘 땅으로 변모했다. 그러자 자연에서 돼지 먹일 것을 구하기가 점점 어려워졌다. 결국 알곡식을 먹여 기르지 않을 수 없게 되었고 돼지들은 인간과 직접 경쟁하는 처지가 되었다. 게다가 사람이 직접 그늘과 습기를 만들어줘야 했기 때문에 양돈비용은 증가하기만 했다. 그런데도 돼지들은 단백질과 지방의 공급원으로 계속 매력적인 존재였다.

산림벌채와 개간이 진행 중이던 이 지방의 목축민과 정착농민들은 단기적인 이익을 얻기 위해 양돈을 추진할 수 있었을지도 모른다. 그러나 대규모 양돈에는 엄청난 비용이 들었고 이는 적합하지도 않았다. 「레위기」에 기록되어 있는 양돈금지는 최종적인 결정으로 강력한 위력을 발휘했다. 즉 아주 소규모 양돈, 해로울 것 없는 양돈마저 부정한 행위로 규정함으로써 대규모 양돈은 아예 엄두도 낼 수 없게 했던 것이었다.

몇몇 학자는 양돈이 그토록 해로웠다면 교회가 굳이 나서서 이를 특별히 금지하지 않아도 자연스레 그리되었을 것이라는 이유로 이러한 설명의 타당성에 이의를 제기한다. "생태계에 파괴적인 영향을 끼치는 동물을 금지하는 것은 문화적인 과잉이다. 이러한 맥락에서 만약 돼지가 쓸모없다면 왜 돼지를 이용하려 하겠는가."

그러나 내가 지금 여기서 문제 삼는 것은 발전도상에 있던 생산체계에서 돼지가 어떤 구실을 했는가 하는 점이다. 양돈을 금지하는 것은 양곡류와 과실작물 그리고 비용이 덜 드는 동물단백질 공급원의 생산을 장려하기 위해서였다.

개인은 흔히 자기 자신의 사상이나 생각에 상반되는 감정을 품기도 하고 애매한 태도를 취하기도 한다. 마찬가지로 개인뿐 아니라 전체 인구도 자기들이 참가하고 있는 집약적인 생산강화의 진행 과정에서 나타나는 여러 가지 양상에 대해 상반된 감정이나 애매한 태도를 취할 수 있다. 해저시추나 낙태금지에 관한 찬반토론을 생각해보면 된다. 강간이나 은행강도와 관련해 교회의 율법에 호소하는 것을 '문화적 과잉'이라고 할 수 없는 것처럼 돼지와 관련해 교회의 율법에 호소하는 것도 결코 '문화적 과잉'이라 할 수 없다. 여호와께서 살인과 근친상간을 금지했을 때 "살인은 조금만 하라"든가 "근친상간은 조금만 하라"고 말하지 않았다. 그런데 왜 돼지고기에 대해서는 "너희는 아주 조금만 먹어야 하느니라"고 말씀했겠는가.

어떤 사람들은 돼지가 사람의 배설물을 먹고 자신들의 오줌과 똥 위에 뒹굴기를 좋아하는 불결한 짐승이기 때문에 양돈에 관한 생태학적 비용편익분석은 필요없다고 생각한다. 하지만 이러한 접근방법으로는 다음과 같은 문제를 풀 수 없다. 즉 첫 번째로 만약 모든 사람이 당연히 그렇게 느꼈다면 돼지는 애당초 사육되지 않았을 것이다. 이 세상 많은 곳에서 계속 게걸스레 돼지를 먹지도 않았을 것이다. 사실 돼지는 털도 없고 땀도 나지 않는 몸을 식혀줄 습기를 제공받지 못할 때에만 자기들의 똥과 오줌 위에서 뒹

군다. 게다가 기회만 있으면 사람의 배설물을 마구 집어삼키는 유일한 가축이라고도 할 수 없다(예컨대 소나 닭도 전혀 자제하지 않는다).

돼지고기에 선모충병을 일으키는 기생충이 있기 때문에 돼지를 금지해야 한다는 생각도 사라져야 한다. 최근 유행병에 관한 연구에 따르면 더운 기후에서 사육된 돼지는 선모충병을 거의 옮기지 않는다. 한편 당연히 '깨끗해야 할' 소, 양, 염소도 돼지가 옮길 수 있는 모든 병만큼 위험한 탄저열, 브루셀라병 등을 옮긴다.

돼지금기에 대해 이스라엘인은 구약성서가 돼지뿐 아니라 다른 수많은 동물의 고기도 금지하고 있다는 생태학적 설명으로 반론을 제기한다. 돼지금기가 식사율법 전 체계의 한 측면에 불과하다는 것은 사실이다. 그러나 우리는 구약성서가 금지하는 다른 동물들도 이 장의 첫 부분에서 요약한 비용편익분석의 일반원칙으로 설명할 수 있다. 금지된 대부분 동물이 사냥만으로 잡을 수 있는 야생동물이었다. 주로 소나 양 떼를 치고 농사지어 생계를 꾸려가는 사람들에게 사냥, 특히 그 지방에서는 희귀하거나 살지 않는 종(種)을 사냥하는 일은 비용편익의 측면에서 수지가 맞지 않았다.

식용이 금기시된 동물들

'날카로운 발톱'을 가진 네발짐승부터 시작해보자(「레위기」 제11장 27절). 비록 종(種)을 명시하지는 않았지만 '날카로운 발톱'을 가진 동물은 살쾡이, 사자, 여우, 늑대 등 주로 육식동물이었을 것이다. 단백질 공급원으로 이런 동물을 사냥하는 일은 한마디로 저효율 고비용이다. 이러한 짐승은 희귀하고 말라서 살이 적고 발견하기 어려우며 죽이기도 힘들다.

날카로운 발톱을 가진 짐승 가운데 금기시된 것들에는 아마 가축으로 길들여진 고양이와 개도 있었을 것이다. 이집트에서는 쥐를 잡기 위해 가축으로 고양이를 길렀다. 비상시를 제외하고 고양이를 잡아먹는 것은 쥐의 생활을 편하게는 해주겠지만 그 외에 어느 누구의 생활도 더 낫게 해주지는 못할 것이다. 개는 주로 소나 양 떼를 지키거나 사냥하는 데 쓰였다. 고기를 생산하기 위해서라면 개에게 줄 것을 (뼈다귀를 제외하고) 아예 전부 소나 염소에게 주는 편이 더 유용할 것이다.

「레위기」가 금기시하는 다른 부류는 지느러미나 비늘이 없는 물에서 사는 수서(水棲)동물이다. 여기에는 뱀장어, 조개류, 고래, 돌고래, 철갑상어, 칠성장어, 메기 등이 포함된다. 물론 이러한 종류의 동물들이 시나이반도에서도 사막의 언저리에 살던 사람들과 자주 마주쳤을 것 같지는 않다.

특정된 동물 가운데 가장 많은 부류는 새다. 독수리, 수염수리, 물수리, 솔개, 새매, 까마귀, 갈매기, 매, 올빼미, 가마우지, 따오기, 솔개, 펠리컨, 대머리수리, 황새, 왜가리, 후투티 그리고 박쥐(새로 잘못 분류되어 있다. 「레위기」 제11장 13~20절) 등이 포함된다. 이 모든 새는 아주 잡기 어렵고 희귀하며 영양 면에서도 보잘것없다. 이들에게서 얻을 수 있는 영양이라고 해봤자 깃털을 한입 가득 털어 넣는 정도밖에 안 될 것이다.

곤충은 지상을 껑충껑충 뛰어다니는 메뚜기, 귀뚜라미, 여치를 제외하고 모두 금기시되었다. 이것들이 금기시되지 않았다는 것에는 아주 중요한 의미가 있다. 메뚜기는 몸집이 크고 살 많은 곤충이다. 그들은 엄청나게 많이 나타나 논과 밭, 목장에 상당한 피해를 입힌다. 그 결과 메뚜기는 기근이 일어날 것 같은 기간에는 먹이를 찾아 곧잘 모여든다. 메뚜기는 고효율 저비용의 벌레다.

먹은 것을 새김질하는 동물, 다시 말해 반추하는 동물, 그러면서도 발굽이 갈라져 있지 않은 동물도 금기시되었다. 낙타, 오소리, 산토끼 따위가 그러하다. 돼지는 발굽이 갈라졌지만 새김질하지 않는 동물 가운데 유일하게 금기시된 동물이다.

오소리는 다른 금기시된 야생동물의 일반적인 유형에 부합되는, 사육되지 않은 짐승이다. 산토끼 역시 야생동물이지만 나는 이것의 비용편익을 쉽게 분석할 수 없다. 수천 년의 세월이 헛되이 흘러갔지만 이 짐승이 생태계에서 과연 어떤 역할을 하는지 나는 확실히 말할 수 없다. 그러나 나는 금기시된 야생동물이 전부 고비용 저효율의 유형에 부합한다는 것을 밝혀야 한다고는 생각하지 않는다.

나는 「레위기」에 기록된 동물 가운데 한두 종은 생태학적인 이유가 아니라 잘못된 선입견의 충족을 위해서, 아니면 고대 이스라엘의 성직자나 예언자들만 이해할 수 있는 분류학적 균형이라는 막연한 원리에의 부합을 위해서 금기시되었을 수 있다는 의견에 반대하지 않는다. 나는 이를 군생동물에게도 적용하고 싶다. 족제비, 쥐, 도마뱀, 도마뱀붙이, 악어, 카멜레온 등이 이에 속한다. 이

동물 가운데 일부, 가령 악어 같은 것은 이스라엘인에게 식량공급원으로서 전혀 쓸모없다. 그러나 목록에 올라 있는 다른 동물에 관해서는 그들의 생태학적 입지를 자세히 연구하지 않고는 뭐라 단언할 수 없다.

낙타는 발굽이 갈라져 있지 않으면서 새김질하는 유일한 가축으로 특별히 기록되어 있으나 유대교 율법의 권위자들은 언제나 말과 당나귀도 같은 범주에 포함시킨다. 이 세 동물은 수송 및 견인의 측면에서 크게 이바지한다. 이스라엘인은 이를 높이 평가해 이 동물들을 기른다. 이것들은 고효율 저비용의 대형동물이라는 공통점이 있다(말과 당나귀는 새김질을 하지 않는다).

한 사람이 낙타나 말 여러 마리를 보유하지는 않았다. 말은 주로 귀족들을 위해 사용되거나 군사용으로 사용되었다. 낙타는 사막 깊숙이 여행하는 대상(隊商)을 위해 전문적으로 사용되었다. 사람들은 낙타나 말이 주된 기능을 하지 못하게 되는 경우 외에는 그들을 잡아먹지 않기 때문에 낙타와 말은 동물단백질을 많이 공급할 수 없었을 것이다. 당나귀는 이스라엘인을 위해 짐을 나르는 동물이었다. 당나귀도 경제적으로 크게 어려운 경우를 제외하고는 먹기 위해 도살할 수 없었다. 바꿔 말해 발굽이 갈라지지 않고 새김질하며 사육된 동물들은 너무 귀중해 도저히 잡아먹을 수 없었다.

요약해보자. 즉「레위기」에서 금기시한 동물 가운데 돼지금기에 관한 생태학적 설명에 반하는 것은 아무것도 없었다. 만약 있었다면 그 유형의 동물은 잡기 힘들거나 값비싼 것이었다.

동물금기에 관한 문제를 둘러싼 혼란은 그들의 지역적인 배경과 일반적인 진화 과정에서 발생한, 특정 문화의 역사적 특이성에 지나치게 집착한 비좁은 선입견에서 원인을 찾을 수 있을 듯하다. 이스라엘인 고유의 가치관과 신앙만으로는 고대 이스라엘인의 돼지금기를 충분히 설명할 수 없다. 사실은 이스라엘인도 돼지를 점점 더 성가신 존재로 생각하게 된 중동의 여러 민족 가운데 하나에 불과하다.

돼지금기는 북아프리카에서 중동과 중앙아시아를 가로지른 구세계의 광대한 지역에 퍼져 살던 유목민 사회 어디서나 볼 수 있는 문화현상이다. 그러나 근대 유럽이나 서반구에서처럼 중국, 동남아시아, 인도네시아 그리고 멜라네시아에서 돼지는 단백질과 지방질 식품의 공급원으로 많이 이용되었고 지금도 그러하다. 구세계의 넓은 목축지대와 여기에 접하고 있는 하천 유역의 여러 계곡지대에서 돼지가 금기시된 사실은, 성서의 금기를 고대국가 및 제국의 발흥과 관련해 생산강화와 자원고갈이 몰고 온 생태계의 거듭되는 변화에 대한 가치 있는 적응적 반응으로 봐야 할 것이다.

고대 이스라엘인은 돼지에 대한 혐오감을 그들의 적인 이집트인과 공유하기도 했다. 아프리카에서의 동물사육을 연구한 탁월한 권위자인 엡스타인(H. Epstein)은 다음과 같이 말한다.

신석기 초기 극히 중요했던 돼지는 점차 그 중요성이 감소했다. 그리고 고대 이집트왕조가 남긴 기록들은 돼지에 대한 편견이 늘어나고 있음을 보여준다.

왕조시대 중기(기원전 2000년)에 이르면 이집트인은 돼지를 악의 신과 동일시하기 시작했다. 양돈은 왕조시대 이후까지 지속되었으나 돼지고기에 대한 편견을 씻어버리지 못했다. 이집트에서 돼지 치는 사람들은 가장 천한 신분에 해당했다. 그들은 범람한 나일강 유역의 들판에 돼지를 풀어놓고 씨를 밟도록 했다. 이처럼 유익한 기능은 이슬람교도가 정복하기 전까지 이집트에서 종종 돼지고기를 먹었던 것을 이해하는 데 도움이 된다. 그런데도 그리스의 역사가 헤로도토스에 따르면 이집트에서 돼지 치는 사람들은 가장 천대받는 계급이었으며 다른 모든 계급과 달리 그들은 신전 출입마저 금지되었다.

이와 비슷한 일이 메소포타미아에서도 일어났던 것 같다. 고고학자들은 기원전 5000년에서 4000년 사이에 번성한 남부 메소포타미아의 촌락에서 점토로 빚은 돼지인형을 발견했다. 텔 아스마르에서 발굴된 동물 뼈의 약 30퍼센트가 돼지 뼈다. 왕조성립 이전 우르에서는 돼지고기를 먹었다. 수메르왕조 초기에는 돼지를 키우고 잡는 전문가가 있었다. 그러나 기원전 2400년 이후에는 돼지고기가 분명히 금지되었으며 사람들은 더 이상 돼지고기를 먹을 수 없게 되었다.

메소포타미아인의 식탁에서 돼지고기가 사라진 것은 중동에서 최초로 등장한 국가들의 요람지였던 남부 수메르를 강타한 격심한 생태환경의 파괴·고갈 및 생산성 하락현상 때문이다. 1,500년 동안 수메르는 티그리스강과 유프라테스강에서 흙탕물을 끌어오는 관개용 운하를 건설하는 등 생산을 강화하기 위해 계속 노렸했다. 관개용수에 들어 있는 소금은 지표에 직접 급수될 때는 무해했다. 그러나 들판에 계속 흙탕물을 들이붓자 지하수의 수위가 높아졌다. 모세관 작용으로 지표로 운반된 염분은 수백만 제곱미터에서 밀을 경작할 수 없게 했다. 따라서 사람들은 밀보다는 염분에 잘 견디는 보리를 피해가 덜 심한 지대에 심었다.

그러나 수메르는 점차 경제사정이 악화되어 결국 마지막 수메르제국인 우르의 제3왕조는 무너지고 말았다. 기원전 1700년까지 밀은 남부에서 완전히 자취를 감췄다. 그 후 함무라비의 바빌론이 대두하기 시작하자 연구의 중심은 북쪽으로 옮겨갔다. 그러나 '풍부한 부를 가져다주는' 위대한 왕으로 칭송되던 그도 백성이 계속 돼지고기를 먹을 수 있게 하지는 못했다.

이슬람교에서도 돼지금기는 초자연적인 금령이라는 식사율법으로 통합되었다. 코란은 돼지를 특별한 모멸의 대상으로 낙인찍었다. 그리고 오늘날 이슬람교도는 정통파 유대교도가 그러하듯, 돼지고기 먹는 것을 금지한다. 여기서 부연할 것이 있다. 코란에는 생태학적인 비용편의 측면으로 동물금기를 해석하는 일을 지지하는 아주 중요한 증거가 있다는 사실이다. 즉 예언자 마호메트(Mohomet)는 이스라엘인의 돼지금기는 그대로 유지했지만 자신의 추종자들을 낙타금기에서 해방시켰다. 마호메트의 가장 초기 지지자였던 아라비아 목축민들은 사막의 오아시스에서 낙타와 함께 사는 유목민이었다. 그들은 자주 불모지인 사막을 가로지르는 기나긴 여행을 떠나야 했고, 그러한 사막에서 낙타는 살아남을 수 있는 유일한 가축이었다. 낙타고기를 먹는 일은 너무나 비용이 높았다. 그러나 그것을 일체 먹지 않는 것도 마찬가지로 비용이 높았다. 군사작전을 하거나 상인들이 장거리여행을 하다가 맞닥뜨리는 비상사태에서, 낙타를 잡아먹는 일은 죽느냐 사느냐의 문제였다.

나는 이 지점에서 잘못 해석되지 않기를 바라는 점을 분명히 하고자 한다. 생태학적 과정의 비용편익에 관해 종교가 했던 생각의 기원을 추적하면서, 나는 그러한 생각이나 견해 자체가 관습과 사상에 영향을 미칠 수 있음을 부정하지 않는다. 「레위기」나 코란을 쓴 사람들은 일관성 있는 종교적 원리을 발달시키는 데 관심을 쏟는 성직자와 예언자들이었다. 일단 이러한 원리가 만들어지면 그것들은 여러 세대에 걸쳐 유대문화와 이슬람문화의 일부가 되고, 고향에서 멀리 떨어져 사는 유대인과 이슬람교도들의 행동에 영향을 미치게 된다. 음식에 대한 금기나 특이한 요리법들은 인종적·민족적 소수파와 다수파를 구별 짓는 문화적 차별성의 표시로서 그리고 그 집단의 정체성─생태계의 어떤 적극적 도태작용이 그들의 존재를 돕느냐 위협하느냐와 무관한 집단의 정체성─의 상징으로서 후세에까지 영속될 수 있다. 다만 나는 이러한 믿음이나 관습의 생계비용이 급상승하면 오래 지속될 수 없다고 생각할 뿐이다.

아즈텍족의 종교의식에 관해 쿡이 한 말을 풀어보자면, 순수하게 종교적인 충동이나 욕구는 근본적인 생태환경적·경제적 저항을 무릅쓰고 오랫동안 지속될 수 없다. 나는 돼지고기를 멀리한 결과 오늘날까지 율법을 지키고 있는 유대인이나 이슬람교도가 단백질결핍증을 앓고 있지는 않은지 우려스럽다. 만약 그것이 사실이라면 나는 그들이 믿음을 바꾸기 시작할 것으로 기대한다. 당장은 아닐지라도 한 세대쯤 기간을 두고 말이다(이슬람교도 수백만 명이 심각한 단백질결핍증에 걸려 있으나 아직껏 이집트나 파키스탄에서 돼지금기와 빈곤 사이의 인과관계를 말하는 사람은 없다).

나는 생태학적 비용편익분석이 여태껏 존재하는 모든 문화의 믿음과 관습을 설명할 수 있다고 주장하지 않는다. 생활수준을 올리거나 내리는 것과 관련해 다른 수많은 믿음과 행동방향이 확실히 유리하다거나 불리하다고 볼 수 없다. 게다가 나는 생태학적·경제적 비용편익을 결정하는 조건과 종교적 믿음, 관습 사이에는 언제나 어떤 피드백이 있다는 것을 인정한다. 그러나 나는 역사 이전이나 역사 이후의 증거에 입각해 그것들이 서로에게 행사했던 힘은 대등하지 않았다고 주장한다. 대체로 생활수준의 하락을 막으려는 투쟁 속에서 비용을 줄이고 편익을 극대화하는 데 필요한 조건에 부합하도록 종교는 스스로 변해왔다.

변화한 종교체계의 요구조건에 부합하기 위해 비용편익과 관계없이 생산체계를 변경한 경우는 전혀 없었다. 있었다고 해도 극히 드물었다. 한편으로는 동물단백질 자원의 고갈, 다른 한편으로는 희생의식과 식인풍습 사이의 상관관계 그리고 재분배잔치의 발전적 변화와 특정한 동물금기의 상관관계는 인과관계상 물질적인 비용편익의 문제가 정신적 믿음보다 반드시 우선한다는 것을 실증적으로 보여준다. 꼭 모든 경우가 그러하지는 않다고 하더라도, 지금

우리가 다루는 사례는 거의 틀림없이 그러하다.

이러한 연쇄관계에서 검토해야 할 고리가 한 가지 더 남아 있다. 그것은 바로 인도에서 모든 사람에게 고기를 공급하겠다는 신석기시대의 약속이 어떻게 힌두교의 고기금기로 끝나버릴 수 있었는지에 관한 문제를 풀어보는 일이다.

12

거룩한 암소의 기원

거룩한 암소에 대해 그렇게 야단법석을 떨면서도

사실 정상적인 환경에서는

수소가 암소보다 훨씬 나은 대접을 받는다.

인도인은 외양간에서 수소를 기르고 직접 사료를 먹인다.

수소를 튼튼하게 잘 키우기 위해

알곡식과 기름기 있는 보충식품을 먹이기도 한다.

소고기금기

오늘날 인도에서는 불가촉천민만 붉은 고기를 자유롭게 먹을 수 있다. 계율을 지키는 높은 신분의 힌두교도는 채소류와 낙농제품만 먹는다. 고기를 먹는 것은 언제나 바람직하지 않으며 그 가운데서도 특히 소고기가 그러하다. 높은 신분의 힌두교도는 마치 미국 사람이 개고기에 그러하듯 소고기 먹는 일에 거부감을 느낀다. 하지만 스테이크나 햄버거가 북미대륙 주민들의 입맛을 당기듯, 고기류, 그 가운데 특히 소고기가 인도인들의 구미를 당기던 시대가 있었다.

신석기시대 인도에서 촌락생활은 가축의 사육과 식용작물의 경작을 기본으로 했다. 중동과 아주 비슷하게 초창기의 인도 사람들은 밀, 수수, 보리를 농사짓고 소, 양, 염소 등 가축을 길렀다. 기원전 2500년 무렵, 처음으로 대규모 정착민이 인더스강과 그 지류의 연안에 나타나기 시작했을 때, 채식주의는 까마득하게 먼 미래의 일이었다. 하라파와 모헨조다로 등 옛 도시의 폐허에서는 반쯤 타다 남은 소, 양, 염소의 뼈가 쓰레기들과 뒤섞여 출토되고 있다. 고고학자들은 같은 도시에서 돼지, 물소, 닭, 코끼리, 낙타의 뼈도 발견했다.

불에 구운 벽돌로 지은 건물과 넓은 욕실, 정원 등을 갖춰 주목을 끄는 옛 도시들은 기원전 2000년 이후 어느 시기에 버림받아 폐허가 된 것 같다. 부분적으로는 그들이 관개용수의 공급원으로 사용하던 강물의 흐르는 방향이 바뀌는 등 생태학적인 여러 재난이 발생했기 때문이다. 이처럼 여러 조건이 악화되자 그들은 페르시아와 아프가니스탄에서 인도로 쳐들어오는 야만족들의 공격목표가 되었다. 아리아족(Aryan)으로 알려졌던 침입자들은 느슨하게 연합해 처음에는 편자브에 정착했다가 나중에는 갠지스강을 따라 뻗어 나간 반유랑적인 목축민 겸 농민이었다. 그들은 후기 청동기 단계에 속하는 종족으로, 산스크리트어의 모어(母語)인 베다어를 사용했다. 그들의 생활양식은 유럽과 서남아시아의 외곽에서 살았던 호메로스시대 이전의 그리스족, 튜튼족, 켈트족의 생활양식과 아주 비슷했다. 하라파와 모헨조다로가 쇠퇴하자 침입자들은 가장 좋은 땅을 점유해 숲을 개간하고 영구적인 촌락을 건설했다. 그리고 일련의 소왕국을 건설하고 그 지방의 토착민을 지배하는 통치자로 군림했다.

아리아족이 무엇을 먹고 살았는지에 관한 정보는 주로 기원전 1000년 후반기에 베다어와 산스크리트어로 쓰인 경전에서 볼 수 있다. 이 경전에 따르면 후기 베다시대(기원전 1000년에 이르기까지)에 그들은 소고기를 포함한 동물고기를 자주 아주 맛있게 먹었다고 한다. 하스티나푸르에서 행한 고고학적 조사도 갠지스강 유역의 평원에 정착한 최초의 정착민들이 먹었던 동물 가운데 소, 물소, 양이 있었음을 강력히 시사한다.

프라카시(Om Prakash)는 권위를 인정받은 『고대 인도에서의 음식과 음료』(*Food and Drinks in Ancient India*)에서 초기 베다시대의 사정을 다음과 같이 요약한다.

불은 황소와 새끼를 낳지 못하는 암소를 잡아먹는 자다. 제사에 고기를 제물로 바치는 것에는 성직자들이 그것을 먹을 것이라는 의미를 내포한다. 그들은 염소도 불 속에 던져 조상들에게 바친다. 음식으로 먹기 위해 결혼식 때 새끼를 낳지 못하는 암소를 잡는다. 도살장에 관해서도 기술되어 있다. 그들은 말, 숫양, 새끼를 배지 못하는 암소, 물소의 고기도 음식으로 조리했다. 아마 새의 고기도 먹었을 것이다.

후기 베다시대에 관한 설명은 이렇다.

각별한 손님을 대접하기 위해 큰 황소나 큰 염소를 잡는 것이 관례였다. 때로는 유산한 암소나 임신하지 못하는 암소도 도살했다. 아티시그바(Atithigva)도 손님들을 위해 암소를 도살했음을 암시한다. 암소, 양, 염소, 말 같은 여러 동물이 신을 위한 제물로서 계속 죽어갔으며 참석자들은 제물로 바쳐진 동물 고기를 먹었다.

후기 베다시대와 초기 힌두교 경전에는 소고기에 관해 일관성 없는 내용이 기록되어 있다. 제물로 바쳐진 수없이 많은 소에 관한 이야기와 함께 "암소를 잡아 죽여서는 안 된다" "소고기를 먹는 것은 전폐되어야 한다"는 등의 구절도 있다. 예컨대 보스(A. Bose) 같은 권위자들은 정통파 힌두교도인 학자가 나중에 소고기 섭취와 염소도살에 반대하는 구절을 삽입했다는 가설로 이러한 모순을 가장 훌륭하게 설명할 수 있다고 주장한다. 보스는 기원전

1000년 즈음에는 소고기가 가장 흔하게 소비된 고기였다고 생각한다. 경전의 구절 가운데 일관적이지 않은 내용을 해결하는 가장 간편한 방안은, 그 구절에 오랫동안 차츰차츰 변해간 자취가 반영되었다고 해석하는 일이다. 기나긴 세월 동안 점점 더 많은 사람이 가축을, 특히 소를 잡아먹는 것을 아주 혐오스러워하게 되었다는 것이다.

명백한 것은, 후기 베다시대와 초기 힌두시대에 걸쳐 갠지스강을 따라 세워졌던 왕국에는 고대 이스라엘 사회의 사제족인 레위족 그리고 켈트족 사회의 드루이드(그리고 스페인에서 일본까지의 직선상에 있는 모든 추장국이나 소국의 제사직)와 비슷한 새로운 성직자계급이 있었다는 사실이다. 이 계급에 속한 사람들은 브라만이라고 불렸다. 브라만의 의무는 산스크리트어로 쓰인『브라마나스』(Bramanas)와『수트라』(Sutras)에 기록되어 있다. 초기 브라만의 사제생활은 드루이드나 레위족의 사제생활과 마찬가지로 동물을 제물로 바지는 희생의식을 치르는 일이 중심이었다. 구세계 곳곳의 성직자계급과 마찬가지로 초기의 브라만들은 제사의 집행을 독점하고 있었으며, 제사가 없었다면 그들은 동물고기를 먹을 수 없었을 것이다.『수트라』에 따르면 브라만은 동물을 제물로 바칠 수 있는 유일한 사람이었다.

『수트라』에는 신에게 바치거나 손님을 접대하는 경우를 제외하고는 동물을 죽여서는 안 되며, 선물을 주고받는 것도 브라만의 특수한 의무라고 기록되어 있다. 이러한 규정들은 잔치를 여는 일과 동물을 제물로 신에게 바치는 희생의식이 하나로 통합되어 있던 당시 사회 특유의 고기소비 규제조항을 그대로 복사한 것이다. 옛 베다 사회에서 융숭한 향응을 접대받는 '손님들'이란 저녁 먹으러 찾아오는 몇 안 되는 친구가 아니고 전체 부락민이나 주민이었다. 『수트라』가 말하는 바를 바꿔 말하면, 브라만은 원래 '인심 후한' 아리아족 추장이나 전쟁지도자들이 주최하는 재분배잔치에서 제사를 주재하는 성직자계급이었다.

기원전 600년 이후 브라만과 그들의 세속적인 지배자들은 동물고기에 대한 대중의 수요를 충족시키는 일이 매우 어려워졌음을 알게 되었다. 중동 등 여러 지역의 성직자나 지배자들과 마찬가지로, 인도에서도 그들은 밭을 갈고 거름을 주는 데 부릴 동물까지도 마구 잡아먹지 않고서는 높은 도살률과 푸짐한 재분배잔치를 유지할 수 없었다. 그 결과 육식은 브라만과 신분이 높은 아리아족, 즉 선택된 집단만 누리는 특권이 되었다.

한편 세금을 징수하고 남의 짐승을 몰수할 권리도 없는 일반 농민은 짐을 싣고 젖을 짜고 똥거름을 만들어주는 가축을 소중히 보호할 수밖에 없었다. 이렇게 해서 브라만은 점차로 육식할 수 있는 엘리트의 일부가 되어갔다. 재분배잔치를 위해 동물을 도살할 수 있는 특권은 동물고기를 먹을 수 있는 특권으로 바뀌었다. 인도 북부에 사는 일반 주민이 기능적인 채식주의자가 된 뒤에도 오랫동안 힌두교의 상류계급―이들은 훗날 고기 없는 식사를 가장 열렬히 옹호하게 된다―은 계속 소고기와 그 밖의 고기를 푸짐하게 먹었다.

고기를 푸짐하게 먹을 수 있는 귀족계급과 고기를 못 먹는 가난한 농민 사이의 이 같은 격차를 주장하는 것은 기원전 500년 즈음이 되면서 새로운 여러 종교가 브라만계급과 산 동물을 제물로 바치는 제사의식의 정당성에 도전하기 시작한 사실에 부분적으로 근거를 둔다. 이러한 개혁적 종교 가운데 가장 유명한 것이 불교와 자이나교(Jainism, 耆那敎, 기원전 6세기 인도에서 탄생한 금욕주의 종교로 살생을 금했다―옮긴이)다. 기원전 6세기에 독실한 성인(聖人)들이 창립한 불교와 자이나교는 신분계급 간의 차별을 불법화하고 세습적인 성직제도를 폐지했다. 그들은 가난을 영성(靈性)의 필수조건으로 보았고, 산 동물을 희생시키는 대신 사색으로 우주의 영적 본질과 교감할 수 있다고 주장했다. 폭력과 전쟁, 잔인함을 비난하고 인간이 겪는 고통을 함께 나누려는 그들의 운동은 훗날 그리스도교의 기본요소를 예감하게 했다.

불교도에게 모든 생명은 더 높은 형태로 존재하든 더 낮은 형태로 존재하든 모두 신성했다. 자이나교도에게 모든 생명은 신성할 뿐 아니라 공동의 영혼을 나눈 존재였다. 따라서 무엇이 더 높거나 더 낮을 수 없다. 어느 경우든 동물을 희생시키는 성직자는 살인자와 다를 바 없다는 것이다. 불교도는 동물을 죽이는 일에 가담하지만 않는다면 고기를 먹는 일 자체는 용납했다. 그러나 자이나교도는 동물을 죽이는 것을 비난하면서 순수한 채식주의를 주장했다. 심지어 자이나교의 어떤 종파는 실수로 개미 한 마리라도 죽이는, 뜻하지 않는 불행을 피하기 위해 지나갈 길을 쓸어줄 청소부를 고용할 필요가 있다고 생각할 정도였다.

내가 앞에서 시사했듯이 산 동물을 제물로 신에게 바치는 것은 만인구제의 가치와 영성을 내세우는 종교가 발생하면서 사라졌다. 과거 '위대한 시혜자'들이 대중에게 후한 선심을 과시해 자신의 드높은 권위를 정당화하기 점점 어려워지자, 그들은 백성이 내세에서 또는 인생의 어떤 국면에서 '재분배'를 기대하게끔 마음을 돌리도록 부추겼다.

강자에게서 약자를 지키는 위대한 보호자라는 통치자의 이미지는 제국주의적 팽창기에 실제적인 통치기술의 하나로 만들어진 것임을 앞에서 지적한 바 있다. 그러므로 불교는 기독교와 마찬가지로 제국주의의 종교로 채택하기에 이상적이었다. 불교는 가난한 자에게 동정심을 보일 것을 귀족계급의 의무로 삼았고, 황제의 의무에서 물질적 요소를 빼버렸다. 나는 이것이 인도 역사상 가장 강력한 황제 가운데 한 사람인 아소카가 불교를 국교로 삼은 이유라고 생각한다. 그는 북부 인도를 통일한 마우리아왕조의 시조 찬드라굽타의 손자로 기원전 257년 불교에 귀의했다. 그와 그의 자손들은 그 길로 인도 최초의 제국이자 지금까지도 여전히 가장 큰 대제국―삐걱거리기는 했지만 아프가니스탄에서부터 실론까지의 광대한 영역을 지배한 나라―을 건설하는 데 착수했다. 그러므로 아소카는 아마 보편적 평화를 추구하는 종교의 이름으로 세계를 정복한 역사상 최초의 황제일 것이다.

한편 힌두교는 새로운 종교에 중대한 영향을 받게 되었다. 그리하여 힌두교는 자신들의 경쟁상대인 불교가 정치적으로 성공하는 데 이바지한 개혁조치 가운데 일부를 채택하기 시작했다. 마침내 산 짐승을 제물로 신에게 바치는 일에 대한 반대가, 생명의 신성함을 근거로 한 비폭력 무살생의 교리인 아힘사(Ahimsa)로서 힌두교 내부에 받아들여지게 되었다. 그러나 이런 변화는 하루아침에 이루어진 것도, 단일 방향으로 진행된 것도 아니었다.

기원전 184년 마우리아왕조가 붕괴된 후 브라만교는 다시 살아나고 엘리트계급 사이에서 육식이 다시 한번 성행하게 되었다. 고대 인도인의 식생활에 관한 프라카시의 연구에 따르면 350년까지 죽은 사람을 추모하는 재분배잔치인 '스라다스'(Sraddhas)에서 여러 가지 동물고기가 브라만들에게 제공되었다. "『쿠르마 푸라나』(Kurma Purana)는 스라다스에서 고기를 한 점도 먹지 못하는 사람은 죽어도 다시 짐승으로 거듭 태어난다고 말하기까지 했다"라는 구절이 사정을 잘 전해준다.

염소와 황소가 언제부터 브라만과 그 밖의 지체 높은 힌두교도 사이에서 명백하게 존경의 대상이 되었는지 정확히 말할 수 있는 사람은 아무도 없다. 힌두교는 단일 조직의 종교가 아니고 독자적인 사원, 신전, 신위, 카스트 등을 중심으로 제각기 독특한 교의적·의식적 특성을 지닌 채 느슨하게 제휴하는 수많은 교단으로 구성되어 있다. 따라서 언제 정확히 힌두교의 의식이 변했는지에 대해서는 말할 수 없다. 한 권위자인 마이츠(S. Maitz)는 암소가 이미 350년에 가장 신성한 동물이 되었다고 주장한다. 그러나 그는 한 왕과 왕비가 백단향료를 피우고 화환을 바치면서 암소를 경배하는 광경을 묘사한 서사시 한 편만을 증거로 내세웠을 뿐이다. 암소 한 마리를 죽이는 것을 브라만 한 명을 죽이는 것과 동일시한, 작성일이 465년으로 적힌 찬드라굽타 2세의 비문도 있다.

그러나 이러한 현대 힌두교도들의 관점은 당돌한 억지일 수 있다. 굽타왕조(320년부터 540년까지 북인도를 지배한 왕조―옮긴이)의 제왕들은 평민이 각종 동물고기를 먹지 못하게 칙령을 내렸다. 힌두의 왕실은 암소뿐 아니라 말이나 코끼리에 대해서도 법석을 떨었다. 그들은 동물에게 화관을 씌워주고 목욕을 시켜주고 양탄자가 깔린 외양간을 만들어주고 보호구역에서 자유로이 돌아다니게 해주었다.

인도의 인구증가율과 소고기금기의 관계

암소를 신성시하는 오늘날의 익숙한 모습이 처음 등장한 건 아마 700년 이후 이슬람교도가 인도를 정복하고 나서부터였을 것이다. 이슬람교도는 소고기를 먹는 일을 전혀 꺼려하지 않았다. 그래서 이슬람교도가 인도에 세운 무갈제국 치하에서 암소보호는 소고기를 먹는 이슬람 침입자에 대한 힌두교도의 저항을 정치적으로 상징하는 일이었을 수도 있다. 하여튼 힌두교의 브라만은, 수세기에 걸쳐 산 짐승을 제물로 신에게 바치는 희생의식의 집행인 노릇을 해왔고 동물고기의 소비자였던 브라만은 점차 어떠한 가축이든, 특히 암소와 황소를 죽이거나 먹는 일을 방지하는 것이 거룩한 의무라고 생각하게 되었다.

내가 아는 한 중동이나 중국이 아니라 왜 하필 인도가 소고기 잡아먹는 일을 금지하고, 생명의 상징으로서 암소를 숭배하는 종교의 중심지가 되었는지를 합리적으로 설명해낸 사람은 없었다. 그렇다면 동물금기와 관련해 인도의 경우에도 내가 앞에서 제시한 일반원칙을 적용할 수 있는지 살펴보자. 고대 인도의 신앙과 관습은 처음에는 유럽, 아시아, 북아프리카의 대부분 나라와 유사했다. 앞서 논했던 대로 값지고 풍부한 짐승을 신에게 제물로 바치는 희생의식을 올리고 재분배잔치를 벌이는 관행은 농업생산의 강화와 그것이 몰고 온 자원고갈, 인구밀도의 증가에 따라 일반적으로 동물고기의 '금기', 즉 소비금기로 전환하게 된다. 그러나 이러한 추상적인 일반원칙은 인도에서 암소와 채식주의가 특별히 강조되는 것이나 다른 지역에 존재하는 특수한 종교적 동물금기를 설명하지 못한다.

갠지스강에서부터 논의를 시작하는 것이 좋을 것 같다. 이곳은 인구증가율이 중동보다도, 아니 고대의 다른 어느 곳보다도 훨씬 높았던 것 같다. 베다시대에는 인구가 적었고 그나마 조그마한 부락들이 흩어져 있었다. 기원전 1000년이 되도록 인구밀도는 아주 낮아 각 가정이 저마다 가축 여러 마리를 소유할 수 있을 만큼 여유 있었다(당시의 경전에는 쟁기 단 하나에 황소 24마리가 붙었다고 기록되어 있다). 그리고 로마 이전의 유럽에서처럼 사람들은 소를 중요한 부로 생각했다. 그 후 700년도 지나지 않아 갠지스강 유역은 세계에서 가장 인구가 많은 지역이 되었다. 데이비스(Kingsley Davis)나 다른 사람들의 추정에 따르면 인도의 인구는 기원전 300년에 5,000만~1억 명에 달했을 것이라 한다. 적어도 이 인구의 절반이 갠지스강 유역에 살고 있었을 것이다.

우리는 초기 베다시대에는 갠지스강 연안 평원들이 원시림으로 뒤덮여 있었다는 것을 안다. 그러나 기원전 300년이 되면 그곳에는 거의 나무 한 그루도 남아 있지 않게 된다. 관개시설이 수많은 농가에 튼튼한 생산기반을 제공했는데도 영세농민 수백만 명은 농업용수를 거의 구하지 못했다. 계절풍인 몬순이 뿌리는 비의 양은 기복이 컸기 때문에 자연에만 의존하는 것은 언제나 위험했다. 벌채 때문에 황폐화된 삼림 역시 가뭄의 위험을 가중시켰을 것이다. 또한 몬순이 히말라야 산기슭의 구릉지대에 너무 많은 비를 갑자기 내리부어, 거룩한 갠지스강이 넘치는 홍수의 가혹함도 심해졌다. 오늘날에도 인도는 두세 계절만 연달아 가뭄을 겪으면 농업용수로 빗물에만 의존하는 영세농민 수백만 명이 위험에 처하게 된다.

기원전 300년에서 기원후 300년에 사이에 지어진 서사시 「마하바라타」(Mahabharata)에서 우리는 12년간 계속된 가뭄에 관한 이야기를 듣게 된다. 이 서사시는 어떻게 호수와 우물과 샘이 말라버렸으며, 어떻게 농사와 동물사육을 포기해야만 했는지 말해준다. 시장과 상점들은 텅 빈 채 버려졌다. 희생의식도 중단되고 동물을 매다는 말뚝마저 없어졌다. 축제도 열리지 않았다. 어디에나 뼈다귀가 수북이 쌓여 있었고 잡아먹히는 짐승들의 울음소리를 들을 수 있었다. 사람들은 도시로 떠났다. 작은 마을들은 버려지고 불살라졌다. 사람들은 서로 피하고 도망갔다. 서로를 무서워했던 것이다. 신전이나 사당 같은 곳에도 인적이 끊겼다. 노인들은 집에서 쫓겨났다. 소, 양, 염소, 물소들은 서로 싸우는 사나운 야수로 변했다. 브라만조차 보호받지 못해 죽어갔다. 목초나 작물은 말라죽었다. 대지는 마치 화장터 같았다. 정의가 끝장난 그 무서운 시기에 사람들은 서로를 잡아먹기 시작했다.

인구밀도가 높아지면서 농사지을 땅이 점점 줄어 가장 중요한 가축에게만 땅의 일부를 내놓을 수 있었다. 소는 없앨 수 없는 유일한 가축이었다. 소는 농사지을 때 쟁기를 끌었다. 각 농가마다 적어도 황소 두 마리가 필요했으며 게다가 늙은 황소 대신 송아지를 낳아줄 암소 한 마리도 필요했다. 그리하여 소를 잡아먹는 일은 종교적인 금기가 되었다. 남아 있는 유일한 농촌의 가축으로서 소는 어쩌면 유일한 고기의 공급원이기도 했다. 그러나 고기를 위해 소를 죽이는 것은 전체 식량생산시스템에 위협이 되었다. 그리하여 소고기는 중동에서 돼지고기가 금기시된 것과 같은 이유, 즉 육식의 유혹을 없애기 위해 금기시되었다.

그러나 소와 돼지금기는 이 두 가축의 각기 다른 생태적 역할을 반영한다. 돼지는 혐오의 대상이 되었고 소는 신성화의 대상이 되었다. 이렇게 되어야 했던 이유는 내가 농업적 순환에서 소의 중요성에 대해 말했던 것으로 갈음할 수 있을 것 같다. 돼지는 고기를 위해서 기르는 비용이 너무 커지자 동물 자체가 쓸모없게 되었다. 그러나 소는 고기를 위해 기르기에는 비용이 크지만 짐을 끌고 나르는 견인력의 원천으로서의 가치는 줄어들지 않았다. 그래서 그들은 혐오의 대상이 되기는커녕 보호의 대상이 되었다. 소를 보호하는 최선의 방법은 잡아먹는 일을 금지하는 것이었다. 옛날 이스라엘인에게는 알곡식을 돼지와 나눠야 하는 문제가 있었다. 해결책은 더 이상 돼지를 사육하지 않는 것이었다. 그러나 옛날 힌두교도들은 땅을 경작하는 데 황소가 필요했기 때문에 소를 사육하지 않을 수 없었다. 그들의 문제는 어떤 동물의 사육을 어떻게 자제할 것인지가 아니라 배가 고플 때 어떤 동물을 잡아먹는 것을 어떻게 자제할 것인지였다.

소고기가 금기시된 것은 각 농민의 실생활에서 유래를 찾아볼 수 있다. 그것은 초인적인 영웅이 나오는 신화의 소산물도 아니고, 자원관리에 관한 새로운 대체정책의 비용편익을 신중히 비교 분석하는 집단적 사회정신의 산물도 아니었다. 신화 속 영웅은 이미 표출된 그 시대의 정서를 표현한다. 집단정신이란 아예 존재하지 않는다. 소고기금기는 수백만 농민 개개인의 결정이 축적된 결과였다. 그 가운데 일부는 암소나 황소의 생명이 성스럽다고 굳게 믿었기 때문에 가축을 죽이려는 유혹을 잘 견뎌냈다. 이처럼 믿음에 투철한 사람들은 더욱 자기 농토를 소중히 간직해 믿음에 투철하지 않은 사람들보다 자손에게 농토를 잘 물려주었던 것 같다.

문화와 자연에 적응하는 다른 여러 대응책과 마찬가지로 단기적인 비용편익분석으로는 인도의 소에 관한 종교적 규제를 완전히 설명할 수 없다. 따라서 정상적인 농업주기보다는 비정상적인 농업주기의 거의 모든 실적까지 감안한 장기적인 비용편익분석을 사용해야 한다. 몬순이 비를 뿌리지 않아 주기적으로 겪는 가혹한 시련 속에서 소에 대한 각 농민의 사랑은 단순한 상징이 아니라 인간 생명에 대한 실제적인 사랑으로 바뀌었다. 자신의 소를 잡아먹는 상황은 인간이 인간을 서로 잡아먹는 상황에서 겨우 한 걸음밖에 떨어져 있지 않기 때문에 인도인은 소를 인간과 똑같이 취급해야 했다.

암소가 존경받는 이유

오늘날에도 몬순이 뿌리는 비에 의존해 사는 영세농민들이 유혹을 이기지 못해 자신의 소를 잡아먹는다면 이는 파멸을 자초하는 짓이다. 만약 자신의 소를 잡아먹는다면 이제 그들은 비가 내려도 다시는 쟁기질할 수 없게 된다. 그들은 농토를 팔고 도시로 이주해야 한다. 황소나 암소 한 마리를 잡아먹느니 차라리 굶어죽는 것을 택한 사람들만이 가뭄에서 살아남을 수 있었다. 이러한 인간의 인내심은 인도혹소의 환상적인 참을성과 회복능력에 필적할 만했다. 낙타처럼 인도혹소는 혹에 에너지를 저장해 사료나 물이 없어도 몇 주 동안 살아남을 수 있고 아주 적은 영양분만 공급받아도 금방 되살아난다. 다른 종류의 소가 질병과 굶주림과 갈증으로 죽은 지 오랜 후에도 인도혹소는 계속 쟁기를 끌고 새끼를 낳고 젖을 준다. 유럽의 여러 소와는 달리 인도혹소는 힘이나 고기의 질이나 풍부한 젖 때문에 선택된 것이 아니라 혹독한 건기와 가뭄에도 살아남을 수 있는 능력 때문에 선택되었다.

이는 우리에게 왜 수소보다 암소가 더 존경받는 동물이 되었는지에 관한 문제를 제기한다. 암소나 수소나 그 고기는 전부 금기시되어 있다. 그러나 힌두교는 제사나 예술에서 암소의 신성함을 수소의 신성함보다 훨씬 강조한다. 그런데 실제는 이론과 상반된다. 갠지스강 유역의 평원에는 수소가 암소보다 두 배 더 많다. 이러한 성비는 여아살해를 떠올리게 한다. 이렇게 해서 고의적인 태만과 무시 등 암송아지를 죽이는 조직적 선택이 있었음이 비로소 설명된다. 편중된 성비는 쟁기를 끄는 견인력으로서 암소보다는 수소가 그만큼 더 가치 있다는 것을 반영한다.

거룩한 암소에 대해 그렇게 야단법석을 떨면서도 사실 정상적인 환경에서는 수소가 암소보다 훨씬 나은 대접을 받는다. 인도인은 외양간에서 수소를 기르고 직접 사료를 먹인다. 수소를 튼튼하게 잘 키우기 위해 알곡식과 기름기 있는 보충식품을 먹이기도 한다. 한편으로 그들은 아메리칸인디언이 개를 다루듯이 또는 유럽의 농부들이 돼지를 다루듯이 암소를 대한다. 이를테면 암소는 마을의 청소부 같은 존재. 그들은 암소를 외양간에 머무르게 하지도 않고 암소에게 꼴을 먹이지도 않는다. 그 대신 암소가 마을을 돌아다니면서 닥치는 대로 쓰레기를 찾아 먹도록 풀어준다. 그들은 암소가 마을의 쓰레기를 깨끗하게 먹어치우면, 아직 먹히지 않고 살아남은 도로나 철도에 돋아난 풀잎까지 찾아 먹도록 내버려둔다. 암소는 청소부로 취급받고 있기 때문에 번잡한 도로변의 도랑이나 비행기 활주로 같은 엉뚱한 장소에까지 나타난다. 그래서 인도는 '쓸모없는' 소 수백만 마리에게 짓밟히고 있다는 우스꽝스러운 비난을 받기도 한다.

수소보다 암소가 더 아힘사의 정신과 생명의 신성함을 상징한다면 이는 아마 더 '쓸모없는' 소라는 일반적 정서 때문에 위태로운 처지에 놓였기 때문일 것이다. 기근 때 암소는 일하는 수소에 비해 더욱 종교적 격식의 보호가 필요하다. 하지만 풍작기가 한참 계속된다는 견지에서 볼 때, 암소는 실제로 일하는 수소보다 더 가치 있다. 비록 수소처럼 힘은 세지 않더라도 암소는 비상시에 쟁기를 끌 수 있고 언젠가는 갈증과 굶주림에 무릎 꿇고 쓰러지는 소를 대체할 송아지를 생산할 수 있기 때문이다. 그러므로 굶어 죽을 수도 있는 위험에 처했을 때조차 암소는 수소보다 낫지는 않을지라도 그와 동등한 대접을 받아야 한다. 그것이 아마 암소가 종교의식에서 공경받는 대상이 된 이유일 것이다. 간디(Mohandes Gandhi)가 "암소는 젖을 제공할 뿐 아니라 농사지을 수 있게 하기 때문에 힌두교도는 암소를 숭배해야 한다"고 말했을 때 그는 자신이 하는 말의 의미가 무엇인지 잘 알고 있었다.

우리는 왜 다른 고대국가에서는 소고기가 금기시되지 않았는지를 설명하지 않고서는 인도의 경우를 제대로 설명할 수 없다. 이를 설명할 수 있는 한 가지 가능성은 인도 농민이 다른 지역 농민보다 더 불규칙한 강우에 의존했다는 사실에 있다. 그렇기 때문에 인도인은 굶주렸을 때 염소와 소를 더욱 긴박하게 보호해야 했던 것이다.

소를 존경의 대상으로 삼으며 후기 왕조시대에는 소를 제물로 바치지 못하게 했던 이집트와 메소포타미아에서도 사람들은 소고기를 계속 먹었다. 그러나 인도와는 달리 이집트와 메소포타미아는 관개시설을 활용한 수리농업에 전적으로 의존했고, 따라서 메마른 건기를 극복하는 데 가뭄에 잘 견디는 소가 필요하지 않았다.

중국은 더 어려운 문제를 제기한다. 그들에게는 쟁기질하는 수소가 중요했지만 그들 사이에서 암소를 애호하는 고정관념은 결코 발달하지 않았다. 오히려 반대로 중국에서 암소는 오랫동안 낮은 평가를 받았다. 이는 요리에도 반영되어 있다. 인도 북부지방의 전통적인 요리는 우유나 유제품에 크게 의존하며 특히 살균된 버터나 '기이'(ghee)라는 일종의 액상버터를 즐겨 썼다. 하지만 중국은 우유나 크림이나 치즈를 쓰지 않았고 기름도 라드(돼지비계를 녹여 정제한 반고체의 기름―옮긴이)나 식물성 기름을 사용했다. 게다가 대부분 중국인은 우유를 아주 싫어한다(최근 들어 아이스크림이 인기를 얻고 있긴 하다). 왜 인도인은 우유를 애호하고 중국인은 우유를 싫어하게 되었을까.

중국인이 우유를 싫어하는 한 가지 이유는 생리적으로 우유에 알레르기가 있기 때문이다. 중국인은 우유를 많이 마시면 일반적으로 심한 복통을 일으키거나 설사를 한다. 그 원인은 사실 알레르기가 아니고 락타아제(유당분해효소―옮긴이)를 만들어내는 장의 기능이 유전적으로 부족하기 때문이다. 인체가 우유 속에 들어있는 주요 당분인 락토오스를 소화하려면 이 효소가 있어야 한다. 그러나 중국인의 70퍼센트에서 100퍼센트가 락타아제결핍증에 걸려 있다.

그런데 대부분 인도인―지역에 따라 다르지만 24퍼센트에서 100퍼센트―도 락타아제결핍증에 걸려 있다. 그리고 유럽인이나 미국으로 건너간 그들의 후손은 예외지만, 전 세계 사람이 거의 대부분 락타아제결핍증에 걸려 있다. 그뿐 아니라 락타아제결핍증에서 오는 이 모든 불쾌한 결과는 우유를 조금만 마시거나 요구르트나 치즈처럼 발효시켜 먹으며 거뜬히 피할 수 있다. 그렇게 가공하면 락토오스는 덜 복잡한 당분으로 분해된다. 다시 말해 락타아제결핍증은 우유를 미국인처럼 대량으로 마실 때에만 장애가

될 뿐이다. 락타아제결핍증은 중국인이 버터, 크림, 치즈, 요구르트를 기피하는 이유를 설명할 수 없다.

중국과 인도의 생태계를 비교할 때, 사실 중국의 농가에는 가축으로 키우는 암소가 없다는 점이 두드러진다. 공산국가가 되기 전의 중국 농업에 관한 권위 있는 조사에서 벅(John Buck)은 중국 북부지방의 농가당 수소가 평균 0.5마리였으나 암소는 0.05마리 미만이었음을 밝힌다. 갠지스강 중류의 평원에서는 수소와 암소의 성비가 210 대 100에서 150 대 100 사이였다. 인도 전체에서는 130 대 100이었는데 비해, 중국에서는 100 대 10이었다. 이러한 격차는 암소가 중국의 가계경제에서 수소를 낳는 일 외에는 사실상 아무런 역할도 하지 않았다는 사실을 말해준다. 이는 중국인이 우유를 싫어하는 이유를 설명해주기도 한다. 중국 북부지방의 대표적 부락에는 암소가 없었던 것이다. 암소가 없으니 우유가 없고, 우유가 없으니 유제품을 맛볼 기회도 없을 수밖에 없다.

중국은 짐을 끌고 나르는 대형동물의 분포가 지역에 따라 상당한 차이를 보인다. 중북부와 동북부지방에서는 말, 당나귀, 노새의 수가 소의 수와 거의 맞먹는다. 이는 말, 노새, 당나귀가 보잘것없이 적은 갠지스강 유역의 우타프라데시, 비하르, 서벵골 등 여러 주와 대비된다.

그러나 중국과 인도의 가장 큰 차이점은 중국에는 엄청나게 많은 돼지가 있지만 갠지스강 유역에는 사실상 돼지가 없다는 것이다. 벅의 추정에 따르면 중국 북부지방에는 돼지가 농가당 평균 0.52마리 있다. 최근 중국을 방문한 대표단 가운데 일리노이 대학

농업경제학과의 스프라그(G. Sprague)는 중국이 1972년에 돼지를 2억 5,000마리에서 2억 6,000마리 생산한 것으로 추정한다. 이는 돼지를 대량생산하는 것으로 유명한 미국의 생산량보다 네 배나 많은 것이다. 스프라그는 만약 중국이 미국과 같은 방법으로 돼지를 사육, 생산했더라면 식량이 바닥나는 심각한 현상을 초래했을 것이라고 분석했다.

이 두 나라의 돼지 사육방법에는 실제로 유사한 점이 별로 없다. 미국에서는 돼지에게 주로 옥수수, 콩죽, 비타민 보충제, 광물성 사료, 항생제를 먹인다. 중국에서는 주로 농가에서 돼지를 기르며, 인도에서의 암소와 마찬가지로 사람이 먹지 못하는 폐기물, 채소 찌꺼기, 겨나 겨를 빻아 발효시킨 것, 고구마, 콩깍지, 히아신스 등을 먹인다. 인도 암소가 그들이 만드는 거름 때문에 가치 있는 것처럼, 중국 돼지도 그들이 만드는 거름이 고기 못지않게 소중하다. 바꿔 말해 돼지는 과거 중국인에게 쓰레기 따위를 말끔히 먹어치우는 아주 중요한 청소동물이었으며 지금도 그렇다. 마치 인도인이 마을의 온갖 잡동사니를 먹어치워 청소해주는 암소에게서 꼭 필요한 것을 얻어내는 것과 마찬가지로 돼지는 중국인에게 긴요한 지방과 단백질, 비료를 얼마든지 제공해주었다. 한 가지 큰 차이점은 돼지는 죽어야만 지방과 단백질 공급원으로 쓰일 수 있다는 것이다. 돼지가 청소동물로서 적절한 곳에 있는 한 중국인은 돼지금기를 강조하는 이슬람교 같은 종교는 결코 받아들이지 않을 것이다.

그러나 왜 중국인은 마을의 청소동물로 돼지를, 인도인은 암소를 선택했을까. 아마 몇 가지 요인과 관계될 것이다. 첫째로 갠지스강 유역의 평원은 돼지가 서식하기에는 황하 유역보다 적합하지 못하다. 인도혹소나 견딜 수 있는 봄의 혹독한 더위와 반복적인 가뭄은 습기를 좋아하는 돼지에게 매우 가혹한 환경이다. 인도 최대의 식량생산지인 우타프라데시주(州)에서는 강우량의 88퍼센트가 넉 달간 집중된다. 한편 5~6월의 평균온도는 섭씨 37도를 웃돈다. 한편 중국 북부지방은 봄에는 시원하고 여름에는 온화하며 특별히 건조한 계절도 없다.

또 다른 중요한 요인은 사역동물을 기를 수 있는 목초지가 얼마나 있느냐 하는 것이다. 중국에는 인도와 달리 사역동물을 방목할 수 있으나 식용작물을 경작할 수 없는 넓은 땅이 있었다. 중국에서는 전체 면적의 11퍼센트만이 경작지다. 한편 인도에서는 전체 면적의 거의 50퍼센트가 경작지다. 벅에 따르면 중국 북부지방의 농경지에는 강우량이 적고 울퉁불퉁한 지세 때문에 작물을 키우기 곤란한 상당히 넓은 목초지가 있다. 이와는 대조적으로 갠지스강 중류의 농경지에서 목초지는 2퍼센트 미만이다. 따라서 인도에서는 기본적으로 이미 사람들이 빽빽하게 밀집해 살고 있는 지대, 다시 말해 경작에는 부적합하나 목초지로는 적합한 지대에서만 사역동물을 사육해야 했다. 이렇게 해서 인도인은 사역동물에게 청소동물에게나 먹일 수 있는 쓰레기 등을 먹이게 된 것이다.

바꿔 말하면 사역동물과 청소동물이 결국 하나여야 했고 같은 종이어야 했다. 그런 동물은 바로 소일 수밖에 없었다. 왜냐하면 말이나 당나귀나 노새는 타는 듯한 더위와 건조한 몬순기후에서는 제 역할을 다할 수 없었으며 관개용 수로가 없는 농부에게 물소는 쓸모없었기 때문이다.

인도에서 동물을 어떻게 다루었는지 검토하는 최선의 방법은 생산능력이 집약적으로 강화되는 과정에서 나타나는 각기 다른 국면을 관찰하는 것이다. 중국에서도 인도에서도 과도한 인구밀도와 목축하는 데 들어가는 엄청난 칼로리 때문에 사람들은 고기와 낙농제품을 얻기 위해 동물을 대규모로 사육할 여유가 없었다. 공산화되기 이전 중국 농민들은 농작물에서 97.7퍼센트의 칼로리를, 고기에서 그것도 주로 돼지고기에서 2.3퍼센트의 칼로리를 섭취했다. 사역동물은 인도와 중국에서 거의 잡아먹히지 않았다. 그렇다면 중국에서는 왜 소고기가 종교적으로 금기시되지 않았는가.

사실 일부 지역에서는 그러한 금기가 있었다. 마오쩌둥(毛澤東) 같은 권력자도 자신이 후난에 있었을 때 다음과 같은 견해를 피력한 적이 있었다.

소농에게 짐을 끄는 황소는 하나의 보배다. 이승에서 소를 잡아먹는 자들은 저승에서 소로 태어난다는 것이 사실상 종교의 교리이듯 짐을 끄는 황소는 절대 죽여서는 안 된다. 권력을 잡기 전에는 종교적 금기 없이 농민들이 소를 잡아먹는 것을 막을 도리가 없다.

그리고 셴(T. Shen)은 다음과 같이 쓴다.

소고기를 먹기 위해 소를 잡는 것은 중국의 전통에 위배된다. 그런 이유로 소를 잡는 일은 대도시 근처에서만 해야 한다. 그리고 농가에서 더 이상 소가 쓸모없어졌을 때 잡아야 한다.

중국이나 인도는 모두 수천 년에 걸쳐 생산강화를 추구해왔는데, 그러한 과정은 인도에서 훨씬 더 극단적으로 진행된 것 같다. 개간된 땅이 넓고 수리시설이 갖추어져 있었기 때문에 중국의 농업은 인도의 농업보다 효율이 높았다. 인도는 경작지의 23퍼센트만 수리시설이 있었는 데 반해 중국은 경작지의 40퍼센트에 수리시설이 있었다. 그러므로 제곱미터당 평균 쌀생산량도 중국이 인도보다 두 배나 높았다. 중국에서는 돼지, 당나귀, 노새 그리고 말을 사육하기 위한 조건이 갖추어져 있었다. 또 생산을 강화해도 지세 및 기후상의 요인 때문에 식용을 목적으로 가축을 도살하는 일을 전면적으로 금지해야 하는 상황이 벌어지지 않았다. 중국인들은 사역동물의 젖을 짜는 대신 돼지를 잡아먹었다. 만약 돼지가 아닌 소가 청소동물의 자리를 차지했더라면, 그들은 우유로 얻는 것보다 동물단백질을 조금 적게 얻더라도 고기를 먹는 데 만족했을 것이다.

힌두교도나 서양인은 모두 인도에서의 육식금기가 식욕에 대한 도덕의 승리라고 본다. 그러나 이는 문화의 발전 과정을 잘못 해석하는 것이다. 힌두교도의 채식주의는 물질에 대한 정신의 승리가 아니라 생산력에 대한 생식력의 승리다. 이와 똑같은 물질적 진행 과정이 서유럽에서 '맨손' 종교의 보급을 촉진하고, 산 짐승을 제물로 바치고 그 고기로 재분배잔치를 벌이는 일을 없앴다. 또 돼지, 말, 당나귀 같은 가축의 고기를 금기시한 것과 똑같은 물질적 진행 과정은 인도인이 동물고기를 먹는 것을 규탄하고 금지하는 종교를 믿도록 했다. 이는 인도인의 정신력이 다른 지역의 주민보다 뛰어났기 때문에 일어난 것이 아니다. 오히려 인도에서 생산강화를 위한 노력, 자연자원의 고갈, 인구밀도의 증가가 멕시코계곡을 제외하고 산업혁명 이전 세계의 어느 곳에서보다 더 강력하게 성장의 한계를 넘어 추진되었기 때문에 동물고기를 먹는 것을 금기시하는 종교가 발생한 것이다.

13

물의 올가미

수리관개사업의 규모와 시설이 크면 클수록

그 체계의 전반적인 생산성은 더 클 수밖에 없고,

농업관리적 계급조직은

그 꼭대기에 군림하는 엄청나게 강력한

한 사람에게 복종하는

경향이 강할 수밖에 없었다.

인구밀도와 생활수준의 정체

최초의 국가가 출현하고 그리스도시대가 시작된 시기 사이의 4,000년 동안 세계의 인구는 약 8,700만에서 2억 2,500만으로 늘어났다. 이 새로운 인구의 5분의 4가 로마제국과 중국대륙의 한(韓)나라와 인도의 굽타제국에서 살고 있었다. 4,000년 동안 이들 지역에서 인구밀도가 아무런 제약을 받지 않고 계속 증가한 것이 아닌데도 인구수의 증가는 이런 사실을 숨기고 말해주지 않는다.

고대제국의 인구변화를 살펴보면, 인구증가를 항상 존재하는 역사적 추세라고 보는 맬서스의 조잡한 이론을 뒷받침할 근거가 사실상 없음을 알 수 있다. 인구가 별 변동 없이 정상상태를 유지하는 것이 구석기시대의 통칙이었던 것처럼 고대제국에서도 통칙이었다. 많은 사람과 동물이 이집트, 메소포타미아, 인도 그리고 중국의 큰 강 유역으로 몰렸지만 거기에도 일정한 한계가 있었다. 채식주의로도 생태환경적 압력과 생식압력을 해소하지 못하면 인구밀도는 일정한 수준에 머물거나 심지어 줄어들기까지 했다. 물론 중심지 밖에서는 더 큰 제국과 더 많은 제2단계 국가가 생겨나면서 인구는 계속 늘어났다. 그러나 중심지들은 하나씩 생태환경적으로 성장의 한계에 도달했던 것 같다.

데이비스에 따르면 인도의 인구는 전체적으로 기원전 300년이 될 때까지 증감 없이 일정 수준에 머물렀고, 18세기까지는 팽창하지 않았다. 부처는 나일강 유역의 인구가 이집트 역사상 구왕국(Old Kingdom)으로 알려져 있는 전성시대, 즉 기원전 4000년에서 기원전 2500년 사이에 네 배 늘어난 것으로 추정한다. 그리고

1,000여 년 동안 인구는 사실상 증가하지 않았다. 기원전 1250년에는 인구가 새롭게 절정을 맞았지만 기껏 구왕국시대에 세운 기록의 약 1.6배에 지나지 않았다. 그리스·로마시대가 개막되기 직전에 인구는 또다시 구왕국시대 수준으로 떨어졌다. 로마제국의 통치 아래서 인구는 또다시 구왕국시대의 두 배를 약간 웃도는 수준까지 올라갔다. 그러나 기원전 500년인 로마제국 말기에는 3,000년 전의 인구수를 밑도는 수준으로 떨어졌다.

우리는 2,000년 넘게 인구수를 조사한 중국에서 가장 훌륭한 정보를 얻을 수 있다. 비엘렌스테인(Hans Bielenstein)의 권위 있는 연구는 기원전 2년부터 기원후 742년까지 중국의 전체 인구가 최고 5,800만 명에서 최저 4,800만 명으로 줄곧 5,000만 명 정도를 유지했음을 보여준다. 더욱 중요한 것은 한나라의 수도가 있던 중심지에서는 인구가 현저히 하락했던 적이 있었다는 점이다. 예컨대 황하의 대평원은 2년에 인구가 3,500만 명이었던 것이 140년에 2,500만 명으로 감소했으며, 609년에 3,100만 명으로 증가했고 742년에 다시 2,300만 명으로 떨어졌다. 새로운 영토를 정복함으로써 증가한 인구를 빼면 중국의 인구증가율은 2,000여 년 동안 대부분 0에 가까운 수준이었던 것이다(1450년 이후 쌀, 고구마, 옥수수 같은 신종이 도입되면서 중국의 농업은 전보다 훨씬 많은 인구를 부양할 수 있게 되었다).

세기마다 중국, 북부 인도, 메소포타미아 그리고 이집트의 생활수준은 한결같이 이른바 궁핍의 문턱을 들락날락하는 상태를 맴돌았다. 어떤 특정 지역의 인구밀도가 너무 높이 치솟으면 생활수준은 곤두박질쳤다. 그렇게 되면 전쟁과 기근이 뒤따랐고 인구는 줄어들었다. 인구밀도가 낮아지면 생활수준은 장기평균을 약간 웃도는 수준으로 올라가곤 했다.

서양 관찰자들은 언제나 이 고대 중국의 정체(停滯)에 놀라움을 금치 못한다. 수십 수백 년에 걸쳐 파라오와 제왕들이 들어섰고 또 물러섰다. 왕조는 세워지고 무너졌다. 그러나 중국의 쿨리(19세기와 20세기 초 서구 열강의 식민지에서 일한 중국과 인도의 노동자―옮긴이), 자작농, 가난한 농민과 농업노동자의 생활은 언제나 겨우 입에 거미줄 치는 것을 간신히 면하는 수준에 머물렀다. 고대제국은 단백질이라고는 거의 없는 채소 위주의 끼니를 얻기 위해 아침부터 밤까지 피땀 흘려 고된 일을 하는 무식한 영세농민으로 가득한 토끼장 같았다. 그들은 자신의 소보다 더 나을 게 없었다. 소나 말과 다를 바 없이 문서를 기록할 줄 알고 전쟁무기의 제조와 사용, 강제력의 사용을 독점하는 힘센 존재의 명령에 순종해야 하는 처지였다. 이처럼 보잘것없는 보답을 주는 사회가 수천 년이나 지속되었다는 사실, 세계 역사상 다른 어떤 국가제도보다 오래 지속되었다는 사실은 인간사에 물질적 진보나 도덕적 진보를 확실하게 성취할 어떤 내재적 속성도 없음을 냉혹하게 상기시켜준다.

고대제국의 전제군주제

고대제국들은 저마다 자신들의 통합된 생활양식을 발전시켰다. 제국들은 요리법에서부터 예술양식에 이르기까지 제각각 그 자체로 완성되는 하나의 우주를 형성하고 있었다. 그러나 고대의 중국, 인도, 메소포타미아 그리고 이집트에는 근본적인 면에서 유사한 정치경제제도가 있었다. 즉 이 제국들에는 제각기 고도로 중앙집권화된 관료계급과 하늘의 위임을 받았다거나 스스로 신이라고 자처하는 세습적인 전제군주가 있었다. 정부가 관리하는 도로망과 하천과 운하의 훌륭한 조직망이 크고 작은 모든 부락을 지방행정과 중앙행정의 중심지와 연결했다. 모든 부락에는 부락과 중앙정부를 연결하는 사람이 적어도 한 명은 있었다. 힘을 바탕으로 하는 정치적 지침은 오직 한 방향으로, 즉 꼭대기에서 밑바닥으로 하달되었다.

중국에서처럼 농민들은 때로 자기들의 땅을 가질 수도 있었으나 관료들은 사유재산을 국가에서 준 선물이라고 보는 경향이 있었다. 생산의 우선순위는 국가의 조세정책과 국가가 주관하는 건설사업에 부락민이 정규적으로 징집되는 정도에 따라 결정되었다. 국가는 사회보다 더 강력했다. 세금을 징수하고 물건을 몰수하고 노동자를 징발하는 국가권력에는 사실상 제한이 없었다. 국가는 노동력과 세수원을 파악하기 위해 모든 부락에 조직적인 실태조사를 실시했다. 또 지방영주들의 칙령만으로, 현대 산업사회의 기준으로 봐도 놀랄 만한 엄청난 규모의 묘, 피라미드, 요새와 성곽 등 방위시설 그리고 궁궐 등을 건설하기 시작했다. 그럴 때마다 으레 개미 떼처럼 수많은 노동자가 동원되었다. 이집트에서는 조형물을 건설하기 위해 적어도 10만 명이나 되는 건강한 남자들이 계절마다 동원되었으며, 남자 8만 4,000명이 쿠푸왕조(Khufu,

이집트 제4왕조―옮긴이)의 왕을 위한 대(大)피라미드를 건설하기 위해 20년 동안 매년 80일이나 동원되었다. 중국에서는 만리장성을 건설하는 데 노동자 100만 명이 한꺼번에 투입되었으며, 또다시 100만 명이 대운하를 건설하며 피땀을 흘렸다. 수양제(隋煬帝)가 통치할 때는 매월 200만 명 이상이 동부 수도와 황제가 머무를 궁궐을 건설하는 데 투입되기도 했다.

정의와 자비를 부르짖는 철학과 종교가 발달했는데도 이 광대한 지역의 통치자들은 흔히 법과 질서를 유지하기 위해 협박과 폭력, 노골적인 테러를 사용했다. 신하들은 통치자에게 무조건 복종해야 했다. 이들은 의무적으로 지배자의 면전에서 엎드려 기어 다녀야 했다. 중국에서 평민은 앞으로 엎드려 머리로 땅을 치고 흙에 입을 맞추며 굽실거려야 했다. 인도의 힌두교도 평민들은 국왕의 발을 껴안아야 했다. 파라오가 지배하는 이집트에서 신하들은 땅에 배를 대고 기어야 했다. 이 모든 고대제국에는 복종하지 않는 자를 뿌리 뽑아 처벌하는 무자비한 제도가 있었다. 첩자들은 지배자에게 잠재적으로 말썽을 일으킬 수 있는 자에 관한 정보를 제공했다.

처벌은 구타에서 사형에 이르기까지 종류가 매우 다양했다. 이집트에서는 세금징수원이 말 안 듣는 농민들을 구타하고 손과 발을 묶은 채 관개용 도랑에 집어던졌다. 모든 제국에서 공사현장에 배치된 감독들은 곤봉과 채찍을 들고 다녔다. 고대 인도에서는 사법권이 있는 행정관들이 말 안 듣는 사람들의 발바닥을 때리거나 거꾸로 매달거나 손가락 마디를 지지는 등 18가지 형(刑)을 선고할 수 있었다. 가령 경범자들에게는 18일 동안 매일 다른 새로운 고문을 하나씩 받도록 선고했으며, 중범자들에게는 이 모든 고문을 하루에 다 받도록 선고했다. 중국에서 황제는 경솔한 의견을 발설하는 자들을 어두운 감방에 가둬 거세하는 형벌을 내렸다.

고대제국의 수력사회

이러한 고대제국들에는 공통점이 또 하나 있었다. 이들 제국은 모두 위대한 역사가 위트포겔(Karl Wittfogel)이 '수력사회'(hydraulic society)라고 불렀던 사회였다. 이 제국들은 하천에서 물을 끌어다가 쓰는, 건조하거나 반건조한 기후의 평원과 계곡에서 발달했다. 댐, 운하, 배수 등의 공사로 관리들은 하천에서 물을 퍼올려서 농민들의 전답에 물을 댔다. 물은 생산하는 데 가장 중요한 요소였다. 물을 때맞춰 풍부하게 공급해야 노력 대비 제곱미터당 그리고 칼로리당 더 높은 수확을 거둘 수 있었다.

현대 학자 가운데 누구보다도 위트포겔은 인공적 수리관개에 의존하는 생산방식과 농업관리적 전제주의의 출현 사이의 관계를 밝혀내는 데 크게 이바지했다. 이 둘 사이의 관계에 대한 내 견해도 위트포겔의 견해에서 많은 부분 빌려왔지만, 그렇다고 그의 견해와 내 견해가 완전히 일치하는 것은 아니다. 나는 산업혁명 이전의 수리농업이 지나치게 농업관리적·전제주의적 관료체제의 발달을 반복적으로 야기했다고 생각한다. 왜냐하면 기계가 없었던 그때에는 수리농업을 확장하고 강화하려면―그 자체가 생식압력의 결과였다―개미 떼처럼 노동자들을 동원해 거창한 건설공사를 벌여야 했기 때문이다.

강이 크면 클수록 그 유역에서는 식량생산 가능성이 높아졌다. 그러나 그럴수록 식량생산 가능성을 현실적으로 이용하는 데 발생하는 문제도 커졌다. 적절한 시기에 물을 충분히 사용할 수 있도록, 강줄기를 갈라 다른 방향으로 흐르게 하는 전류용(轉流用) 운하와 급수용 지류운하, 배수로와 수문(水門) 등 대규모 수로망을 건설해야 했다. 너무나 많은 물이 한꺼번에 쏟아졌을 때 발생하는 피해를 막기 위해 수많은 댐과 제방과 배수로 등도 건설해야 했다.

이러한 공사들은 산을 옮기고 강둑을 새로 쌓고 강바닥 전체를 새로 파는 등 문자 그대로 지구의 표면을 바꾸는 규모여야 했다. 단일 기본계획에 충실한 소수의 강력한 지도자와 그들에게 순종하는 간부들만 이러한 엄청난 사업을 수행하는 데 필요한 수많은 노동자를 모집하고 조정하고 지휘하고 먹이고 재우는 일을 할 수 있었다. 그러므로 수리관개사업의 규모와 시설이 크면 클수록 그 체계의 전반적인 생산성은 더 클 수밖에 없고, 농업관리적 계급조직은 그 꼭대기에 군림하는 엄청나게 강력한 한 사람에게 복종하는 경향이 강할 수밖에 없었다.

인공적인 수리관개사업에 의존하는 수력사회는 빈번한 왕조의 변동과 반복적인 야만족의 침략에도 불구하고 스스로를 되살리는 특유의 능력이 있었다. 그 능력은 정치적 구조와 그것이 생태환경에 적응하는 기본적 능력이 상호작용하면서 생겨났다. 권력 전체가 최고 통치자와 그 일족에게 집중된다는 것은 모든 정치적 힘의 방향이 한 방향으로 행사된다는 것을 뜻했다. 그렇지만 국가기구의 규모가 너무 크고 복잡했기 때문에 고위관료와 하위관료들은 자신의 밑에 있는 백성을 희생시켜 야심을 충족시킬 수 있었다. 현명한 통치자가 중용과 정의를 중시하더라도 관료계급은 농민의 복지를 희생시키며 자신들의 사욕을 채우기 급급했다.

국가는 왕조가 얼마나 오래 권좌를 유지하는지에 따라 기하급수적으로 부패했다. 곧 사람들은 공공사업을 올바르게 관리하지 않게 되었다. 이에 따라 수로의 제방들은 물이 새기 시작했고 운하는 진흙으로 메워졌으며 생산성은 떨어졌다. 완전한 무능, 인간의 착오, 자연재해가 겹쳐 체제를 좀먹는 파괴적인 힘으로 작용했다. 그러므로 천하를 다스리던 왕조는 더 이상 농민을 보호하고 먹여 살릴 수 없게 되었다.

불화와 알력으로 분열된 왕조는 성 밖에서 쳐들어오는 야만족, 이웃제국의 군대 또는 내부 반란민 앞에서 약할 대로 약해지곤 했다. 그렇게 되면 왕조는 무너지기 마련이다. 이는 이집트, 메소포타미아, 인도 그리고 중국 역사에서 반복해 일어났던 일들이다. 새롭게 왕좌를 차지한 지도자들도 제국적 부를 누리기 위해서는 다른 여지가 없었다. 그것은 바로 수로를 수리하고 운하를 청소하고 제방을 재건하는 등 수력을 이용하는 수리관개의 생산양식을 회복시키는 것이었다. 그렇게 되면 새로운 순환이 시작된다. 생산은 증가할 것이고 극빈의 처지를 면한 농민 사이에서 여아살해와 낙태율은 낮아질 것이며 인구밀도는 다시 높아질 것이다. 그러나 인구밀도가 높아지면 생산성은 떨어질 것이고 부패한 관료들은 점점 더 무절제하게 자신들의 호주머니를 채울 것이다. 결국 영세농민들은 다시 극빈의 구렁텅이로 빠지고 왕조의 지배권을 노리는 투쟁이 또다시 터져 나오게 될 것이다.

위트포겔이 주장했듯이, 수력사회이론의 핵심은 레닌과 스탈린이 숨기거나 간과한 수많은 마르크스의 저서에 서술되어 있다. 다만 마르크스는 인도와 중국의 독특한 정치경제적 성격을 이른바 '아시아적 생산양식'의 탓으로 돌렸다. 마르크스는 이렇게 서술한다.

헤아릴 수 없이 아득한 옛날부터 아시아의 정부들에는 대체로 세 개 부서만 있었다. 대내 수탈부서인 재정부, 대외 수탈부서인 전쟁부, 마지막으로 공공사업부가 그러하다.

이집트와 인도, 메소포타미아와 페르시아 그리고 기타 지역에서 관개용 운하를 활용한 용수공급이 고도로 이루어지고 있다. 자발적인 결사가 탄생하기엔 문명이 덜 발달하고 영토가 너무 넓은 동양에서 물을 경제적으로 이용하고 공동으로 사용해야 한다는 필요성 때문에 중앙집권적 정부권력이 필연적으로 개입되었다.

마르크스의 세계혁명계획 가운데 이 부분이 레닌과 스탈린 치하에서 인기가 없었던 이유는 농업이 아닌 공업을 기반으로 세워진 국가공산주의나 '프롤레타리아독재'도 고도로 발달한 새로운 형태의 관리적 전제주의체제에 불과했기 때문이었다. 또 다른 이유는 마르크스가 아시아의 여러 사회를 '정체된 사회'라 하며 이런 사회는 순전히 내부 과정만으로는 그 이상 진전할 가망이 없다고 보았기 때문이었다. 이는 마르크스주의의 다른 국면과도 부합되지 않는다. 왜냐하면 그는 사회 내부의 모순은 계급투쟁을 유발하고 계급투쟁은 모든 역사를 이해하는 열쇠라고 주장했기 때문이다. 수력사회, 즉 인공적 수리관개에 의존한 사회에도 많은 모순과 계급투쟁이 있었지만 그것들은 근본적인 변화에 대해 유달리 저항적이었던 것 같다.

수력사회이론을 비판하는 사람들은 고대제국의 관료제에는 엄청나게 많은 노동자와 중앙집권적인 통제가 필요한 단계 이전에 이미 관개수로망과 홍수통제체계가 존재했다고 항변한다. 예컨대 시카고 대학의 애덤스(Robert Adams)는 왕조 초기의 메소포타미아에서는 대부분 소규모로 관개했기 때문에 자연적인 물의 흐름을 거의 바꾸지 않았고 오직 소규모의 운하만 건설했을 뿐이라고 말한다. 따라서 남부 메소포타미아에서 발흥한 강력한 왕권이 주요 운하체계와 관련 있다고 볼 수 있는 근거를 어디서도 찾아볼 수 없다는 것이다.

이에 대한 반론으로서 나는 이렇게 지적하겠다. 즉 위트포겔의 이론은 국가의 기원에 관한 이론이 아니라 제국적 성격을 띤 어떤 국가체제의 고도화된 전제주의적 성격과 그 오랜 지속성의 기원에 관한 이론이라고 말이다. 애덤스도 메소포타미아제국의 원숙기에는 고도로 집권화된 농업관리적 관료층이 엄청난 규모의 수리관개사업의 건설과 관리에 끊임없이 관심을 기울였음을 부인하지 않는다. 메소포타미아왕조의 역사는 수리관개사업의 규모가 커지고 복잡해질수록 그만큼 '정부의 중앙집권적 간섭'도 증가했다는 위트포겔의 주장을 전적으로 확인해준다.

부처는 최근 위트포겔의 이론을 고대 이집트의 수리관개사업과 그 관리상의 여러 특징에 적용하기를 거부했다. 애덤스와 마찬가지로 부처도 수리관개사업에 대규모로 투자하기 전에 이집트는 이미 왕조단계에 도달해 있었다고 주장한다. 그는 더 나아가 "물에 대한 경쟁은 지역적 수준 이외에는 쟁점이 된 적이 없었으며, 전국적으로나 지역적으로 또는 국소적으로도 수리관개사업에 종사하는 중앙집권화된 관료기구가 있었다는 증거도 찾아볼 수 없다"고 주장한다. 마지막으로 "생태환경의 문제는 지역적 수준에서 다루어졌다"고 결론 내린다.

부처는 이집트왕조의 수리관개체계가 영속적으로 탈중심화되어 있던 것은 침수지대인 나일강의 넓은 평원이 강물의 수위가 올라 제방을 넘을 때 침수되는 저지대가 구역별로 나누어져 있기 때문이라고 말한다. 1960년 아스완댐이 나일강과 침수된 평원을 가로질러 건설되기 전까지 메소포타미아에서와 마찬가지로 각 구역은 제방을 넘은 물이 하류 쪽으로 흘러가는 것을 막을 도리가 없었다. 부처에 따르면 인공적인 공사는 소규모로, 주로 강과 그 연안 분지들을 분리하고 분지와 분지 사이를 분리하는 기존의 자연적 제방과 둑길을 확장하고 보강하는 수준이었다고 한다.

위트포겔의 이론에 대한 부처의 반론은 그 자신이 제공한 많은 자료와도 모순된다. 그는 위트포겔이 무엇을 말하고 있는지 이해하지 못하고 있는 것 같다. 가령 스콜피온왕의 직장(職杖, 공직자가 권위의 상징으로 들고 다니는 장식용 지팡이—옮긴이)의 끝에는 제방공사나 운하건설이 시작된 기원전 3100년대의 한 통치자가 그려져 있다. 부처는 이러한 증거들이 수문으로 범람과 배수를 조절하고 횡단제방과 종단제방을 사용해 물을 가두는 등의 인위적인 수리관개시설이 제1왕조 때 이미 확립되어 있었음을 보여준다는 것을 인정한다.

부처는 중기왕국(The Middle Kingdom, 기원전 2000년) 초기에 착공한 거창한 수리관개시설들은 파이윰호(湖)의 수위를 조절하고 나일강 하구의 삼각주의 배수를 위한 것이었음을 인정한다. 그러면서도 그는 이러한 기념비적인 대공사들은 예외적일 뿐이며 왕조의 정치조직을 이해하는 데는 별 의미가 없다고 본다. 또한 지방관리가 직접 물의 배분을 규제하고 관리할 수 있었다면서도 한편으로는 수리관개시설에 놀라울 만큼 높은 수준의 기술이 필요하다고 주장한다.

자연적으로 생긴 제방을 더 높고 튼튼한 제방으로 개조하는 일, 자연적으로 강줄기가 갈라지고 넘쳐 생긴 지류를 확장하고 준설하는 일, 자연적으로 생긴 집수나 배수하는 물줄기들을 흙댐과 수문으로 차단하는 일, 범람으로 침수된 지역을 댐을 쌓아 관리할 수 있는 단위로 세분하는 일, 또 다른 특별한 목적으로 사용할 수 있는 단위로 댐을 세분하는 일, 임시로 제방을 자르거나 둑을 쌓거나 짧은 운하망과 수문을 설치하거나 하는 방법으로 세분한 침수지역 중 유수지로 물이 넘치지 않도록 통제하는 일.

부처는 이러한 작업을 하기 위해서는 건장한 노동자가 대량으로 투입되어야 한다는 것도 인정한다. 그는 나일강의 '단위구역'별로 인구가 일시에 동원되었다고 생각하는 듯하다. 그러나 한 단위구역에도 상류와 하류에 하나씩 적어도 두 그룹이 이었으므로 이러한 결론은 분명히 잘못된 것이다. 강의 수위가 높아졌을 때, 단위구역의 제방과 순환배수로의 상태가 적절치 못하다면 하류는 홍수를 겪게 된다. 나일강의 수위가 보통 이상으로 높아졌을 때, 상류 쪽 제방 하나가 무너지면 해당 단위구역뿐 아니라 그다음 단위구역도 마찬가지로 위협받는다. 걷잡을 수 없는 홍수가 단위구역의 사이에 설치한 제방들을 손쉽게 싹 쓸어버릴 수 있기 때문이다. 상류의 단위구역에서 물의 양을 조절하지 못해 하류의 단위구역에 영향을 미칠 때는 여러 단위구역에서 대응해야 했다.

부처 자신도 연례적으로 홍수를 조절하지 못하면서 발생한 참상을 굶주림, 빈곤, 대량매장, 방치된 채 썩어가는 시체, 자살, 식인, 무정부상태, 대혼란, 대량이주, 반란, 대량약탈, 강도단의 횡행, 공동묘지 약탈 등으로 생생하게 묘사한다. 수위가 너무 높거나 낮아서 이 지상의 어떠한 힘으로도 통제할 수 없는 경우도 있었을 것이다. 그러나 사막에 인공적으로 산을 만들기 위해 돌덩이를 쌓을 사람 10만 명을 동원할 수 있는 정부라면 물이 너무 많거나 없어서 비상사태에 빠졌을 때 그 피해를 줄이기 위한 어떠한 일이라도 거리낌 없이 수행했을 것이다.

자연과 문화의 장기적 진행 과정의 다른 수많은 사례가 그러했듯이, 정상상태가 아닌 비상사태나 극단의 사태가 '수력의 생산양식'(hydraulic mode of production)에 대한 정치적 적응형태를 결정했다. 이집트에서와 마찬가지로 중국에서도 수리관개와 홍수통제의 주요 시설이 제대로 기능을 발휘하고 있을 때는 고도로 중앙집권화된 정부의 도움 없이도 관개농업이 번성할 수 있었다. 그러나주요 하천의 거대한 댐과 제방이 홍수나 지진으로 위협받게 되었을 때는 오직 중앙정부만이 충분히 큰 규모로 인력과 자원을 동원할 수 있었다. 예컨대 한나라 때 산서성과 하남성의 황하 유역 대평원은 인구밀도가 최고 수준에 달해 있었다. 주기적으로 범람하는 황하는 둑을 넘어 평원의 광대한 지역을 삼켰다. 이런 재해를미리 막기 위해 중앙정부가 제방과 둑길의 건설을 지휘하고 감독해야 했다. 이것은 홍수철에 저수량을 늘리는 효과가 있었지만 만약 둑에 갇힌 물마저 넘친다면 피해도 그만큼 커졌다.

기원전 132년 황하가 제방을 무너뜨려 16개 지역이 홍수에 잠겼으며 이때 물은 평원을 가로질러 완전히 새로 생긴 지류로 흘러갔다. 농민 수천만 명이 피해를 입었다. 무너진 제방은 한무제(漢武帝)가 몸소 현장으로 가서 친히 보수를 감독할 때까지 23년동안이나 방치되었다. 기원후 2년 또다시 제방이 무너졌다. 이번에는 강 전체가 진로를 바꿔 바다와 만나는 하구가 종전보다 약160킬로미터나 떨어진 곳에 새로 생겼다. 다시 한번 보수공사가시작되었고 이번에는 수십 년 동안 계속되었다.

이러한 사실에서 두 가지 결론을 도출할 수 있다. 첫 번째 결론은 촌락이나 군(郡), 심지어 주정부 수준의 노력만으로는 이 엄청난 사업을 충분히 감당할 수 없다는 것이다. 그렇지 않다면 사람들은 파괴된 제방을 보수하는 데 그 많은 세월을 보내지는 않았을 것이다. 두 번째 결론은 누구든지 하천을 다스릴 수 있다면 그 사람이 곧 문자 그대로 수없이 많은 사람의 수명과 복지를 다스릴 사람이라는 것이다.

내가 보기에는 고고학자들이 찾아낸 각종 기록은 일관성 있게 '수력사회이론'의 편에 서 있다. 이 이론이 처음으로 형성되었을 무렵에는 신세계에서 농업관리적 국가와 제국이 탄생하게 된 조건에 관해 알려진 것이 거의 없었다. 1930년대 말에 위트포겔에게 자극받은 고고학자들이 남아메리카 원주민국가들의 형성기에도 수리관개사업이 있었는지 처음으로 조사했다.

컬럼비아 대학과 하버드 대학 고고학자들의 최근 연구에서 콜럼버스가 아메리카대륙을 발견하기 이전 페루의 고지대와 해안지대에서 발달했던 문화는 수리관개체계의 규모가 커지고 복잡해지면서 한 걸음 한 걸음 착실히 성장했다는 사실을 알 수 있다. 샌더스와 맥네이시가 메소아메리카, 즉 중부아메리카에서 발굴한 유적들도 역시 수리관개사업의 중요성을 확인해준다. 앞에서 지적한 바와 같이 인공적인 수리관개를 활용한 농업은 테오티우아칸이나 아스테카왕국에서의 생계를 책임졌다.

위트포겔에 따르면 수력사회이론은 현대를 사는 우리에게도 시사하는 바가 있다. 그는 농업관리적 전제주의의 기원을 특정 생태환경적 조건에서 찾아낸다. 그러면서 그것이 일단 존재하게 되면 원래 발생지인 건조성기후의 하천 유역을 멀리 벗어나 다른 지역을 정복하며 퍼져나갔다는 사실을 강조한다. 예컨대 그는 몽골인이 중앙아시아와 동부 유럽을 정복하면서 농업관리적 전제주의의 형태를 중국에서 러시아로 옮겨 심었다고 주장한다. 제정러시아에서는 '동양적 전제주의'와 똑같은 제도가 20세기에 접어들어서도 사라지지 않고 있었다. 위트포겔의 견해로는 볼셰비키혁명과 레닌의 '프롤레타리아독재'는 국가성립 이전 단계에서 누리던 자유를 회복하길 바라는 과정에서 겪는 일시적 사건이 아니었다. 오히려 이는 중앙집권적인 정부권력을 복원하고 착취하고 통제하는 산업적 수단을 발전시키며 제정러시아의 독재를 강화하는 결과를 초래했다.

중국을 살펴보자. 위트포겔은 중국의 공산주의혁명을 고대의 제국적 통치제도의 복원으로 본다. 왕조가 또 한 번 무너지고 그 사이에 잠깐 외국이 지배한 다음 또 다른 왕조가 새롭게 창건되었다고 보는 것이다. 현대 중국이 여전히 수리관개에 의존하는 사회구조인 것을 보면 위트포겔의 이러한 분석은 산업사회적 생산양식이 지배적이었던 러시아보다는 중국에 훨씬 더 들어맞는 것 같다.

어느 경우든 위트포겔은 자유를 위협하는 본질이 무엇인지 분석하는 데 지나치게 단순한 '단락반응적'(短絡反應的, short-circuited) 접근을 하는 것 같다. 전제주의적 전통은 그 자체로 독자적인 생명력을 취득해 한 생산양식에서 다른 생산양식으로, 한 생태계에서 다른 생태계로 이전된다. 하지만 나는 그러한 전제주의적 전통 때문에 우리가 위험에 처해 있다고 믿지 않는다. 위트포겔의 이론이 나에게 시사해주는 것은, 어떤 국가수준의 생산체계가 생산을 집중적으로 강화하고 있을 때 전제주의적 통치형태가 탄생할 수 있으며, 일단 자리 잡은 전제주의적 통치는 몇천 년 동안 인간의 의지와 지성을 무력화할 수 있다는 점이다. 이 말은 나아가 인간은 한 생산양식에서 다른 생산양식으로 이행하는 기간에만 의식적인 선택이 가능하다는 것을 함축한다. 한 사회가 저하된 능률을 회복하기 위해 어떤 특정한 산업기술적·생태환경적 전략을 채택해 실천한 다음에는 그 후 기나긴 세월 동안 어리석은 선택이 초래할 결과에 대해 속수무책으로 아무것도 할 수 없을 수 있다.

14

자본주의는 어떻게 발생했는가

자본주의는 이윤의 무한한 증가라는 명분 아래
생산의 무한한 증가에 전념하는 제도다.
그러나 생산은 무한정 증가될 수 없다.
자본주의적 기업들은
전제정치와 가난의 제약에서는 해방되었으나
자연의 제약과는 아직도 계속 대결해야 한다.

새로운 봉건제의 탄생

수력사회이론은 이집트, 메소포타미아, 인도, 중국 그리고 잉카와 페루의 사회제도가 현저하게 하나로 수렴된 것을 잘 설명해준다. 왜 자본주의와 의회민주주의가 세계의 다른 어느 지역에 나타나기도 전에 유독 유럽에서 먼저 발달하게 되었는가 하는 의문을 풀기 위한 연구에도 방향을 제시한다.

알프스산맥의 북쪽에는 나일강도 인더스강도 황하도 없었다. 그곳에서는 겨울의 눈과 봄의 비가 밭의 작물과 목장의 목초가 충분히 자랄 수 있도록 습기를 공급했다. 또 인구는 인공적인 수리관개를 필요로 하는 강 유역과 달리 분산되어 있었다. 큰 강 유역은 이미 오래전에 지평선 끝까지 사람들의 정착지로 가득 찼지만 북유럽은 훗날 아메리카대륙이 유럽의 진출을 기다리듯 지중해와 동양의 진출을 기다리고 있었다. 유럽의 변경들은 그때까지도 원시림으로 뒤덮여 있었다(그렇지만 인구밀도가 온대지방인 북아메리카대륙보다 높았다. 북미대륙에서는 가축이 없었는데, 이는 인구증가를 더욱 더디게 하는 요인으로 작용했다).

북유럽에서 최초의 국가는 일정 구역 안에 인구가 밀집해서 생긴 것이 아니었다. 전부 지중해 연안에 포진한 제국들의 군사적 위협에 대항하기 위해, 그리스와 로마의 거대한 부가 제공하는 무역과 약탈의 기회를 이용하기 위해 생긴 제2단계 국가들이었다.

대부분 학자는 철기시대의 갈리아족, 프랑크족, 튜튼족 그리고 브리튼족의 정치조직을 족장사회(chiefdom)라고 부르지만, 그것들은 국가의 지위로 들어서는 문턱을 분명히 넘어선 사회였다. 이

사회들은 트로비안드족이나 체로키족처럼 재분배를 베푸는 추장들이 다스리는 조직보다는 부뇨로족이 세운 봉건국가와 비교해야 한다. 기원전 500년에 이르기까지 유럽인의 사회생활은 고도로 계층화되었다. 인더스강 유역으로 침입한 베다족처럼 프랑크족, 갈리아족, 튜튼족 그리고 브리튼족은 세 가지 세습적인 신분, 즉 전사들을 거느리는 우두머리인 귀족, 제사의식과 기록 및 일력(日曆)을 계산하는 드루이드교 성직자 그리고 농촌에서 살거나 그 고장을 다스리는 수장의 영지(嶺地)에 속한 목장 겸 농장에서 사는 평민으로 나뉘어 있었다. 이 사회의 맨 꼭대기에는 자리를 세습받았거나 그러지 않은 무사 출신 왕이 있었는데, 왕은 어느 집안 또는 혈족 중 한 명이었다.

왕과 그의 수장들은 재분배잔치를 주관해 똑같이 분배하고 나누어 먹던 아낌없는 후한 '대인'의 이미지를 그대로 유지하려고 애쓰면서, 한편으로 법과 질서를 유지하고 군사행동을 하는 데 필수적인 무기를 독점적으로 소유했다. 그들은 전차, 말, 갑옷, 무쇠로 만든 검을 독점했다. 평민들은 제사용으로 곡물, 소 등을 바쳐야 했고 수장이나 왕이 소집할 때는 부역의 의무를 다해야 했다. 평민들은 재빨리 정중하게 상전의 요구에 응했다. 너무나 일방적으로 '공물만 바치고' 자신에게 돌아오는 것이 없어 불만을 품게 된 평민이나 수장 또는 족장들이 왕권을 피해 도망쳐 숨을 인적 미답(人跡未踏)의 숲이 아직도 많았지만, 사회는 재분배자가 추종자의 자발적인 관대함에 의지해야 했던 단계를 이미 넘어서고 있었다.

북유럽의 조그마한 나라들이 통일된 단일의 전제주의국가로 발전하지 못한 것은 적합한 인물들이 없었기 때문이 아니다. 아일랜드의 영웅담 '베어울프'(Beowulf)나, 북유럽의 사가, 호메로스의 『일리아드』(Iliad) 등에는 블로크(Marc Bloch)가 '얄궂은 귀여운 군주들'이라고 부른 실의에 빠진 족장들이 가득 등장한다. 전투에 몸을 던져 돌진하고 절규와 나팔 소리가 울려퍼지는 가운데 도시를 약탈하고 남자와 소년들을 살육하고 선혈이 낭자한 적의 머리를 매단 전차에 부녀자를 납치해 태워가는 켈트족의 왕과 족장들은 역사상 가장 무자비한 인물로 표현된다. 피고트의 말을 빌리면, 그들은 거들먹거리고 함부로 폭언을 퍼붓는, 다루기 힘든—자기를 조금이라도 모욕한다는 생각이 들기만 해도 대뜸 칼을 빼 들고 귀족임을 티 내느라 윤기 흐르는 콧수염을 문질러대는—참을성 없는 패거리들이었다.

　　그런데도 켈트족의 왕국은 여전히 작은 나라들로 뿔뿔이 갈라져 있었다. 평민들은 상전의 보호를 벗어나 다른 족장에게로 갔다. 전사들이 손을 잡고 새로운 제휴관계를 형성하면 이는 새로운 지배가문의 등장과 낡은 지배가문의 몰락을 알리는 신호였다. 왕국의 모든 사람이 자신의 고향을 이탈해 한 지역에서 다른 지역으로—벨가에족(Belgae)은 영국으로, 헬베티족(Helvetii)은 스위스로, 킴브리족(Cimbri), 튜튼족, 암브로니족(Ambroni)은 갈리아로, 스키타이족은 트란실바니아로—무더기로 옮겨갔다. 로마인들은 이 느슨하고 유동적인 봉건왕국들을 로마제국의 주(州)로 통합했다. 최초로 거대한 석조건물과 훌륭한 도로를 건설했으며, 화폐제도, 정기적인 조세징수제도 그리고 재판제도를 확립했다. 이런 것들은 아직 국가를 세울 준비가 거의 되어 있지 않았던 시골에서는 순전히 형식에 불과했다. 각 주의 수도 밖에서는 로마시민이 된 프랑크족, 갈리아족, 켈트족 그리고 튜튼족의 후손들이 외딴 부락에서 생계를 위해 소규모로 농사짓고 살았다. 수공으로 제조된 품목과 농산물의 교역은 로마제국의 지중해 주변 지역과 비교해 아직 초보단계에 머물러 있었다. 사실상 모든 사람이 문맹상태였다. 5세기경 로마가 몰락하자 알프스산맥 저편의 유럽이 다시 이러한 '암흑시대'로 되돌아간 것은 아니었다. 거기에서 빠져나온 적도 없었으니 말이다. 유럽이 다시 되돌아간 곳은 봉건왕국이었다.

동족집단의 수장과 왕들, 로마제국의 옛 지방장관과 장군들, 군벌, 농민지도자 그리고 강도들은 전에 로마의 주였던 지역들을 잘라내어 봉건왕국을 새롭게 세웠다. 물론 봉건제가 완전히 회복된 것은 아니었다. 로마의 통치 아래서도 인구는 증가했고, 수많은 반떠돌이 유목민도 한 곳에 정착해 완전히 정주적인 형태로 축산과 농경이 혼합된 농업에 종사해야만 하는 처지였다. 이 새로운 봉건제는 로마 이전의 다양했던 제도보다 더 엄격하고 더 공식화된 것이었다. 농민들은 새로운 귀족계급이 지배하는 영지, 즉 장원(莊園)에 딸린 농노로서 영구히 예속되었다. 농민들은 영주와 그의 기사 그리고 장인들을 먹여 살리기 위해 식량과 노동과 물자를 충분히 제공하는 대가로 쫓아내지 않겠다는 약속과 도적과 약탈자에게서 보호해주겠다는 약속을 받았다. 기사와 영주, 힘이 약한 왕후와 힘이 센 왕후는 충성의 서약을 교환했고, 그것들은 정치적인 위계질서를 공식적으로 정립했다.

농노제의 실시가 봉건제에 엄격성과 경직성을 불어넣었는데도 로마 이후 유럽의 정치조직은 수리관개에 의존한 대하천 유역의 제국들과 여전히 대비되었다. 대내 약탈과 대외 약탈, 공공사업을 관장하는 중앙부서가 존재하지 않는 것이 두드러진 특징이다. 조세징수와 전쟁수행, 도로와 운하의 건설 그리고 재판을 관장하는 전국적 부서도 없었다. 생산의 기본단위는 독립적이고 자급자족 적이며 비에 의존해 농사짓는 장원이었다. 더 힘센 왕후들이라 해도 그들에게는 각각 독립적이고 작은 장원에서 벌어지는 생산활동을 중단하거나 촉진할 경제적 방도가 없었다.

수리관개에 의존하는 수력사회의 전제군주와는 달리 중세 유럽의 왕들은 농경지에 물을 대줄 수도 빼줄 수도 없었다. 왕이 자신의 성에 앉아 내리는 칙령과는 상관없이 비는 내렸던 것이다. 생산의 진행 과정에서 방대한 노동자를 조직할 필요가 없었다. 위트포겔의 말을 빌린다면, 비에 의존한 농업에서는 수리관개에 의존하는 농업 같은 거국적인 협동체제를 설립할 필요가 없었다. 그리하여 봉건귀족들은 진정한 전국적 정부조직을 설립하려는 모든 시도에 저항할 수 있었다. 왕은 동양적인 전제군주로 변신하지 않고 단지 평등한 사람 가운데 제1인자로 남아 있었다. 영국의 왕 존(John)이 1215년 러니미드에서 한 것처럼 유럽의 왕들은 대체로 평민에게 과세하는 귀족들에게 간섭을 자제해야 했다. 영국의 귀족들이 존에게서 얻어낸 「마그나카르타」(Magna Carta, 1215년 존이 귀족들의 강압에 따라 승인한 칙허장—옮긴이)는 의회대표제(그때에는 아직 의회가 없었다)의 보장이 아니라 귀족들이 각자 자신의 성에서 '왕'으로 남아 있을 수 있도록 보장함으로써 중앙집권적인 전제주의가 탄생하는 것을 막을 수 있었다.

'암흑시대'라는 악명이 자자하지만 중세 초기에는 인구가 증가하고 농업생산이 확장되고 강화되었다. 500년 무렵 알프스산맥 건너편의 유럽에는 사람이 평방킬로미터당 약 14명 정도밖에 살지 않았다. 그러나 1086년 영국은 인구밀도가 평방킬로미터당 48명에 달했다. 500년이 지나서야 비로소 철제토기와 톱이 일반 농민도 사용할 수 있을 만큼 저렴해진 것이다. 사람들의 정착지는 남아 있는 임야와 습지와 늪의 가장자리까지 확장되었다. 벌목, 집 짓기, 울타리 치기 등도 활발해졌다.

편자가 발명되면서 짐을 끌고 나르는 사역동물로서 말이 자주 이용되었다. 기술이 발달하면서 새로운 종류의 쟁기도 나오게 되었다. 끝에 묵직한 무쇠를 덧붙이고 수레바퀴 위에 얹어놓은 이 신종 쟁기는 비가 많이 내리고 숲이 우거진 지역의 진흙땅과 찰흙땅에 깊은 밭고랑을 낼 수 있었다. 밭고랑이 깊이 파였기 때문에 사람들은 쟁기질할 필요가 없었다. 이로써 밭의 단위면적당 경작하고 휴경하는 횟수를 줄일 수 있었다. 다시 말해 폭보다 길이가 더 길수록 좋았다. 이러한 새로운 농지의 모양은 윤작법의 개선을 촉진했으며 이는 농지를 휴경할 필요성을 줄이게 했다. 이 모든 체계가 장원의 특징적인 생산관계에 훌륭히 부합했다. 농민은 장원의 대장간, 무거운 쟁기, 사역동물을 이용할 수 있었고 인접 농지에 출입할 수 있었다. 이런 것은 농민이 각자 농사짓는 경우에는 허용될 수 없었다. 그렇다면 왜 이 제도는 14세기 이후까지 지속되지 못했을까.

봉건제가 붕괴한 이유

봉건제가 어떻게 붕괴되었는지에 관한 설명은 대개 10세기와 11세기에 무역과 제조업이 발달하며 봉건적인 모든 관습상의 의무가 수요와 공급의 시장관계로 전환되었다는 사실에 주목하면서 시작한다. 월러스타인(Immanual Wallerstein)이 지적한 바와 같이, 한 제도로서 봉건주의가 무역과 상반되는 것이라고 생각해서는 안 된다. 봉건영주들은 언제나 도시의 성장과 도시에 기반을 둔 장인과 상인들의 발전을 권장했다. 이런 것들이 장원의 농산물을 장원이 제공할 수 없는 여러 가지 재화와 서비스로 쉽게 바꿀 수 있게 해줬기 때문이다. 봉건영주들은 이데올로기적으로도 물건을 사고팔고 이윤을 남기는 것에 결코 반대하지 않았다. 그러므로 우리는 왜 도시와 시장이 봉건적 질서를 무너뜨리기 시작하는 데 500여 년 이상 걸렸는지 해명해야 한다.

그 이유는 농노와 자유농민들이 전통적인 농사활동으로 비교적 높은 생활수준을 유지할 수 있는 동안에는 도시와 시장의 성장이 느렸기 때문이다. 상업적인 생활이 봉건제를 위협하는 단계까지 발달하려면 인구밀도가 증가하기를 기다려야 했다. 인구밀도가 올라가면 효율이 떨어진다. 효율이 떨어지면 농민에게나 영주에게나 모두 농업의 이윤율이 떨어진다. 이런 사정 때문에 봉건영주들은 수입보충원을 찾게 되었는데 그 가운데 가장 중요한 것이

양모를 얻기 위해 양을 치는 일이었다. 이렇게 양치기가 늘면 식용작물을 경작할 땅, 즉 농지가 점점 줄어든다. 결국 대부분 농민이 빈민화해 도시와 양모생산지로 이주하게 된다.

이러한 과정에 대한 내 설명은 대부분 윌킨슨(Richard Wilkinson)의 저서에 크게 힘입은 것이다. 윌킨슨은 『빈곤과 발전』(*Poverty and Progress*)에서 13세기 영국에서 경지의 비옥함과 종자의 산출량은 줄어들었다고 말한다.

중세 농업방식의 균형이 무너졌다. 경작지는 비료를 충분히 대줄 수 있을 만큼의 목장 및 증가하는 가축 수에 발맞추어 확대되지 못했다. 땅을 쉬게 하는 휴경기간이 단축되었다. 그래서 메마른 땅까지도 경작하기에 이르렀다.

사람들은 농토에 석회와 이회토(泥灰土)를 뿌리고 이랑에 밀짚을 태운 재를 뿌리고 더 촘촘히 파종하고 새로운 종자를 실험하는 등 제곱미터당 소출을 늘리려고 시도했다. 그러나 별 효과가 없었다. 전반적인 생산은 증가했으나 인구가 더 빨리 증가했다. 밀 값은 12세기 말에서 14세기 초에 거의 3배 올랐으며, 같은 시기에 영국의 양모수출도 40퍼센트나 늘었다. 곡물가격의 상승은 가족을 먹여 살릴 만한 농지가 없는 농가들을 공공의 생활보호 없이는 살아가지 못하는 극빈상태의 문턱으로, 아니 그 문턱 아래로 끌어내리는 것을 의미했다.

내가 야노마모족의 인구증가에 관한 논의에서 지적했듯이, 산업혁명 이전에 생태계가 지나친 부담과 고갈을 겪게 되는 직전 및 직후에는 여아살해가 최고에 달한다. 이 명제를 지금 다시 야노마 모족에게 실험해볼 수는 없지만, 중세 후기 영국에서는 그러한 자료를 얻을 수 있다. 러셀(Josiah Russel)에 따르면 1250년과 1358년 사이에 청소년기의 남녀 성비가 130 대 100으로 치솟았고, 이런 엄청난 불균형은 그 후로도 1세기 동안 계속되었다. 물론 유대교적·기독교적 전통의 사회에서는 유아살해를 살인으로 간주했으므로 부모들은 유아의 죽음이 원하지 않은 우연한 사고인 것처럼 보이도록 갖은 노력을 다했다.

13세기 및 14세기 영국의 유아살해에 관한 켈럼(Barbara Kellum)의 조사에 따르면 어린이가 스토브에서 냄비가 떨어지며 쏟아진 뜨거운 물에 데어 죽거나 냄비를 가득 채운 우유에 빠져 죽거나 우물에 떨어져 죽으면 검사관을 불러오곤 했다고 한다. 그러나 '사고사'의 가장 빈번한 원인이었던 질식사는 교구의 주임사제가 다루었다. 질식사는 관례적으로 '압사'(壓死)로 돌렸다. 또 그 어머니에게 공식적으로 경고하거나 참회하게 하거나 아니면 빵과 물만 먹도록 식사를 제한하거나 했지 그 이상으로 가혹한 처벌은 거의 내리지 않았다.

당시 어머니에게는 자기 침대에서 아이에게 젖을 먹여 키울 권리와 자기 옆에서 재우지만 깊은 잠에 빠져 아이를 깔아뭉개지 않도록 주의해야 할 의무가 있었다. 이러한 상황에서 아이가 죽었을 때는 살해의도가 있었는지를 증명할 수 없었다. 그러나 아이를 길러야겠다는 강한 동기가 있는 어머니라면 거의 아이를 깔아뭉개지 않았을 것이다. 중세 후기 남아와 여아의 엄청난 성비불균형은 바로 이것이 사고가 아니라 고의적인 여아살해라는 것으로만 설명할 수 있을 것이다.

높은 여아살해율에도 불구하고 영국의 인구는 1348년 영국 역사상 최악의 전염병인 흑사병이 대유행하면서 인구의 4분의 1 또는 절반이 목숨을 잃을 때까지 계속 증가했다. 영양실조와 면역력의 상관관계에 대해 알려져 있는 것들로 유추해봤을 때 흑사병에 걸려 죽은 대부분 사람의 영양수준은 그리 좋지 않았을 것이다. 시골에서 도시로의 인구이동과 촌락밀집도의 전반적인 상승 등이 이 대참사의 발생원인과 관련이 있음은 확실하다.

이 전염병의 여파로 유럽은 정치적·경제적으로 심각하게 불안한 시기에 접어들었다. 대대적인 농민봉기, 메시아사상의 전파, 제멋대로 날뛰는 이교도의 출현, 유대인 대량학살, 가톨릭교회 내의 교파분열, 이교도를 진압하기 위한 십자군과 종교재판소의 창설, 끊임없이 이어지는 전쟁으로 봉건왕국은 꼭대기에서 밑바닥까지 송두리째 뒤흔들리고 있었다. 이러한 혼란의 와중에 전쟁이 벌어졌으니 그 명칭이 적절하게도 백년전쟁(1337~1453)이다. 이 모든 것이 축적된 결과, 장원이 중심인 생산양식에 따른 생산강화는 생태적 한계를 맞게 되었다. 그리고 우리가 자본주의라고 부르는 새로운 생산양식이 출범하기 전에, 신석기문화의 출현이라는 '혁명'과 시원적 초기 국가의 새로운 등장에 선행했던 위기와 비슷한 위기가 조성되고 있었다.

이 점을 좀더 분명히 하기로 하자. 나는 생태환경과 생식압력만으로 14세기 봉건제의 위기를 설명할 수 있다고 생각하지 않는다. 봉건영주들의 농민착취, 상인과 은행가 등 새로운 계급의 출현 같은 다른 요인도 영향을 미쳤을 것이다. 봉건귀족의 압력과 새롭게 출현하는 상업적 이해집단의 압력은 중국에서 관료의 부패된 야욕이 수많은 왕조를 무너뜨리는 데 한몫했던 것과 마찬가지로 이 위기를 조성하는 데 한몫했다. 나아가 만약 농민들이 생산에 주력하도록 지배계급이 압력을 덜 가했다고 하더라도 위기를 피하고 생활수준을 궁핍함 이상으로 유지하기 위해 인구성장은 일시적으로 멈췄을지 모른다. 아마도 유아살해에 대한 교회의 반대 역시 인구성장을 촉진하고 위기를 조성하는 데 일조했을 것이다.

그러나 생태환경적 요인도 무시할 수 없다. 양모를 생산하기 위해 땅 주변을 울타리로 둘러싼다 해도 울타리 밖에 있는 땅의 추가생산능력이 한계수익의 한계를 이미 넘어섰을 만큼 개발할 대로 개발한 뒤가 아니라면 '울타리 치기'(Enclosure)는 그다지 엄청난 결과를 초래하지 않았을 것이다. 그리고 궁극적으로 기후상 어떤 교란요인 때문에 생식압력만으로도 새로운 생산양식으로의 전환을 준비하는 토대가 충분히 마련될 수 있었으리라는 것에는 의심할 여지가 없다. 결국 생산강화, 자원고갈, 새로운 생산양식이라는 이 순환운동은 계급이 없는, 국가형성 이전 단계의 소집단 및 촌락사회에서 이미 시작되었다. 그러므로 우리는 봉건제가 원래부터 정치적·경제적 이유와 생태학적 이유 때문에 불안정하며, 우리가 지닌 현재의 지식으로는 전자에게나 후자에게나 그 어느 것에 대해서도 인과관계상 큰 의의를 둘 수 없다고 결론 내릴 수밖에 없다.

새로운 제도로 대체된 봉건제

한 가지 의문이 남아 있다. 왜 흑사병 이후의 인구감소는 수력
사회에서 왕조가 교체된 뒤 발생한 생활수준의 상승 및 하락과 비
슷한 인구와 경제의 상승 및 하락을 불러오지 않았는가. 다시 말
해 왜 봉건제는 위기가 지나갔을 때 원상태로 돌아가지 않고 완전
히 새로운 제도로 대체되었을까. 여기에서도 나는 봉건사회와 수
력사회의 대조적인 생태환경적 조건에 주목한 위트포겔의 이론에
서 답을 찾을 수 있다고 믿는다. 생태학적 요인과 정치경제적 요
인 사이에는 상호작용이 존재한다는 것을 다시 한번 강조하면서
말이다.

수력사회에서 백성의 궁핍화와 왕조의 붕괴는 수리시설의 쇠퇴
및 방치와 전형적으로 연관되었다. 새 왕조가 첫 번째로 해야 할
일은 수리관개 기반시설을 복구하는 것이었다. 이는 새로 들어선
왕조가 어떻게 하느냐에 달려 있었고, 새 왕조는 이타주의에서가
아니라 정치적·경제적 복지를 극대화하는 것에 대한 관심에서 이
일을 해나갔다. 새 왕조가 수리관개 기반시설을 복구하는 것을 자
신들의 과제로 정하고 이에 헌신한다는 것은 자동적으로 농업관
리적·전제주의적 정치경제로 전체 사회를 묶는 일이었다.

다른 한편 유럽 봉건제가 위기에 처했을 때는 식용작물을 경작
하는 데 필요한 땅에 울타리를 치고 동물을 사육함으로써 농민들
이 땅을 잃게 된 것이 문제였다. 그러나 상인과 제조업자의 편으

로 돌아선 영주들은 양 떼를 몰아내고 토지를 농민에게 돌려주고 모직물의 제조를 금지하지 않았다. 그들에게 시급한 정치적·경제적 복지의 극대화는 다시 이전으로 돌아가는 데 있지 않았다. 오히려 더욱 전진해 더 많은 양을 기르고 더 많은 모직물을 제조해 자본을 축적하기 위해 제한 없이 시도하는 데 있었다. 한마디로 장원제도는 복원되지 않았다. 오히려 장원제도는 과학기술과 기계생산을 기초로 하는 제도, 즉 자본주의와 의회민주주의에 대체되고 말았다.

자본주의에서 재화와 서비스의 배분은 대부분 축적된 화폐, 즉 '자본'을 지배하거나 이에 접근할 수 있는 '회사'가 수행한다. 회사는 자본을 축적하고 자본이윤율을 극대화해 최대한 빨리 효율적으로 더 많은 자본을 축적하고자 한다. 회사는 기술의 측면에서 경쟁자들을 능가하고 단위당 원가를 줄이면 이윤율을 높일 수 있다. 그러므로 기술혁신은 곧 자본축적과 사업성공의 열쇠가 된다. 이번에는 과학이 기술혁신을 가능하게 하는 열쇠를 제공한다. 그리하여 봉건제의 위기를 해결하기 위해 등장한 자본주의, 과학 그리고 기술혁신이 유럽에서 처음 서로를 보강하는 특이한 복합체를 형성한다.

이러한 복합체의 여러 특징은 수력사회, 즉 인공적인 수리관개에 의존하는 사회에도 있었다. 가령 중국에서도 토지의 사유제, 농산물과 공산품의 가격을 형성하는 시장, 돈 많은 상인, 금융조직망과 상인조직체가 있었다. 농민들은 이윤을 극대화할 목적으로 지방의 시장에서 물건을 매매했다. 더욱이 중국 황제들은 과학과 기술의 혁신을 장려했다. 사실 14세기까지 중국의 과학과 기술의 발전은 유럽의 그것에 못지않았다. 최근의 역사학 연구는 중국이 시계의 가장 중요한 부품, 즉 꽉 감은 태엽이 빨리 풀리지 않게 하는 탈진기(脫進機)를 개발했음을 밝혀낸 바 있다. 모순적이게도 유럽인들이 동양을 정복할 때 사용했던 화약을 발명한 것도 중국이었다. 정부가 댐, 운하, 수리시설을 직접 관리하고 설치한 덕분에 중국의 물레방아는 유럽의 물레방아보다 우수했다.

중국 과학기술사의 대가인 니덤(Joseph Needham)은 중국의 수력을 활용한 야금용 분출기를 증기기관차의 직계조상 정도로 생각한다. 니덤은 최초의 컴퓨터, 운하의 갑문, 쇠사슬로 된 현수교, 최초의 기계조작식 크랭크, 뱃고물의 기둥에 다는 방향키, 사람을 들어 올리는 연 등을 발명한 것도 중국이라고 본다. 1313년 중국인들은 유럽의 다축방적기의 직계조상인 수력방적기를 실험하고 있었다.

이처럼 위대한 기술발전에도 불구하고 왜 중국은 유럽의 선례에서 위협과 자극을 받아 산업적 생산양식을 발전시키지 않았을까. 중국에서는 경쟁자보다 앞선 기술이 있어도 그것으로 이윤을 늘리고 자본을 축적하지 않았다. 중국인이 상업활동을 하는 데 중요한 변수는 농업관리적 관료층, 즉 마르크스가 말한 '대내수탈부'의 지원 유무였다. 황제의 권력과 적당한 인맥이 닿아 있지 않으면 이윤을 남겨도 부패한 관리들에게 빼앗길 수 있었다. 무역허가증도 일방적으로 정지당할 수 있었다. 돈이 너무 잘 벌리는 사업은 언제나 정부의 눈치를 보아야 했다. 달리 말해 중국에서는 농업관리적 국가가 발달하고 나서야 사적 무역이나 사적 제조업이 발달했다. 이는 중요했지만 중앙집권적인 정치경제체제에 의존하고 있었다.

자본주의가 등장한 이유

위트포겔도 말했듯이 수력사회의 지배자들은 자본가적 기업들을 고작 쓸모 있는 정원 정도로 대접했다. 최악의 경우 그들은 자본을 기반으로 성립한 기업들의 무성한 수풀을 깎고 잘라 줄기만 앙상하게 남겼다. 이와 대조적으로 중세 이후 유럽에서 사기업과 상업은 의회주의나 군주제도와 함께 출현했거나 이보다 앞서 나타나기도 했다. 왕의 권리와 상인들의 권리는 봉건적 제약과 한계라는 공통된 하부지층을 뚫고 출현한 것이었다. 왕과 상인들은 봉건제 이후의 정치와 경제를 지배하기 위해 경쟁했다.

영국, 프랑스, 스페인의 군주들은 백성의 생활에 비인간적이고 야만적으로 간섭할 수 있었지만 그들의 전제정치는 거대한 재산의 소유자와 돈 많은 거상의 반대에 부딪혀 언제나 제약받았다. 위트포겔이 말했듯이 유럽의 절대주의적 통치자들도 동방의 동료들이 했던 것처럼 무자비하게 음모를 꾸미고 잔인하게 사람을 죽였다. 그러나 박해하고 착복할 수 있는 그들의 권력은 토지를 소유한 귀족과 교회 그리고 도시에 제한받았다. 독재군주들은 도시자치권을 제한할 수 있었으나 파괴하지는 못했다. 유럽의 왕들이 신에게서 통치권을 위임받았다며 왕권신수설과 절대적 왕권을 주장했을 때 프랑스와 영국의 부르주아들은 이를 좌절시켰다. 유럽에서 고대 이집트의 파라오나 남미 잉카제국의 사파 잉카('유일한 잉카'라는 뜻으로 잉카제국의 황제를 가리킨다—옮긴이) 같은 존재가 되려 했던 자들은 곧 하늘을 대표한다는 자신들의 권리를 포기하거나 단두대의 이슬로 사라졌다.

인류학적인 시각에서도 17세기와 18세기 유럽에서 부르주아적 의회민주주의가 출현한 것은 지난 6,000년 동안 국가발전 과정의 주요 특색이었던 자유가 노예제로 전락한 보기 드문 반동이었다. 위트포겔은 "계급투쟁은 다중심적이고 개방된 사회에서는 사치품"이라고 말하며 모든 역사는 계급투쟁의 역사라는 마르크스와 엥겔스의 주장에 반대했다. 아마 이를 좀더 나은 방식으로 표현한다면—왜냐하면 나는 계급투쟁이 수력사회에서도 잠재적인 형태로나마 존재했다는 것을 부인하지 않기 때문이다—유럽과 미국에서는 최근에 들어서야 비로소 하층계급이 국가의 통제에 대항해 공개적으로 투쟁할 자유를 얻게 되었다고 말해야 할 것이다.

땅에 머리를 박고 조아리는 관습을 몹시 싫어하는 사람, 문화와 사회에 관한 과학적 지식을 추구하는 일이 가치 있다고 생각해 연구하고 토론하고 비판하는 권리를 소중히 여기는 사람, 사회가 국가보다 위대하다고 믿는 사람, 이런 사람이라면 그 누구도 유럽과 미국에서 발달한 민주주의를 자유를 향한 행진의 정상적인 산물이라고 생각하지 않을 것이다. 마찬가지로 자본주의를 문화진화 과정의 종점이라고 생각하는 것도 위험하다. 자본주의적 생산양식의 강화가 그 제도 아래에서 우리가 지금까지 누려왔고 잠깐이나마 활짝 꽃피운 귀중한 권리와 자유에 위협을 제기한다는 것을 무시해서는 안 된다.

마르크스를 포함한 가장 혹독한 자본주의 비평가들도 유럽에서 사업체와 은행 등 기업조직체의 발생과 관련 있는 식량 및 제품생산의 급상승이 전례 없는 일이라는 것을 언제나 인정한다. 그렇게 많은 개인이 다종다양한 기업에서 생산을 늘리기 위해 그토록 신속하고 부지런하게 노력한 적은 이제까지 없었다. 나는 생산적 노력에서 이렇게 '일대 약진'할 수 있었던 비결이 부를 축적하려는 야심만만한 개인의 이기적인 시도들에 가해졌던 정치적·사회적·도덕적 제약들이 완화되었기 때문이라고 믿는다.

유럽의 기업가들은 '대내수탈부' 같은 것이 자신들의 사업이 성장하는 것을 막을까 두려워할 필요 없이 사업에 열중할 수 있었던 역사상 최초의 사람들이었다. 그들은 자신들이 부자가 되도록 도와준 친구들이나 친척들에게 부를 나누어주어야 하는지도 걱정하지 않았다. 옛날의 '대인'처럼 기업가들은 자기들의 추종자들―이제 종업원이라고 부른다―을 더 부지런히 일하게 함으로써 부를 축적했다. 그러나 솔로몬섬의 무미들과 달리 기업가들은 추종자들에게 자기를 따르도록 애걸하거나 감언이설로 구워삶거나 유혹할 필요가 없었다. 자본을 지닌 기업가들은 '도움'을 돈으로 살 수 있었고 일손을 고용할 수 있었다(일손뿐 아니라 등, 어깨, 발, 머리도 고용할 수 있었다). 기업가들은 야유회에서 그들에게 무엇이든 거저 주겠다고 약속할 필요도 없었다. 종업원들은 옛 '대인'들의 경우에서처럼 친척이나 친구가 아니었기 때문에 기업가들은 생산한 것 가운데 더 많은 몫을 달라는 그들의 요구를 쉽게 무시할 수 있었다. 하물며 손이나 등, 어깨, 발, 머리 따위를 남에게 빌려주는 처지에 있는 사람들은 이 문제에서 달리 선택할 여지가 없었다.

토지와 기계에 접근할 수 없는 '일꾼'들은 '고기와 지방', 즉 실속 있는 알맹이를 기업가들이 차지하는 권리의 정당성을 인정하지 않고서는 일자리를 얻을 수조차 없었다. '일꾼'들은 잔치에 초대받을 수 있기 때문이 아니라 오직 굶어 죽지 않기 위해 기업가를 도왔다. 요컨대 마침내 현대판 '대인'인 기업가들은 자본축적이 부의 재분배나 종업원의 복지보다도 고차원적인 의무라고 생각할 수 있는 자유를 누리게 되었다.

그렇다면 자본주의는 이윤의 무한한 증가라는 명분 아래 생산의 무한한 증가에 전념하는 제도다. 그러나 생산은 무한정 증가될 수 없다. 자본주의적 기업들은 전제정치와 가난의 제약에서는 해방되었으나 자연의 제약과는 아직도 계속 대결해야 한다. 생산의 수익성이 무한정으로 확대될 수는 없다. 단위시간당 특정 생산 과정에 투입되는 땅, 물, 광물, 식물의 양적 증가가 생산강화의 구성요소가 된다. 생산강화는 필연적으로 능률을 떨어뜨린다는 사실을 증명하는 것이 이 책의 부담스러운 측면이다. 그러한 능률저하는 평균생활수준에 틀림없이 나쁜 영향을 미친다.

분명히 해야 할 것은 환경적 고갈 역시 이윤하락을 초래한다는 점이다. 수요공급의 법칙에 따르면 희소성이 있으면 가격이 상승하기 때문에 이러한 상관관계는 이해하기 쉽지 않을 것이다. 또 가격이 상승하면 1인당 소비는 감소한다(생활수준의 하락을 나타내는 시장징후). 만약 감소한 1인당 소비가 인구증가나 국제시장에서의 점유율 상승에 기초한 전체 매출의 확대로 상쇄된다면 이윤은 일시적으로 유지될 수 있을 것이다. 그러나 곧 환경적 고갈로 가격의 상승곡선은 소비의 상승곡선을 앞지르게 되고 이윤율은 떨어지기 시작할 것이다.

이윤율 하락에 대한 기업의 전통적인 반응은 지나치게 생산활동의 강도를 높였던 모든 생산양식의 반응과 정확히 똑같다. 기업가들은 환경적 고갈과 효율의 감소를 보충하기 위해 인력 대신 기계를 도입함으로써 생산원가를 절감하려고 한다. 이러한 기계들은 더 많은 자본을 필요로 한다. 따라서 기계를 도입하면 평균보다 많은 창업비용이 들지만 결과적으로 단위당 생산원가는 절감된다.

이처럼 끊임없는 생산강화를 택한 제도는 마찬가지로 끊임없는 기술혁신을 달성해야만 비로소 살아남을 수 있다. 기술향상과 가차 없이 악화되는 생산조건들의 경쟁결과에 따라 생활수준을 유지할 수 있는지가 결정된다. 현재 상황으로는 기술이 패배하려고 한다.

15

산업의 거품

얼마나 빨리 그리고 어느 정도의 규모로

산업국가들의 생활수준이 떨어질 것인지는

얼마나 늦게 화석연료에서 대체연료로 전환하느냐에 달려 있다.

심각한 가난에 빠질 가능성을 무시해서는 안 된다.

화석연료가 고갈된다는 피할 수 없고 절박한 상황을

마주하면서도 우리는 자원을 낭비하는 속도를

아직도 줄이지 못하고 있다.

기술혁신

사회주의든 자본주의든 수력사회든 신석기나 구석기시대든 생산활동을 빠르게 강화하는 모든 방식은 공통적인 딜레마에 부딪힌다. 시간당 생산에 투입되는 에너지의 증가는 자력으로 재생하고 자정하고 자생하는 생태계의 능력에 필연적으로 과중한 부담을 줄 것이다. 어떠한 생산양식이든 능률의 저하가 야기하는 파국적 결과를 피하는 방법은 단 하나뿐이다. 그것은 더 능률적인 기술을 개발하는 것이다. 과거 500년 동안 서유럽의 과학기술은 인류 역사상 가장 빠르고 무자비하게 생산강도를 강화하는 생산방식과 앞다퉈왔다.

과학과 공학의 발전 덕에 산업국가의 평균생활수준은 과거 어느 때보다도 높아졌다. 다른 무엇보다도 이 사실이 발전할 수밖에 없다는 우리의 믿음, 말하자면 미국 상공회의소나 코민테른이 공유했던 이 믿음을 떠받쳐주었다. 나는 여기에서 재빠른 기술혁신과 생산강화 사이의 경쟁은 500년 동안 진행되었으나 생활수준은 불과 150년 전부터 향상되었다는 사실을 강조하려고 한다. 봉건제 이후 대부분 시기에 노동절약을 위해 끊임없이 정교한 기계가 도입되었는데도 생활수준은 극빈상태를 맴돌았으며 전례 없을 정도로 깊은 바닥으로 떨어졌을 때도 많았다.

윌킨슨도 지적했듯이 1500년에서 1830년 사이 영국에 도입된 모든 중요한 기술혁신은 강제로, 즉 자원부족이나 인구증가, 가차 없는 생식압력에 대한 직접적인 반응으로 달성되었다. 이 모든 진행 과정의 이면에는 날로 심각해지는 농토부족현상이 있었다. 농토가 부족해지자 사람들은 제조업과 도시에서의 생업으로 내몰렸다. 그리하여 최대의 기술혁신은 동시에 최대의 인구증가, 최고의 생활비 그리고 가난한 사람들에게는 최악의 고난을 의미했다.

흑사병 이래 처음으로 인구가 급증했던 16세기에 광업과 제조업은 산업혁명이 있었던 18세기만큼 빠른 속도로 발전했다. 놋쇠 제조와 금속류의 거래가 특히 활발했다. 철강업은 작은 대장간에서 대형 용광로의 시대로 옮겨가면서 대량생산체계로 접어들었다. 유리나 벽돌의 제조, 증류식 제염, 양조업 등 모든 분야에서 급속한 팽창과 생산강화가 진행되었다. 영국은 더 이상 원모를 수출하지 않고 직물 완제품을 제작하기 시작했다. 그러나 영국의 숲들은 엄청나게 증가하는 건설자재용 목재와 연료용 숯의 소비량을 감당해낼 수 없었다. 17세기에 발생한 격심한 '목재기근'을 해소하기 위해 탄광업이 강화되었다. 광부들은 석탄을 찾아 지하수 아래로 수갱을 팠다. 그들은 물을 빼내기 위해 산허리에 배수로를 뚫었다. 채탄층이 이러한 배수로보다 더 깊어지자 그들은 말을 이용해 펌프질을 했고, 이어서 양수차를, 마침내 증기펌프를 이용하게 되었다.

한편 대부분 공장은 계속 수력으로 움직였다. 얼마 안 가 영국에서는 더 이상 양을 치지 않았으며 그 대신 인도에서 헐값으로 솜을 수입했다. 면직공장을 돌리기 위해 더 많은 수력이 필요했으나 곧 양수차를 설치할 마땅한 공간마저 없어졌다. 이런저런 사연 끝에 비로소 와트(James Watt)와 볼턴(Matthew Boulton)이 방적기를 회전시키는 증기기관을 처음으로 설계하게 되었다.

제조업이 확장되자 교역량이 늘어났다. 사역동물만으로는 이제 더 이상 하물량을 감당해낼 수 없었다. 상인들은 사륜마차, 이륜수 레를 많이 이용해야 했다. 그러나 수레의 바퀴들은 도로의 노면을 전부 망가뜨렸다. 따라서 다른 수송수단을 제공하기 위한 회사가 조직되었다. 그들은 운하망을 건설했고 말이 달릴 수 있는 철로 를 만들어 실험해보았다. 운하에 있는 배, 말 네 마리가 끄는 왜건 (wagon), 말 한 마리가 끄는 카트(cart)를 가동하는 데 수많은 말이 필요했다. 그러나 말에게 먹일 목초를 기를 경지는 계속 줄어들었 다. 곧 목초생산비가 기관차에 들어가는 석탄생산비를 웃돌게 되 었다. 그때―바로 1830년―비로소 증기기관차의 시대가 시작되 었다.

윌킨슨의 주장에 따르면 이 모든 것은 팽창하는 사회가 부딪혀 야 했던, 생산이 늘며 발생하는 어려움을 때맞춰 해결하기 위한 시도였다. 영국에서도 1830년 전까지 가장 똑똑한 자가 영악한 지 식의 힘으로 이룩해놓은 기술이, 걸신 들린 듯 천연자원을 집어삼 키는 자본주의라는 사회제도의 식욕을 앞지른 적은 단 한 번도 없 었다. 흑사병 이후 500년 동안 영국 노동계급의 가난과 고통에는 이렇다 할 변화가 없었다.

18세기 영국의 생활수준에 관한 기존의 평가는 중산계급의 성 장에 초점을 맞춤으로써 실제보다 과장된 장밋빛 그림을 그렸다. 1500년 이후 줄곧 중산계급이 착실히 성장한 것은 분명하나 19세 기의 4분의 3이 지나기 전까지 이들은 유럽 인구의 일부에 불과했 다. 당시 부의 분포는 오늘날 여러 저개발국가의 사정과 극히 비슷했다. 우리가 멕시코시티나 봄베이의 마천루를 보고 속아 넘어가는 것처럼 18세기 사람들도 런던이나 파리의 번화함, 쾌적한 도시환경과 시설에 감쪽같이 속아 넘어갔을 것이다. 그러나 인구 가운데 불과 10퍼센트의 사람만이 누리는 화려한 빛의 이면에서는 겨우 입에 풀칠하며 비참한 삶을 이어가는 나머지 90퍼센트의 사람이 있었다.

가난과 고통의 발생

미국에서는 우리의 역사인식을 왜곡할 정도로 중산계급이 유럽에서보다 훨씬 빨리 성장했다. 그러나 북아메리카의 경우는 매우 예외적이라 할 수 있다. 미국인들은 사람들이 밀집해서 산 적이 없는 한 대륙을 통째로 차지했던 것이다. 청동기시대일지라도 토지와 숲과 광물 등 천연자원이 그토록 풍부한 허허벌판이 있었다면 100년 동안은 생활수준을 개선할 수 있었을 것이다. 유일하게 유럽만 처음 3세기 동안의 급격한 기술발전에도 불구하고 시련을 겪었다. 유럽에서는 기술발전이 농민들의 어려움을 덜어주지 못했을 뿐 아니라 오히려 도시에 지독한 가난과 퇴폐라는 완전히 새로운 형태의 생활양식을 탄생시켰다.

몇 가지 사실은 논쟁할 여지가 없다. 기계가 커지면 커질수록 기계를 돌려야 하는 사람들은 더 오랫동안 더 고되게 일해야 했다. 1800년대에 이르기까지 공장노동자와 광부들은 웬만큼 줏대 있는 아프리카의 부시먼족이나 남태평양의 트로브리안드족, 북아메리카의 체로키족 또는 이로쿼이족이라면 도저히 참지 못할 악조건에서 하루에 열두 시간을 일에 매달려야 했다. 새로 들여놓은 노동절약적 기계장치의 운전자들은 수레바퀴와 샤프트가 부딪히며 내는 온갖 소음, 먼지, 매연 그리고 고약한 냄새와 사투를 벌이다가 근무시간이 끝나면 이와 벼룩이 우글거리는 어두컴컴한 오두막집으로 퇴근했다. 전과 다름없이 부자들에게만 고기를 먹을 여유가 있었다. 햇빛이 부족하고 비타민 D가 포함된 음식을 먹지 못해 생기는 구루병이 도시와 공장지대의 풍토병이 되었다. 영양가 낮은 식사가 원인인 폐결핵과 기타 질병의 발병률도 역시 높아졌다.

직접적 또는 간접적 유아살해는 중세 못지않게 큰 규모로 계속 행해지고 있었다. 법적으로 과실치사 아니면 고의적 유아살해로 볼 수 있는 사건도 대부분 사고사로 끝났다. '압사'가 높은 비율을 차지했고 원하지 않는 아이는 진(독한 술의 일종―옮긴이)이나 아편을 먹여 죽이거나 일부러 굶겨 죽이기도 했다. 랭어(William Langer)에 따르면 18세기에는 런던이나 그 밖의 대도시에서 거리나 쓰레기통에 버려진 어린아이의 시체를 드물지 않게 찾아낼 수 있었다. 교회 앞에 버리는 것이 바람직했으나 발각될 위험이 너무 컸다. 마침내 의회가 개입하기로 결정했다. 아이를 버리는 자에게 벌을 주는 대신 그들에게서 아이를 모아들이기 위한 여러 가지 제도가 마련되었다. 버려진 아이를 양육하는 고아원도 설립되었다. 이제 부모들은 고아원 문에 설치된 회전상자에 아이를 넣는 방법으로 비교적 안전하게 부담을 덜 수 있었다.

그러나 정부는 어린아이들이 성인이 될 때까지 그들을 양육할 비용을 감당할 수 없었다. 곧 고아원은 사실상 그들을 살해하는 곳이 되었다. 주요 기능은 살해를 독점하는 국가의 권리를 법적으로 증빙하는 것이었다. 1756년과 1760년 사이에 어린아이 1만 5,000명이 런던 최고의 고아원에 들어갔다. 이 가운데 4,400명만이 청년기까지 살아남았다. 고아 수천 명이 교구의 작업장에 고용된 유모들의 손에서 죽어갔다. 비용을 절감하기 위해 교구의 직원들은 유모라 부르는 여인에게 고아들을 맡겼다. 살아서 도망친 예를 찾아볼 수 없다고 해 유모들에게 '살인자 유모' 또는 '여자도살자'라는 별명이 붙었다.

유럽에서는 19세기 초까지 고아원으로 들어가는 아이들이 꾸준히 증가했다. 프랑스에서 1784년에는 4만 명이, 1822년에는 13만 8,000명이 고아원에 수용되었다. 1830년까지 프랑스 전국에 회전상자 270개가 설치되었고 1824년부터 1833년까지 10년 동안 유아 33만 6,297명이 이 상자를 통해 합법적으로 유기되었다. 회전상자에 자기 아기를 버리는 어머니들은 이것이 강에 집어던지는 일과 다름없다는 사실을 알고 있었다. 고아원에 있는 아이의 80퍼센트에서 90퍼센트가 출생한 해를 넘기지 못하고 죽었다.

인구통계학상 과도기 진입

1770년대 말까지 유럽에는 인구통계학자가 말하는 이른바 '전근대적' 현상이 만연했다. 당시 출생률과 사망률은 매우 높았고 (1,000명 가운데 출생 약 45명, 사망 약 50명), 따라서 인구의 연간 증가율은 0.5퍼센트에 머물렀으며 출생 당시 평균수명은 약 30세였다. 절반 이상의 어린아이가 15세가 되기 전에죽었다. 18세기 국세조사의 신뢰도가 가장 높다는 스웨덴에서는 출생 신고된 유아의 21퍼센트가 출생 후 1년 이내에 사망했다.

1770년 이후 유럽의 일부 국가는 인구통계학자가 '초기 과도기'라고 부르는 국면에 접어들었다. 출생률은 대체로 거의 변동이 없었으나 사망률은 두드러지게 감소했다. 이것이 반드시 생활수준의 향상을 의미하지는 않는다. 현대 저개발국가들의 인구동향에 관한 조사는 '초기 과도기'에 사망률이 감소해 인구가 증가해도 보건 및 복지의 수준은 변하지 않거나 오히려 악화되기도 한다는 것을 보여준다.

화이트(Benjamin White)는 자바섬 중부지방의 가난한 농민에 대한 최근 조사에서 부모는 아이를 기르는 데서 오는 이득과 비용을 비교해 조금이라도 이득이 크면 아이를 기른다는 것을 발견했다. 아이 수와 소득 사이의 상관관계는 수많은 저개발국가가 자발적인 가족계획으로 인구를 통제하는 효과가 천천히 나타나는 이유를 설명하는 데 도움이 될 것이다. 아이를 양육함으로써 얻을 수 있는 순이익이 이에 들어가는 비용보다 더 크기 때문에 더 많은 아이를 낳아 기르는 데 성공한 가정은 비록 그동안 인구 전반의 생활수준은 낮아졌을지라도 자신들의 이웃보다는 좀더 잘살았을 것이다.

18세기 말 유럽에서는 아동노동에 대한 수요가 대단했다. 한 가정 안에서도 아이들은 양털을 방모(紡毛)하는 일, 실을 뽑는 일, 옷감을 짜는 일, 그 밖에 기업에서 하청받은 일을 하는 각종 '가내공업'에 참여해 일손을 도우며 한몫했다. 작업장이 공장으로 옮겨지자 임금을 적게 줄 수 있고 성인보다 더 고분고분한 아이들이 흔히 중요한 노동의 공급원이 되었다. 그러므로 산업혁명 초기에 사망률이 감소한 것은 식사, 주거, 보건이 전반적으로 상당히 개선되었기 때문이 아니라 아동노동에 대한 수요가 증가해서라고 보는 게 타당하다. 예전 같으면 유아 때 이미 방치되거나 버림받거나 살해당했을 아이들에게 이제는 적어도 공장에서 일할 수 있는 나이가될 때까지 살 수 있는 미덥지 않은 특권이 주어진 것이다. 비록 아이들이 폐결핵에 걸려 죽기 전까지, 단 몇 년뿐일지라도 말이다.

봉건제 이후 첫 3세기 동안 기계화와 과학기술발전이 저지른 실수는 누가 보더라도 명백했다. 결국 유럽에 널리 만연한 비참한 삶과 수난이 프랑스혁명의 불씨가 되었다. 1810년 영국 공장지대의 노동자들은 "빵이 아니면 피"라고 외쳤다. 가난에 찌든 대중이 단지 먹기 위해 도둑질하는 일이 잦아졌다. 1806년에서 1833년 사이에 영국에서는 절도범이 540퍼센트나 증가했다. 1806년에서 1833년 사이에는 2만 6,500명이 교수형에 처해졌다. 대부분 얼마 안 되는 돈을 훔친 절도범들이었다. 기술혁신과 경제성장이 한창이던 1798년 팽배해진 혁명의 공포와 노동계급의 처참한 참상은 영국의 목사 맬서스가 빈곤과 고통은 피할 수 없다는 유명한 이론을 제시하게 했다. 생활수단은 더 빨리 증가하기까지 했다. 맬서스는 인구증가와 식량공급이 결코 균형을 되찾지 못할 것이라고 주장하지는 않았다. 오히려 그는 자제와 금욕으로 인구증가를 억제하지 않는다면 전쟁, 유아살해, 기근, 전염병, 유산, 바람직하지 않은 피임법 등으로 인구가 억제될 것이라고 경고했다. 과거에 관한한 맬서스는 절대적으로 옳았다. 그러나 그는 어떻게 산업생산이 새로운 피임법과 결합해 생활수준을 전례 없이 빨리 향상시킬 수 있었는지 예측하지 못했다는 잘못을 저질렀다.

불길한 예측 때문에 '우울한 학문'(dismal science)이라는 별칭으로도 불리는 맬서스와 그 밖의 19세기 경제학자들의 이론은 마르크스 같은 개혁파와 급진파에게 도전받게 되었다. 유럽의 농민과 노동자들을 삼킨 빈곤과 참혹한 불행은 자본주의적 정치경제의 고유한 법칙이 낳은 결과이지 결코 인간 존재 일반의 법칙에 따른 것이 아니라는 근거에서였다. 마르크스에 따르면 자본가들은 노동을 착취함으로써 이윤을 얻는다. 즉 자본주의하에서 임금은 인구의 증감과 상관없이 언제나 생계를 겨우 유지할 정도로 하락한다. 마르크스는 자본주의의 내재적 법칙은 필연적으로 소수의 금권정치가에게 부를 집중시키고 그 밖의 모든 사람은 가난하게 한한다고 주장했다. 맬서스와 마찬가지로 마르크스 역시 생활수준이 전례 없이 빨리 향상할 것을 예측하지 못한 것이다.

맬서스도 마르크스도—전자는 생식법칙에 지나치게 집착했고 후자는 생산법칙에 지나치게 집착했다—산업혁명으로 생산과 생식 사이에 완전히 새로운 상관관계가 조성되고 있다는 것을 파악하지 못했다. 생산양식에 큰 변동이 일어나던 이전의 모든 경우와 달리, 19세기 산업혁명은 노동효용의 엄청난 일대 약진을 몰고 왔으며 그러한 약진은 인구증가율의 상승이 아닌 인구증가율의 감소를 동반했다. 1800년대 초 무렵 식량과 그 밖의 여러 기본적인 생필품의 1인당 가용량이 전보다 훨씬 빠른 속도로 증가하고 있었는데도 1800년대 초에 연간 1퍼센트였던 인구증가율은 1세기 후에 0.5퍼센트로 떨어졌다. 아메리카대륙으로 떠난 사람이 증가해 유럽의 인구증가율이 완화된 것도 사실이지만 출생률이 1,000명당 45명에서 1,000명당 20명 이하로 떨어진 것이 주요인이었다.

인구통계학에서는 이러한 현상을 '과도기'라고 부른다. 세계 도처에서 경제학자와 정치가들은 출생률의 감소가 더 효율적인 기술을 채택한 데 대한 정상적인 반응일 것이라는 기대에 미래를 낙관했다. 그러나 인류학의 시각에서 볼 때, 이보다도 더 비정상적인 것은 없다. 이전까지는 노동생산성에 큰 변동이 있을 때마다 인구밀도가 급증하는 현상이 동시에 일어나거나 뒤따라 일어났다. 이것은 구석기시대에서 신석기시대로 전환했을 때도, 야노마모족이 돌로 만든 연장을 사용하다가 철제도구로 전환했을 때도, 중앙아메리카인들이 화전에서 치남파스로 전환했을 때도, 중국이 비가 아닌 수리관개에 의존하는 농업으로 전환했을 때도 그러했다. 이는 유럽에도 적용되는 이야기다. 청동기시대부터 중세를 거쳐 19세기에 이르기까지 급격한 기술혁신이 있었던 모든 시기에 인구는 급격히 증가했다.

그러면 왜 인구통계상 과도기가 발생했는가. 인류의 역사에는 지금까지 문화적으로 비상하게 중요한 3대 사건이 있었다. 연료혁명, 피임혁명, 직업혁명이다. 나는 이들이 결합해 인구통계상 과도기를 조성했다고 생각한다. 이제 이것들을 하나씩 검토해보자.

연료혁명

연료혁명이란 말은 증기, 디젤, 가솔린, 전기, 제트엔진을 농업, 공업, 광업 그리고 수송에 적용함으로써 노동생산성이 100배, 1,000배 또는 100만 배까지도 증가했던 일을 가리킨다. 이러한 엔진을 사용함으로써 인류는 과거 100년 동안 비교적 완만했던 인구증가율을 충분히 보충할 수 있을 만큼 땅 밑에 저장되어 아직 개발되지 않은 에너지, 즉 석탄과 석유를 대량으로 일시에 방출할 수 있었다. 하지만 이토록 엄청난 에너지를 동력화해 사용했는데도 어째서 수많은 사람의 생활수준을 대폭 향상시키지 못했을까. 나로서는 상상조차 하기 어려운 일이다. 석탄과 석유(이전 세대 사람들이 제한적으로만 이용할 수 있었던 나무, 바람, 물, 동물의 근력과는 달리)가 재생 불가능한 에너지의 공급원이라는 사실은 아주 중요하며, 이 문제에 대해서는 나중에 다시 논의할 것이다.

피임혁명과 직업혁명

나는 피임혁명이란 말을 기계적·화학적 장치로 임신율을 감소시키는, 안전하고 저렴한 방법의 발명이라는 뜻으로 사용한다. 양의 창자로 만든 최초의 콘돔은 18세기에 대대적으로 유행했는데 주로 매독을 예방하기 위해 사용되었다. 1943년 가황처리법(加黃處理法)이 발명되자 공장에서 '고무 콘돔'을 대량생산할 수 있게 되었다. 이와 더불어 19세기 말이 되면 중산계급은 질을 세정하거나 플러그를 끼우는 등의 방법으로 피임하기 시작했다. 20세기 초에 이르면 노동계급도 똑같은 피임법을 사용하게 된다. 유아

사망률이 급격하게 하락한 것에서 볼 수 있듯이 유아살해가 줄어들었다. 출생률도 마찬가지였다. 1830년 이전에 영국의 출생률은 1,000명 가운데 40명에 가까웠다. 이는 대체로 인도와 브라질 같은 현대 저개발국가의 출생률과 비슷하다. 1900년까지 그 비율은 1,000명 가운데 30명 이하로, 1970년까지는 1,000명 가운데 20명 이하로 떨어졌다.

인도에서의 피임기구 사용에 관한 맨더미(Mahmood Mandami)의 연구가 증명하듯, 효과적이고 비교적 통증이 없는 저렴한 피임기구를 사용할 수 있다는 것만으로는 출생률이 급격히 감소하지 않는다. 현대 피임기구들은 생식 과정에 간섭하는 비용을 절감시킨다. 그러나 가장 중요한 것은 여전히 생식이라는 자연 과정에 간섭하고 싶다는 동기 자체다. 다시 말해 사람들이 더 적은 아이들을 기르고 싶어 해야 하는 것이다. 그리하여 이 지점에서 직업혁명이 개입하게 된다. 이미 앞에서 시사했듯이 임신 가능성을 제한하기 위해 동기를 부여하는 문제는 본질적으로 부모가 되는 데 따르는 비용과 편익의 균형문제다.

산업화가 진행되면서 양육비가 증가했다. 특히 아동노동법과 의무교육제도가 도입된 후에 그러했다. 아이가 장성해 생활비를 벌고 부모에게 혜택을 줄 기술을 습득하기까지 전보다 더 많은 시간이 걸렸기 때문이다. 동시에 사람들이 생계를 꾸리는 전체 맥락과 방법도 바뀌었다. 가정은 (음식을 요리하고 아이를 낳아 보살피는 장소라는 점 말고는) 어떠한 생산활동도 하지 않는다. 가족들은 더 이상 자기네 농장이나 그 근처에서 노동하지 않는다. 오히려 사무실이나 상점이나 공장에서 다른 사람들과 함께 일한다. 이렇게 자녀를 양육함으로써 받을 혜택은 임금노동자로서 경제적으로 얼마나 성공했는지 그리고 부모가 늙어서 의료상 위기나 금전상 위기에 빠졌을 때 이를 구출하겠다는 자녀들의 자발적 의사가 어느 정도인지에 달려 있다.

통증 없는 피임과 달라진 경제활동의 구조―피임혁명과 직업혁명―는 현대 사회생활의 수수께끼를 푸는 열쇠다. 늘어난 수명과 나선형으로 치솟는 의료비는 자녀가 자라 늙어가는 부모에게 위안과 안정을 줄 것이라는 기대를 비현실적인 것으로 만들고 있다. 따라서 우리는 아이들이 늙은 부모를 돌보던 산업혁명 이전의 체제를 노령보험과 의료보험으로 대체해가는 과정에 있다. 이 과정이 완성되면 자식에서 부모로 흐르는 의미 있는 혜택의 흔적은 사라질 것이다.

미국에서 중산계급의 아이를 대학생이 될 때까지 키우는 데 부모가 부담하는 비용은 약 8만 달러다. 이 가운데 극소량만 돈이나 재화나 서비스로 되돌아온다(나는 아이들이 크는 것을 바라보며 느낄 수 있는 즐거움처럼 손으로 만질 수 없는 것도 행동에 영향을 준다는 사실을 부인하지 않는다. 그러나 아이 열 명을 키워서 웨이터나 웨이트리스가 되는 것을 바라보는 즐거움이 아이 한 명을 키워서 외과의사가 되는 것을 바라보는 즐거움보다 더 크다고 누가 단언할 수 있는가. 아니면 외과의사 한 명을 키워낸 여인이 자식 없이 사는 외과의사 여인보다 더 보람 있다고 누가 단언할 것인가). 이것이 미국에서 출생률이 계속 떨어지고 이혼, 노혼, 딩크, 동성연애, 동성혼 등이 증가하는 이유다. 실험적인 가족양식, 성해방, 세대 간 단절 등이 갑자기 화제가 되는 이유이기도 하다.

새로운 생산양식의 필요성

요약해보자. 우리는 이제 어떻게 과학기술이 생산강화, 환경적 고갈, 효율저하와의 경쟁에서 이겼는지 살펴봤다. 산업세계는 값싼 에너지의 방대한 공급원을 새롭게 개발했고 동시에 이 에너지의 노다지를 생식잠재력보다 훨씬 낮은 수준으로 증가하는 전체 인구에게 분배해주었다. 그러나 경쟁이 끝나려면 아직도 멀었다. 혜택은 일시적일 수 있다. 우리는 화석연료로 움직이는 기계를 사용한다는 것은 곧 환경과 자원의 고갈, 효율과 이윤율의 저하를 불러온다는 것을 천천히 깨닫기 시작했다. 석탄과 석유는 재활용할 수 없다. 그것들은 빨리 쓰든 느리게 쓰든 한번 써버리면 끝이다.

전문가들은 이용할 수 있는 석탄과 석유의 공급원이 현재 속도로 소비된다면 앞으로 얼마나 지속될지에 관해 의견이 서로 다르다. 쉘 석유회사의 휴버트(King Huburt) 박사와 미국 지질연구소는 석유생산은 1995년에 절정에 달할 것이며, 석탄생산은 2100년에 절정에 달할 것이라고 산출한다. 진짜 문제는 석유의 마지막 한 방울이 언제 없어질지, 석탄의 마지막 한 톤이 언제 채굴될지가 아니다. 풀의 마지막 잎사귀나 마지막 말 또는 마지막 순록이 없어지기 오래전부터 이런 자원고갈은 생활수준에 엄청난 영향을 미치게 된다. 우리가 석유와 석탄을 찾아 더 멀리 갈수록 더 깊이 팔수록 모든 산업활동에 드는 비용은 그만큼 커진다. 이러한 상황에서 볼 때 식량생산 등에서 에너지가 소비되는 속도는 재화와 서비스의 생산비가 상승하면서 저하되는 능률을 더욱 떨어뜨릴 뿐이다. 석탄과 석유가 귀해지면 귀해질수록 가격은 상승할 것이다. 그리고 산업사회에서 모든 제품과 서비스는 이 자원에서 나오는 에너지의 대량투입에 의존하기 때문에 인플레이션이 발생하면 건강과 복지에 꼭 필요하다고 생각되는 재화와 서비스를 사야 하는 사람들의 평균지불능력은 꾸준히 감소할 것이다.

얼마나 빨리 그리고 어느 정도의 규모로 산업국가들의 생활수준이 떨어질 것인지는 얼마나 늦게 화석연료에서 대체연료로 전환하느냐에 달려 있다. 심각한 가난에 빠질 가능성을 무시해서는 안 된다. 화석연료가 고갈된다는 피할 수 없고 절박한 상황을 마주하면서도 우리는 자원을 낭비하는 속도를 아직도 줄이지 못하고 있다. 사실 우리는 여전히 화석연료가 활용되는 분야를 계속해서 빠르게 넓혀가고 있으며, 화석연료를 '노동절약적' 기계와 생산공정에 더욱 아낌없이 투입함으로써 가격상승을 벌충하려고 한다.

가장 심각한 예를 든다면 이제 식량생산이 전적으로 석유공급에 의존하게 되었다는 점이다. 농업분야에서의 잡아끌기, 들어 올리기, 잡아당기기, 수송 등이 맨 먼저 화석연료의 포로가 되었다. 이제 우리는 화학비료를 이용해 토질을 개량하는 일도, 제초제, 구충제, 살충제, 살균제를 뿌려 작물을 보호하는 일도 계속 공급량이 증가하는 석유화학제품에 전적으로 의존해야 하는 단계에 이르렀다. 이른바 '녹색혁명'은 일종의 유류혁명이다. 그것은 석유화학제품에 순(順)반응을 하도록 특별히 품종을 개량한 온갖 작물을 생산하는 데 엄청나게 많은 화석연료를 투입해 단위면적당 수확량을 높이는 일종의 석유혁명인 것이다.

코넬 대학의 피멘텔(David Pimentel)의 지적에 따르면, 미국에서는 270칼로리가 들어 있는 옥수수통조림 한 캔을 생산하고 배달하기 위해 에너지 2,790칼로리가 쓰인다. 소고기 생산에는 이보다 더 엄청난 에너지가 필요하다. 소고기 100그램(옥수수통조림 한 캔과 똑같이 270칼로리가 들어 있다)을 생산하기 위해 에너지 2만 2,000칼로리가 소요된다. 만약 세계 모든 나라가 어느 날 갑자기 미국 농업의 에너지 비율을 채택하면 우리가 아는 곳에 매장되어 있는 석유는 11년 이내에 소진되고 말 것이라는 사실, 이 사실 하나에서 우리는 이러한 생산양식의 거품 같은 본질을 능히 알수 있다. 이를 달리 표현하면 이렇게 말할 수 있다. 저개발국가의 산업화가 빨라지면 빨라질수록 산업세계는 새로운 생산양식을 서둘러 개발해야 할 것이라고.

에필로그

연료혁명 이전에는 동식물이 생활에 필요한 주요 에너지원이었다. 지구상의 수백만 농장과 부락에 흩어져 있던 동식물들이 태양에서 받은 에너지를 모아 이를 사람이 사용하고 소비할 수 있는 적절한 형태로 전환했다. 하늘이나 산꼭대기 등에서 낙하하는 물과 바람 등 다른 에너지원도 마찬가지로 흩어져 있었다. 독재군주가 에너지 공급원을 차단하려면 백성이 토지나 바다에 접근하지 못하도록 막는 수밖에 없었다. 이는 기후와 지세 같은 각종 조건 때문에 극히 어려운 일이었고 비용이 많이 드는 일이기도 했다. 그러나 물은 좀더 쉽게 통제할 수 있었다. 물을 통제할 수 있으면 동식물도 통제할 수 있었다. 나아가 동식물은 주요 에너지원이었으므로 물을 통제하는 것은 곧 에너지를 통제하는 것이었다. 이런 의미에서 수력사회에 성립한 전제주의는 에너지를 통제하는 절대권력이었다. 그러나 이는 아주 간접적이고 원시적인 방법이었다.

연료혁명은 에너지에 관한 더 직접적인 통제의 가능성을 열었다. 에너지는 이제 소수의 정부기구나 법인체의 감독 아래 채집되고 분배된다. 연료는 비교적 소수의 탄광과 유전에서 나온다. 수많은 사람이 탄광과 유전에 접근하지 못해 굶주리고 추위에 떨고 어둠 속에 던져진다. 고작 밸브 몇 개와 스위치를 조작함으로써 이들을 꼼짝달싹 못 하게 하는 일이 기술적으로 가능해진 것이다. 이것으로도 아직 충분치 못하다는 듯이, 공업국가들은 이미 석탄 및 석유자원의 고갈을 보충하기 위해 원자력을 사용하기 시작했다. 원자력은 화석연료보다 훨씬 농축된 에너지원이다.

감시용 및 기록보존용 컴퓨터들의 중앙집중식 망으로 개인의 행동을 추적할 수 있는 전자설비는 이미 존재한다. 원자력 에너지로의 전환은 오래 지속할 수 있는 새로운 형태의 전제주의적 정치체제를 확립하기 위해 컴퓨터의 힘을 사용하는 데 가장 적합한 물질적 기초를 제공할 공산이 매우 크다. 오직 에너지 생산의 기본방식을 분권화해야만, 다시 말해 현재 에너지 생산체제를 독점하고 있는 카르텔을 해체하고 에너지에 관한 새로운 형태의 과학기술을 발전시켜야만, 우리는 유럽에서 정치적 민주주의를 탄생시킨 생태적·문화적 공간을 되찾을 수 있다.

이는 충분히 일어날 법한 진화론적인 발전방향이 아니라 그 반대의 대안을 의식적으로 선택할 수 있느냐의 문제다. 인류학적 관점에서 과거를 돌이켜볼 때 주요한 변혁들은 역사의 참가자가 의식적으로 추구했던 것과 단 한 번도 일치한 적이 없었다. 유아살해와 전쟁이 비정주 소집단과 촌락사회의 인구를 조절하는 수단이 되는 과정, 여자가 남자에게 종속되는 과정, 가장 일을 많이 하고 가장 적게 가지는 사람이 가장 일을 적게 하고 가장 많이 가지는 사람이 되는 과정, '위대한 시혜자'가 위대한 종교인이 되는 과정, 제물로 신에게 바치던 고기가 금기시되는 과정, 동물을 희생제물로 바치던 사람이 채식주의자가 되는 과정, 일손을 덜려고 고안해낸 장치가 지겨운 단순노동을 강제하는 장치가 되는 과정, 인공적인 수리관개농업이 수력사회를 옭아매고 전제정치를 영속화하는 과정이 모두 의식적으로 진행되지 않았다는 것이다.

물론 우리 선조들도 신중하게 이런저런 생각을 했을 것이다. 선택할 수 있는 여러 대안의 단기적 비용편익을 따져 결정을 내렸다는 점에서 그들은 우리 못지않게 의식적이었다. 다만 그들의 의식이 문화가 진화하고 발전하는 방향을 결정하는 데 한몫하지 않았다고 말하는 것은 그들이 멍청이였다고 말하는 것과는 다르다. 하지만 그들은 생산과 생식양식이 자신들의 태도와 가치관에 미치는 영향에 관해 알지 못했으며, 단기적 이익을 극대화하기 위해 취한 결정이 야기할 궁극적 효과에 대해 전적으로 무지했다. 이 세계를 의식적인 방향으로 변화시키기 위해서는 우선 이 세계가 어떻게 생겼는지를 의식적으로 이해해야 한다. 이를 이해하지 못한다면 암울한 미래를 예고할 뿐이다.

문화결정론자인 나는 가끔 인간의 가치를 기계적인 반영물로 전락시키고 개인을 단순한 꼭두각시로 묘사한다고 비난받는다. 이러한 비난은 문화의 진행 과정에 대한 나의 이해와는 무관하다. 나는 개인의 사상과 행동은 언제나 문화 및 생태환경의 제약과 기회가 마련해주는 경로를 따른다고 주장할 뿐이다. 주로 연달아 변화하는 생산 및 생식양식이 이 경로를 결정한다.

생산양식이 '대인', 즉 재분배자를 필요로 하는 경우에는 야심 있는 인물들이 성장해 자신들의 부를 자랑하고 모든 것을 아낌없이 나누어줄 것이다. 생산양식이 '대인다운 기업가'를 필요로 하는 경우에는 야심 있는 인물들이 성장해 자신들의 부를 자랑하고 자신을 위해 그것을 간직하게 될 것이다. 나는 왜 소니가 큰 잔치를 베푸는 자가 되었는지, 왜 록펠러(John Rockefeller)가 위대한 자산가가 되었는지 모른다. 나는 왜 다른 사람이 아닌 특정한 사람이 『햄릿』(Hamlet)을 썼는지도 모른다. 나는 이러한 문제들이 영원한 수수께끼로 남기를 진심으로 바랄 뿐이다.

문화적 인과관계는 또 다른 문제다. 수많은 인도주의자와 예술가는 지금까지 문화가 무의식적이고 비인격적인 힘으로 발전했다는 명제 앞에서 주춤거리고 물러선다. 과거의 결정론적 특성은 그들에게 미래 역시 결정론적일 것이라는 불안을 느끼게 한다. 그러나 이러한 불안은 잘못된 것이다. 과거의 결정론적 특성을 인식함으로써 우리는 비로소 미래가 무의식적이고 비인격적인 힘에 덜 의존하길 바랄 수 있게 된다. 문화에 관한 학문이 탄생하는 것을 보고 사람들은 도덕의 주도권이 이제 죽었다고 공언한다. 나는 지금까지 작용해온 문화의 합법칙적 진행 과정을 인식하지 못하는 상태에서 문명화된 미래를 구축할 수 없다고 생각한다. 그러므로 나는 문화를 다루는 학문의 탄생 속에서 도덕의 주도권의 종말이 아니라 그 시작을 발견한다.

자연발생적인 역사발전론을 옹호하는 사람들은 다음과 같은 점에 유의해야 한다. 즉 문화가 발전하는 과정이 내가 분석한 것과 같다면 마치 그러한 진행 과정이 없었던 것처럼 생각하고 행동하라고 다른 사람을 재촉하는 것은 도덕적인 태만이라는 점을 말이다. 모든 문화의 형태는 하나같이 있음 직한 것이다.

나는 단지 의지의 힘만으로 전체 문화체계의 궤도를 어떠한 철학에 들어맞는 방향으로 언제 어디서든 바꿀 수 있다고 사람들을 가르치는 것은 치명적인 해독을 끼치는 허위라고 생각한다. 문화발전에서는 여러 갈래로 갈라지는 궤도보다 하나로 합류하고 병행하는 궤도가 훨씬 많다. 대부분 사람은 대세에 순응한다. 문화적 규칙이나 관행에 순종하는 수많은 개인의 행동 속에서 역사는 되풀이된다. 그리고 여러 가지 조건에 깊이 뿌리박힌 신념과 관행의 급격한 변화를 요하는 일들은 개개인의 의사로는 거의 좌우되지 않는다.

그렇다고 해서 내가 역사의 냉엄한 흐름 앞에 개인은 무력하다거나 집중화된 산업관리의 힘 앞에 체념과 자포자기만이 가장 적절한 대응책이라거나 하는 견해를 지지하는 것은 아니다. 문화발전을 지배하는 결정론은 결코 자연계를 폐쇄적으로 규정하는 결정론과 같지 않다. 오히려 그것은 각종 동식물의 진화에 대한 인과적 연쇄관계와 비슷하다. 과학자들은 과거로 거슬러 올라가면서 다윈이 말한 자연도태의 원리를 따라 손쉽게 물고기에서 파충류로, 파충류에서 조류로 진화한 적응의 인과적 연쇄관계를 추적해 재구성할 수 있다. 그렇다고 생물학자들이 원시 상어를 보고 비둘기를 예상할 수 있겠는가. '나무두더지'(tree shrew, 남아시아에서 서식하는 다람쥐처럼 생긴 식충동물―옮긴이)를 보고 호모 사피엔스를 예상할 수 있겠는가. 공업적 생산양식이 강화되고 맬서스의 이론에 과학기술이 승리한 것은 새로운 문화형태가 발전하리라는 것을 예고하는 징조임이 분명하다. 그러나 나는 새로운 문화형태가 어떤 것인지 모른다. 어느 누구도 확실히 알 수 없을 것이다.

진화론적 변화는 아무도 완전히 예측할 수 없으므로 이 세상에는 분명히 자유의지가 개입할 여지가 있다. 현재의 질서를 받아들일 것인지 저항할 것인지 아니면 변경할 것인지를 결정하는 개개인의 선택이 진화발전의 어떤 특정한 결과가 나타날 개연성을 뒤바꿀 수도 있다.

문화가 발전하는 방향은 제도의 영향에서 결코 자유로울 수 없지만 어떤 순간이 다른 순간보다 아마 틀림없이 더 '열려' 있을 수는 있다. 내가 보기에 가장 열려 있는 순간은 하나의 생산양식이 성장의 한계에 도달하고 새로운 생산양식이 곧 채택될 때다. 우리는 그러한 열린 순간을 향해 행진한다. 우리는 그 순간을 통과하고 난 뒤에야 비로소 뒤를 돌아보고 왜 인간은 다른 선택을 하지 않았는지 알 수 있게 된다.

한편 어떤 독특한 미래상을 품고 개인적으로 그것을 강력히 지지하는 사람은 비록 현재는 요원하고 현실성 없어 보일지라도 자신의 목표를 위해 우직하게 투쟁할 수 있다. 모든 경기에서 승부가 행운과 기술에 달려 있는 것처럼 인생에서도 불리한 조건에 합리적으로 대응하는 방법은 더 열심히 노력하는 것뿐이다.

문화결정론과 자유의지
개정판을 내면서

한길사가 출간한 해리스의 '문화인류학 3부작'『문화와 수수께끼』『음식문화의 수수께끼』『식인문화의 수수께끼』를 향한 독자들의 사랑이 뜨겁다. 이 책은 독자들의 사랑에 답하기 위해 2000년에 출간한『식인과 제왕』을 가독성 있게 편집해 다시 내놓은 것이다. 3부작답게 제목도『식인문화의 수수께끼』로 바꾸었다.

해리스는 문화결정론자로서 문화인류학에 대한 자신의 생각을 일관성 있게 서술한다. 인간의 사회생활, 더 나아가 인간의 문화와 삶 전반은 우연의 산물이 아니라 특정한 환경적 조건 아래서 구성되었다는 것이 그가 전개하는 논의의 핵심이다. 실제로 해리스는 이렇게 말한다. "이 세계를 의식적인 방향으로 변화시키기 위해서는 우선 이 세계가 어떻게 생겼는지를 의식적으로 이해해야 한다."

여기서 한 가지 의문이 떠오른다. 어떻게 해리스는 특정한 환경적 조건을 따라 문화와 삶의 양식이 출현한다는 견해에서 의식적인 방향으로 세계를 변화시킨다는 발상을 할 수 있는가. 우리 문화가 우리를 둘러싸고 있는 환경의 결과에 불과하다면 인간의 자유의지는 무용한 것인가. 이 둘은 모순 없이 양립할 수 있는가. 해리스는 『식인문화의 수수께끼』에서 이에 대해 충분히 해명한다. 궁금한 독자들은 어서 이 책을 펼쳐보기를.

2019년 6월
한길사 편집부

참고문헌

Adams, Robert McC., *The Evolution of Urban Society: Early Mesopotamia and Prehispanic Mexico*, Chicago: Aldine, 1966.

Africa, Thomas W., *The Immense Majesty: A History of Rome and the Roman Empire*, New York: Thomas Y. Crowell, 1974.

Alland, Alexander, "Adaptatin," *Annual Review of Anthropology* 4, 1974, pp.59~73.

Allchin, Bridget, and Allchin, Raymond, *The Birth of Indian Civilization*, Baltimore: Penguin, 1968.

Allchin, F.R., "Early Domestic Animals in India and Pakistan," in Ucko, and Dimbleby (eds.), 1968, pp.317~321.

Angel, J. Lawrence, "Paleoecology, Paleodemography and Health," in Polgar (ed.), 1975, pp.167~190.

Armelagos, George, and McArdle, Allan, "Population, Disease, and Evolution," *American Antiauity* 40.2, 1975, pp.1~10.

Balikci, Asen, "Female Infanticide on the Arctic Coast," 1967, pp.615~625.

Banks, J.A., *Prosperity and Parenthood*, London: Routledge, 1953.

Barnouw, Victor, *Culture and Personality*, Homewood, 111.: Dorsey Press, 1973.

Beales, H.L., "The Historical Context of Essay on Population," in Glass, D.V. (ed.), *Introduction to Malthus*, London: Frank Case, 1959, pp.1~24.

Beattie, John, *Bunyoro: An African Kingdom*, New York: Holt, Rinehart & Winston, 1960.

Bicchieri, M.G., *Hunters and Gatherers Today*, New York: Holt, Rinehart & Winston, 1972.

Bielenstein, Hans, "The Census of China During the Period 2~742 A.D.," *Bulletin of the Museum of Far Eastern Antiquities* 19, 1947, pp.125~165.

Biocca, Ettore, *Yanomama: The Narrative of a White Girl Kidnaped by Amazonian Indians*, New York: Dutton, 1970.

Birdsell, Joseph, "Some Predictions for the Pleistocene Based on Equilibrium Systems Among Recent Hunter-Gatherers," in Lee, and DeVore (eds.), 1968, pp.229~249.

_____, *Human Evolution: An Introduction to the New Physical Anthropology*, Chicago: Rand McNally, 1972.

Black, Francis, "Infectious Diseases in Primitive Societies," *Science* 187, 1975, pp.515~518.

Bloch, Marc, *Feudal Society*, Chicago: University of Chicago Press, 1961.

_____, "The Rise of Dependent Cultivation and Seignorial Institutions," in Postan, M.M. (ed.), *The Agrarian Life of the Middle Ages*, London: Cambridge University Press, 1966, pp.235~290.

Borgstrom, Georg, *The Food and People Dilemma*, Massachusetts: Duxbury Press, 1973.

Bose, A.N., *Social and Rural Economy of Northern India, 600 B.C ~ 200 A.D.*, Calcutta: Firma K.L. Mukhopadhyay, 1961.

Boserup, E., *The Conditions of Agricultural Growth*, Chicago: Aldine, 1965.

Boyd, R., "Urbanization, Morbidity, and Natality," in Ucko, Dimbleby, and Tringham (eds.), 1972, pp.345~352.

Brain, C.K. (in press), "Some Aspects of the South African Australopithecine Sites and Their Bone Accumulations," in Jolly, C. (ed.), *Early Man in Africa*, London: Duckworth.

Braude, Fernand, *Capitalism and Material Life 1400-1800*, New York: Harper & Row, 1973.

_____, *The Mediterranean and the Mediterranean World in the Age of Phillip In*, New York: Harper & Row, 1972.

Briffault, Robert, *The Mothers*, New York: Grosset & Dunlap, 1963.

Brown, Judith, "Iroquois Women: An Ethnohistoric Note," in Reiter (ed.), 1975, pp.235~251.

Buck, John, *Land Utilization in China*, New York: Praeger (Vol.1), Vol.2 (Statistics), and Vol.3 (Atlas), Chicago: University of Chicago Press, 1964(1937).

Butzer, Karl, *Environment and Archaeology: An ecological Approach to*

Prehistory, Chicago: Aldine, 1971.

_____, "Patterns of Environmental Change in the Near East During Late Pleistocene and Early Holocene Times," in Wendorf, Fred, and Marks, A. (eds.), *Problems in Prehistory: North Africa and the Levant*, Dallas: Southern Methodist University, 1975, pp.389~441.

_____, *Early Hydraulic Civilization in Egypt: A Study in Cultural Ecology*, Chicago: University of Chicago Press, 1976.

Carneiro, Robert, "A Theory of the Origin of the State," *Science* 169, 1970, pp.733~738.

Carneiro, Robert, and Hilse, D., "On determining the Probable Rate of Population Growth During the Neolithic," *American Anthropologist* 68, 1966, p.81.

Chagnon, Napoleon, *Yanomamö: The Fierce People*, New York: Holt, Rinehart & Winston, 1968a.

_____, "Yanomamö Social Organization and Warfare," in Fried, Harris, and Murphy (eds.), 1968b, pp.109~159.

_____, *Studying the Yanomamö*, New York: Holt, Rinehart & Winston, 1974.

_____, "Genealogy, Solidarity, and Relatedness: Limits to Local Group Size and Patterns of Fissioning in an Expanding Population," *Yearbook of Physical Anthropology* 19, 1975, pp.95~110.

Chaplin, Raymond, "The Use of Non-morphological Criteria in the Study of Animal Domestication from Bones Found on Archaeological

Sites," in Ucko, and Dimbleby (eds.), 1969, pp.231~246.

Coale, Ansley, "The Decline of Fertility in Europe from the French Revolution to World War II," in Behrman, S.J., Corsa, L., and Freedman, R. (eds.), *Fertility and Family Planning*, A World View Ann Arbor: University of Michigan Press, 1970.

_____, "The History of Human Population," *Scientific America* 231, 1974 (September), pp.41~51.

Cockburn, T.A., "Infectious Diseases in Ancient Populations," *Current Anthropology* 12, 1971, pp.45~62.

Coe, Michael, *America's First Civilization: Discovering the Olmec*, New York: American Heritage, 1968.

Cohen, Mark N., "Population Pressure and the Origins of Agriculture," in Polgar (ed.), 1975, pp.79~121.

Commoner, Barry, *The Poverty of Power: Energy and the Economic Crisis*, New York: Alfred A. Knopf, 1976.

Condominas, George, *Nous avons mangé la forêt de la Pérre-Genie Goo*, Paris: Pion, 1957.

Conklin, Harold, *The Study of Shifting Cultivation*, Washington: Pan American Union, 1963.

Cook, Sherburne, "Human Sacrifice and Warfare as Factors in the Demography of Pre-Colonial Mexico," *Human Bilogy* 18, 1946, pp.81~102.

_____, *Prehistoric Demography*, Reading (Mass): Addison-Wesley.

Covarrubias, Miguel, 1972.

_____, *Indian Art of Mexico and Central America*, New York: Alfred A. Knopf. Cowgill, Ursula, 1957.

_____, "An Agricultural Study of the Southern Maya Lowlands," in Culbert, T.P. (ed.), *American Anthropologist* 64, 1962, pp.273~286.

_____, *The Classic Maya Collapse*, Albuquerque: University of New Mexico Press, 1973.

_____, "Cow Dung Models," *Economic and Political Weekly*, (Bombay) 2: 1267~1271(August), 1969.

_____, "On Upper Paleolithic Society, Ecology and Technological Change," in Renfrew (ed.), 1973, pp.275~303.

Davis, Kingsley, *The Population of India and Pakistan*, Princeton: Princeton University Press, 1951.

De Sahagún, Bernadino, *General History of the Things of New Spain*, New Mexico: School of American Research, 1950~63.

Devereux, George, *A Study of Abortion in Primitive Societies*, New York: Julian Press, 1955.

Diaz, Bernai, *The Discovery and Conquest of Mexico 1517-1521*, New York: Farrar, Straus & Giroux, 1956.

Dickeman, Mildred, "Demographic Consequences of Infanticide in Man," *Annual Review of Ecology and Systematics* 6, 1975a, pp.100~137.

_____, "Female Infanticide and Hypergyny: A neglected Relationship," *Paper presented at the meeting of the American Anthropological Association*,

San Francisco, 1975b.

Divale, William, "Systematic Population Control in the Middle and Upper Paleolithic," *World Archaeology* 42, 1972, pp.222~241.

_____, "An Explanation for Matrilocal Residence," in Raphael (ed.), 1975, pp.99~108.

Divale, W.T., Chamberis, F., and Gangloff, D., "War, Peace and Marital Residence in Pre-Industrial Societies," *Journal of Conflict Resolution* 20, 1976, pp.57~78.

Divale, William, and Harris, M., "Population, Warfare, and the Male Supremacist Complex," *American Anthropologist* 78, 1976, pp.521~538.

Domstreich, Mark, and Morren, G., "Does New Guinea Cannibalism Have Nutritional Value?," *Human Ecology* 2, 1974, pp.1~12.

Driver, G.R., and Miles, J.C. (eds.), *The Babylonian Laws*, Vol.2. Oxford: Clarendon Press, 1955.

Ducos, P., "Methodology and Results of the Study of the Earliest Domesticated Animals in the Near East (Palestine)," in Ucko, and Dimbleby (eds.), 1969, pp.265~276.

Dumond, Don E., "The Limitation of Human Population: A Natural History," *Science* 187, 1975, pp.713~720.

Duran, Diego, *The Aztecs: The History of the Indies of New Spain*, New York: Orion, 1964.

Dyson-Hudson, Rada, and Dyson-Hudson, N., "Subsistence Herding in

Uganda," *Scientific American* 220(2), 1969, pp.76~89.

Eden, Frederick, *The State of the Poor*, London: G. Routledge & Sons, 1928.

Edmondson, W.C., "Land, Food and Work in East Java." *New England Monographs in Geography* 4, Armidale: N. S. W. Australia, 1976.

Ehrlich, Paul, and Ehrlich, A., *Population, Resources, Environment*, San Francisco: W. H. Freeman, 1970.

Elvin, Mark., *The Pattern of the Chinese Past*, Stanford: Stanford University Press, 1974.

Embassy of India, "Indian Economy and Cattle Use," *India News* November 7, 1975.

Engels, Friedrich, *The Condition of the Working Class in England*, London: Oxford University Press, 1958.

Epstein, H., *The Origin of the Domestic Animals of Africa* 2 Vols., New York: Africana Publishing Corporation, 1971.

FAO/WHO, *Energy and Protein Requirements*, FAO Nutrition Meetings Report Series No.52, Rome: Food and Agricultural Organization of the United Nations, 1973.

Flannery, Kent, "Origins and Ecological Effects of Early Domestication in Iran and the Near East," in Ucko, and Dimbleby (eds.), 1969, pp.73~100.

_____, "The Origins of Agriculture," *Annual Review of Anthropology* 2, 1973, pp.270~310.

Flinn, Lynn, Turner, C., and Brew, A., "Additional Evidence for

Cannibalism in the Southwest: The Case of LA 4528," *American Antiquity* 41, 1976, pp.308~318.

Ford, T.R., and Dejong, G.F., *Social Demography*, Englewood Cliffs: Prentice-Hall, 1970.

Freeman, M., "A Social and Economic Analysis of Systematic Female Infanticide," *American Anthropologist* 73, 1971, pp.1011~1018.

Fried, Morton H., *The Evolution of Political Society: An Essay in Political Anthropology*, New York: Random House, 1967.

Fried, Morton, Harris, M., and Murphy, R. (eds.), *War: The Anthropology of Armed Conflict and Aggression*, New York: Natural History Press, 1968.

Friedl, Ernestine, "The Position of Women: Appearance and Reality," *Anthropological Quarterly* 40, 1967, pp.97~108.

_____, *Women and Men: An Anthropologists View*, New York: Holt, Rinehart & Winston, 1975.

Frisch, Rose, "Critical Weights, A Critical Body Composition, Menarche and the Maintenance of Menstrual Cycles," in Watts, Elizabeth, Johnston, F., and Lasker, G. (eds.), *Biosocial Interrelations in Population Adaptation*, The Hague: Mouton, 1975, pp.319~352.

Frisch, Rose, and McArthur, J., "Menstrual Cycles: Fatness as a Determinant of Minimum Weight for Height Necessary for Their Maintenance or Onset," *Science* 185, 1974, pp.949~951.

Gandhi, M.K., *How to Serve the Cow*, Ahmedabad: Navajivan Publishing

House, 1954.

Gavan, J.D., and Dixon. J., "India: A Perspective on the Food Situation," *Science* 185, 1975, pp.541~549.

Gelb, Ignace., "From Freedom to Slabery," in Edzard, D.O. (ed.), 18th Rencontre Assyriologique Internationale, Munich: Bayerischen Akademic Der Wissenschaften. 1972.

_____, "Prisoners of War in Early Mesopotamia," *Journal of Near Eastern Studies* 32, 1973, pp.70~98.

Gifford, James, "Recent Thoughts Concerning the Interpretation of Maya Prehistory," in Hammond (ed.), 1974, pp.77~98.

Glass, D.V., and Eversley. D., *Population in History*, Chicago: Aldine, 1965.

Gregor, Thomas A., "Social Relations in a Small Society: A Study of the Mehinacu Indians of Central Brazil," Ph.D. dissertation, Columbia University, 1969.

Grennes-Ravitz, Ronald, and Coleman. G., "The Quintessential Role of Olmec in the Central Highlands of Mexico," *American Antiquity* 41, 1976, pp.196~205.

Gross, Daniel, "Protein Capture and Cultural Development in the Amazon Basin," *American Anthropologist* 77, 1975, pp.526~549.

Grove, David C., et al., "Settlement and Cultural Development at Chaicatzingo," *Science* 192, 1976, pp.1203~1210.

Hall, Calvin, and Lindzey. G., "Freud's Psychoanalytic Theory of Personality," in Hunt, Robert (ed.), *Personalities and Cultures: Readings in Psychological Anthropology*, New York: Natural History Press, 1967, pp.3~29.

Hammond, Norman, "The Distribution of Late Classic Maya Major Ceremonial Centers," in Hammond (ed.), 1974, pp.313~334.

Hammond, Norman, *Mesoamerican Archaeology: New Approaches*, Austin: University of Texas Press, 1974.

Harlan, Jack (in press), "Origins of Cereal Agriculture in the Old World," in Reed, C. (ed.), *Origins of Agriculture*, The Hague: Mouton.

Harner, Michael, "Population Pressure and the Social Evolution of Agriculturists," *Southwestern Journal of Anthropology* 26, 1970, pp.67~86.

_____, "The Material Basis for Aztec Sacrifice," *Paper read at the Annual Meeting of the American*, 1975.

_____, "The Ecological Basis for Aztec Sacrifice," *American Ethnologist* 4, San Francisco: Anthropological Association, 1977, pp.117~135.

Harris, David (in press) "The Origins of Agriculture: Alternate Pathways Toward Agriculture," in Reed, C. (ed.), *Origins of Agriculture*, The Hague: Mouton.

Harris, Marvin, "The Cultural Ecology of India's Sacred Cattle," *Current Anthropology* 7, 1966, pp.51~59.

_____, *The Rise of Anthropological Theory: A History of Theories of Culture*, New York: Thomas Y. Crowell, 1968.

_____, "Comments on Alan Heston's An Approach to the Sacred Cow of India," *Current Anthropology* 12, 1971, pp.199~201.

_____, "The Withering Green Revolution," *Natural History* 82, 1973, pp.20~22.

_____, *Cows, Pigs, Wars and Witches: The Riddles of Culture*, New York: Random House, 1974.

_____, *Culture, People, Nature: An Introduction to General Anthropology*, New York: Thomas Y. Crowell, 1975.

_____, *Cultural Materialism: The Struggle for a Science of Culture*, New York: Random House (in preparation), 1979.

Harrison, Gail, "Primary Adult Lactase Deficiency: A Problem in Anthropological Genetics," *American Anthropologist* 77, 1975, pp.812~835.

Hart, C.W.M., and Pilling. A.R., *The Tiwi of North Australia*, New York: Holt, Rinehart & Winston, 1960.

Hassan, Ferki, "On Mechanisms of Population Growth During the Neolithic," *Current Anthropology* 14, 1973, pp.535~542.

_____, "Size, Density and Growth Rate of Hunting-Gathering Populations," in Polgar (ed.), 1975. pp.27~52.

Hastings, James, *Encyclopedia of Religion and Ethics*, New York: Charles Scribner & Sons, 1921.

Haviland, William, "Stature at Tikal, Guatemala: Implications for Ancient Maya Demography and Social Organization," *America Antiquity* 32, 1967, pp.316~325.

_____, "A New Population Estimate for Tikal, Guatemala," *American Antiquity* 34, 1969, pp.429~433.

Hawkes, Jaquetta, *The Dani of West Irian*, Reading (Mass): Addison-Wesley, 1973.

Herskovits, Melville, *Economic Anthropology*, New York: Alfred A. Knopf, 1952.

Heston, Allan, et al., "An Approach to the Sacred Cow of India," *Current Anthropology* 12, 1971, pp.191~209.

Hirnes, N.E., *Medical History of Contraception*, New York: Gamut Press, 1963.

Hoebel, E. Adamson, *The Law of Primitive Man*, Cambridge: Harvard University Press, 1954.

Hofler, Carol, "Bundu: Political Implications of Female Solidarity in a Secret Society," in Raphael (ed.), 1975, pp.155~164.

Hogbin, H. Ian, *A Guadalcanal Society: The Kaoka Speakers*, New York: Holt, Rinehart & Winston, 1964.

Howell, Nancy, "The Population of the Dobe Area IKung," in Lee, Richard, and DeVore, I. (eds.), *Kalahari Hunter-Gatherers: Studies of the !Kung San and Their Neighbors*, Cambridge: Harvard University Press, 1976, pp.137~151.

Hubert, M., "Scientist Is Hopeful on World Resources," *New York Times* December 2, 1976.

Jacobsect, Thorkild, and Adams. R., "Salt and Silt in Ancient

Mesopotamien Agriculture," *Science* 128, 1958, pp.1251~1258.

Jennigs, Peter, "The Amplification of Agricultural Production," *Scientific American* 235(3), 1976, pp.180~195.

Johnson, Allen, "The Allocation of Time in a Machiguenga Community," *Ethnology*, 1975, pp.301~310.

Kabeny, Phyllis, *Aboriginal Woman, Sacred and Profane*, London: Routledge, 1970(Initially published 1939).

Kellum, Barbara, "Infanticide in England in the Later Middle Ages," *History of Childhood Quarterly* 1, 1974, pp.367~388.

Kolata, Gina, "!Kung Hunter-Gatherers: Feminism, Diet and Birth Control," *Science* 185, 1974, pp.932~934.

Kroeber, Alfred L., *Cultural and Natural Areas of Native North America*, Berkeley: University of California Press, 1939.

Lamphere, Louise, "Women and Domestic Power: Political and Economic Strategies in Domestic Groups," in Raphael (ed.), 1975, pp.117~130.

Landes, David, *The Rise of Capitalism*, New York: Macmillan, 1966.

Langer, William, "Europe's Initial Population Explosion," *American Historical Review* 69, 1963, pp.1~17.

_____, "Checks on Population Growth, 1750~1850," *Scientific American*, 1972, pp.92~99.

_____, "Infanticide: A Historical Survey," *History of Childhood Quarterly* 1, 1974, pp.353~365.

Lathrap, Donald, "The 'Hunting' Economies of the Tropical Forest Zone of South America: An attempt at Historical Perspective," in Gross, Daniel (ed.), *Peoples and Cultures of Native South America*, New York: Natural History Press, 1973, pp.83~95.

Leach, Gerald, *Energy and Food Production*, Washington: Institute for Environment and Development, 1975.

Lee, Richard, "Problems in the Study of Hunters and Gatherers," in Lee, and DeVore (eds.), 1968, pp.3~12.

_____, "!Kung Bushmen Subsistence: An Input-Output Analysis," in Vayda, A. (ed.), *Environment and Cultural Behavior*, New York: Natural History Press, 1969, pp.47~49.

_____, "Population Growth and the Beginnings of Sedentary Life Among the !Kung Bushmen," in Spooner (ed.), 1972, pp.329~342.

Lee, Richard, and DeVore, I. (eds.), *Man the Hunter*, Chicago: Aldine, 1968.

Lesser, Alexander, "War and the State," in Fried, Harris, and Murphy (eds.), 1968, pp.92~96.

Lévi, Sylvain, *La doutrine du sacrifice dans les Brâhmanas*, Paris: Presses Universitaires de France, 1966.

Lévi-Strauss, Claude, *The Elementary Structures of Kinship*, Rev., Bell, J.H., von Sturmer, J.R., and Needham, Rodney, (eds., and trans.), Boston: Beacon, 1969.

Linton, Sally, "Women the Gatherer: Male Bias in Anthropology," in Jacobs, Sue Ellen (eds.), *Women in Perspective: A Guide for Cross*

Cultural Studies, Urbana: University of Illinois Press, 1973.

Livingstone, Frank, "The Effect of War on the Biology of the Human Species," in Fried, Harris, and Murphy (eds.), 1968, pp.3~15.

Lizot, Jacques, "Aspects économiques et sociaux du changement cultural chez les Yanomamis," *L'Homme* 11, 1971, pp.2~51.

Llewellyn-Jones, Derek, *Human Reproduction and Society*, London: Faber & Faber, 1974.

Lopez, Robert S., *The Commercial Revolution of the Middle Ages: 950-1350*, New Jersey: Prentice-Hall, 1974.

Lowie, Robert, *Indians of the Plains*, New York: McGraw-Hill. Cyrus, 1954.

_____, *The Vegetation of Petén*, Washington, D.C.: Carnegie Institution, 1937.

MacNeish, Richard, "The evolution of Community Patterns in the Tehuacán Valley of Mexico, and Speculation about the Cultural Processes," in Ucko, P.J., Tringham, R., and Dimbleby, G.W. (eds.), *Man, Settlement, and Urbanism*, Cambridge, Mass.: Schenkman, 1972a, pp.67~93.

_____, *The Prehistory of Tehuacán Valley* Vol.IV, Austin: University of Texas Press (in press), "Speculations About the Discovery of the New World by Paleoindians," *American Scientist* (n.d.), *Energy and Culture in Ancient Tehuacan*, Manuscript, 1972b.

Maitz, S.K., *Economic Life of Northern India in the Gupta Period. Cir. A.D.*

300~500, Calcutta: World Press Private, 1957.

Malinowski, Bronislaw, "War and Weapons Among the Natives of the Trobriand Islands," *Man* 20, 1920, pp.10~12.

_____, *Argonauts of the Western Pacific*, New York: Dutton, 1922.

_____, *Sex and Repression in Savage Society*, London: Routledge and Kegan Paul, 1927.

_____, *Coral Gardens and Their Magic* 2 Vols., London: Allen & Unwin, 1935.

Marchack, Alexander, *The Roots of Civilization*, New York: McGraw-Hill, 1972.

Marshall, John, *Mohenjo-daro and the Indus Civilization* 3 Vols., London, 1931.

Mason, J. Alden, *The Ancient Civilizations of Peru*, Harmondsworth (England): Penguin, 1957.

Mathenay, Ray, "Maya Lowland Hydraulic Systems," *Science* 193, 1976, pp.649~646.

Meek, Ronald, *Marx and Engels on the Population Bomb*, Berkeley: Ramparts Press, 1971.

Meggers, B., *Amazonia: Man and Culture in a Counterfeit paradise*, Chicago: Aldine, 1971.

Meggers, Betty, Ayensu, E., and Duckworth, W., *Tropical Forest Ecosystems in Africa and South America: A Comparative Review*, Washington, D.C.: Smithsonian Institution Press, 1973.

Mencius. *The Works of Mencius*, Legge, James (trans.), New York: Dover, 1970.

Métraux, Alfred, "Tribes of the Middle and Upper Amazon River," in Steward, J.H., (ed.), *Handbook of South American Indians*, Washington, D.C.: Bureau of American Ethnology Bulletin 143(3), 1945, pp.687~712.

Millón, René, "The Study of Urbanism at Teotihuacan, Mexico," in Hammond (ed.), 1973, pp.335~362.

Minge-Kalman, Wanda, *The Evolution of Domestic Production: Changes During the Peasant to Worker Transition in Europe*, Ph.D. dissertation, Columbia University, 1977.

Mitchell, William, "The Hydraulic Hypothesis: A Reappraisal," *Current Anthropology* 4, 1973, pp.532~534.

Montagu, Ashley, *The Nature of Human Aggression*, New York: Oxford University Press, 1976.

Morgan, Lewis H., *League of the Iroquois*, New York: Corinth Press, 1962.

Morley, S.G., and Brainerd., G., *The Ancient Maya*, Palo Alto: Standford University Press, 1956.

Morren, George, "Settlement Strategies and Hunting in a New Guinea Society," Ph.D. dissertation, Columbia University, 1974.

Mosimann, James G., and Martin, Paul S., "Simulating Overkill by Paleoindians," *American Scientist* 63, 1975, p.3.

Mount, Lawrence, *The Climatic Physiology of the Pig*, London: Edward

Arnold, 1968.

Murdock, George P., *Social Structure*, New York: Macmillan; *Ethnographic Atlas*, Pittsburgh: University of Pittsburgh Press, 1949~1967.

Nag, Moni, *Population and Social Organization*, The Hague: Mouton, 1975.

Nash, Jill, *Matriliny and Modernization: The Nagovisi of South Bougainville*, New Guinea Research Bulletin, 1974.

Nath, Pran, *A Study in the Economic Condition of Ancient India*, London, 1929.

National Petroleum Council, *U.S. Energy Outlook: Oil and Gas Availability*, Washington, D.C.: National Petroleum Council, 1973.

National Research Council, *Agricultural Production Efficiency*, Washington, D.C.: National Academy of Sciences, 1974.

Needham, Joseph, *Clerks and Craftsmen in China and the West*, Cambridge (England): Cambridge University Press, 1970.

Needham, Joseph, and Ling, W., *Science and Civilization in China* Vol. III., Cambridge (England): Cambridge University Press, 1959.

Neel, James, and Weiss, K., "The Genetic Structure of a Tribal Population, the Yanomamo Indians," *American Journal of Physical Anthropology* 42, 1975, pp.25~52.

Nettleship, Martin, Givens, R., and Nettleship, A., *War, Its Causes and Correlates*, The Hague: Mouton, 1975.

Nohl, Johannes, *Black Death: A Chronicle of the Plague Compiled from*

Contemporary Sources, New York: Humanities Press, 1961.

Nurge, Ethel, "Spontaneous and Induced Abortion in Human and Non-Human Primate," in Raphael (ed.), 1975, pp.25~36.

Odend'hal, Stewart, "Energetics of Indian Cattle in Their Environment," *Human Ecology* 1, 1972, pp.3~32.

Oliver, Douglas, *A Solomon Island Society: Kinship and Leadership Among the Siuai of Bougainville*, Cambridge: Harvard University Press, 1955.

Palerm, Angel, "Agricultural Systems and Food Patterns," *Handbook of Middle American Indians* 6, 1967, pp.26~52.

Parsons, Jeffrey, and Blanton, R., *Prehispanic Demography in the Eastern Valley of Mexico: The Texcoco, Ixtapalapa, and Chalco Areas*, Unpublished manuscript, 1969.

Penner, S.S., and Icerman. L., *Energy: Demands, Resources, Impact, Technology and Policy*, Reading (Mass): Addison-Wesley, 1974.

Perkin, Dwight, *Agricultural Development in China 1368-1968*, Chicago: Aldine, 1968.

Phillips, Ralph, et al., *Livestock of China*, U.S. Department of State Publication 2249, Far Eastern Series: 9. Washington, D.C., 1945.

Piggott, Stuart, *Ancient Europe*, Edinburgh: The University Press, 1965.

———, *The Druids*, New York: Praeger, 1975.

Pimentel, David, Hurd, L.E., and Bellotti, A.C., et al.

———, "Food Production and the Energy Crisis," *Science* 182, 1973, pp.443~449.

Pimentel, David, Drischilo, W., Krummel, J., and Lrutzman, "Energy and Land Constraints in Food Protein Production," *Science* 190, 1975, pp.754~761.

Pimentel, David, "Expert Says Only Hope to Feed World Is with Food Production Unlike That in U.S," *New York Times* December 8, 1976.

_____, *Women Workers and The Industrial Revolution 1750-1850*, New York: Kelley Reprints, 1969.

Ping-ti Ho, "The Indigenous Origins of Chinese Agriculture," in Reed, C. (ed.), *Origins of Agriculture*, The Hague: Mouton, 1975.

Pires-Ferreira, J., Pires-Ferreira, E., and Kaulicke, P., "Preceramic Animal Utilization in the Central Peruvian Andes," *Science* 194, 1976, pp.483~490.

Polanyi, Karl, *The Great Transformation*, Arensberg, C., and Pearson, H. (eds.), New York: Rinehart Karl, 1944.

_____, *Trade and Market in the Early Empires*, Glencoe, III.: The Free Press, 1957.

Polgar, Steven, "Birth Planning: Between Neglect and Coercion," in Nag (ed.), 1975, pp.177~202.

Polgar, Steven, *Population, Ecology and Social Evolution*, The Hague: Mouton, 1975.

Pond, W.G., and Manes, J.H., *Swine Production in Temperate and Tropical Environments*, San Francisco: Freeman, 1974.

Postan, Michael, *The Medieval Economy and Society: An Economic History of Britain in the Middle Ages*, London: Weidenfeld & Nicolson, 1972.

Prakash, Om, *Food and Drinks in Ancient India: From Earliest Times to C. 1200 A.D.*, Delhi: Munshi Ram Manchar Lal, 1961.

Price, Barbara, "Prehispanic Irrigation Agriculture in Nuclear America," *Latin American Research Review* 6, 1971, pp.3~60.

_____, "Turning State's Evidence: Problems in the Theory of State Formation," Unpublished paper, 1977.

Prideaux, Tom, *Cro-Magnon Man*, New York: Time-Life, 1973.

Puleston, D.E., *Brosimun Alicastrum as a Subsistence Alternative for the Classic Maya of the Central Southern Lowlands*, Michigan: University Microfilms, 1968.

_____, "Intersite Areas in the Vicinity of Tikal and Uaxactun," in Hammond (ed.), 1974, pp.301~311.

Puleston, D.E., and Puleston. O.S., "An Ecological Approach to the Origin of Maya Civilization," *Archaeology* 24, 1971, pp.330~337.

Raj, K.N., "Investment in Livestock in Agrarian Economies: An Analysis of Some Issues Concerning 'Sacred Cows' and 'Surplus Cattle'," *Indian Economic Review* 4, 1969, pp.1~33.

_____, "India's Sacred Cattle: Theories and Empirical Findings," *Economic and Political Weekly* 6, 1971, pp.717~722.

Raphael, Dana, *Being Female: Reproduction, Power, Change. The Hague*, Mouton, 1975.

Rathje, William, "Socio-political Implications of Lowland Maya Burials:

Methodology and Tentative Hypotheses," *World Archaeology* 1, 1970, pp.359~374.

_____, "The Origin and Development of Lowland Classic Maya Civilization," *American Antiquity* 36, 1971, pp.275~285.

Reed, Evelyn, *Women's Evolution*, New York: Pathfinder Press, 1975.

Reifenberg, A., "The Struggle between the Desert and the Sown," Desert Research. Proceedings, International Symposium Held in Jerusalem, May 1951, Jerusalem: Research Council of Israel Special Publication, 1953, pp.378~391.

Reiter, Rayna, *Toward an Anthropology of Women*, New York: Monthly Review Press, 1975.

Renfew, Colin, *Before Civilization*, New York: Alfred A. Knopf, 1973.

_____, *The Explanation of Culture Change: Models in Prehistory*, Pittsburgh: University of Pittsburgh Press, 1974.

Roper, Marilyn, "A Survey of the Evidence for Intrahuman Killing in the Pleistocene," *Current Anthropology* 10, 1969, pp.427~459.

_____, "Evidence of Warfare in the Near East from 10,000 to 4,000 B.C.," in Nettleship, Givens, and Nettleship (eds.), 1975, pp.299~344.

Rosaldo, M.Z., and Lamphere, L., *Women, Culture, and Society*, Stanford: Stanford University Press, 1974.

Rosengarten, Yvonne, *Le régime des offrandes dans la société sumérienne d'après les textes presargoniques de Lagos*, Paris: E. de Boccard, 1966.

Ross, Eric (in press), "Food Taboos, Diet and Hunting Strategy: The

Adaptation to Animals in Amazon Cultural Ecology," *Current Anthropology*.

Ross, Jane, "Aggression as Adaptation: The Yanomamo Case," *Mimeographed*, Columbia University, 1971.

Rowe, John, "Inca Culture at the Time of the Spanish Conquest," in Steward, Julian (ed.), *Handbook of South American Indians*, Bureau of American Ethnology Bulletin 143, 1947, pp.183~330.

Rusche, Georg, and Kirchheimer, O., *Punishment and Social Structure*, New York: Columbia University Press, 1939.

Rüssel, Josiah, *British Medieval Population*, Albuquerque: University of New Mexico Press, 1948.

Russell, Claire, and Russel. W., "The Natural History of Violence," in Otten, Charlotte (ed.), *Aggression and Evolution*, Massachusetts: Xerox College Publishing, 1973, pp.240~273.

Sagan, Eli, *Human Aggression, Cannibalism, and Cultural Form*, New York: Harper & Row, 1974.

Sahlins, Marchall, *Social Stratification in Polynesia*, American Ethnological Society Monographs, Seattle: University of Washington Press, 1958.

_____, *Stone Age Economics*, Chicago: Aldine, 1972.

Salzman, Philip, "Comparative Studies of Nomadism and Pastoralism," *Anthropological Quarterly* 44, 1971, pp.104~210.

Sanders, William T., "Population, Agricultural History, and Societal Evolution in Mesoamerica," in Spooner (ed.), 1972, pp.101~153.

Sanders, W.T., and Price. B., *Mesoamerica: The Evolution of a Civilization*, New York: Random House, 1968.

Scheele, Raymond, *Warfare of the Iroquols and Their Northern Neighbors*, Ph.D. dissertation, Columbia University, 1950.

Schneider, Harold, "The Subsistence Cattle Among the Pakot and in East Africa," *American Anthropologist* 59, 1957, pp.278~300.

Service, Elman, "The Prime-Mover of Cultural Evolution," *South western Journal of Anthropology* 24, 1969, pp.396~409.

Shen, T.H., *Agricultural Resources of China*, Ithaca: Cornell University Press, 1951.

Shipman, Pat, and Phillips-Conroy. J., "Hominid Tool-making Versus Carnivore Scavengeing," *American Journal of Physical Anthropology* 46, 1977, pp.77~86.

Shorter, Edward, *The Making of the Modern Family*, New York: Basic Books, 1975.

Singh, R.L., *India: A Regional Geography*, Varanasi, National Geographic Society of India, 1971.

Siskind, Janet, *To Hunt in the Morning*, New York: Oxford University Press, 1973.

Smith, Philip E., "Land-use, Settlement Patterns and Subsistence Agriculture: A Demographic Perspective," in Ucko, Tringham, and Dimbleby (eds.), 1972, pp.409~425.

Smith, Philip, and Young, Jr. C., "The Evolution of Early Agriculture and

Culture in Greater Mesopotamia: A Trial Model," in Spooner (ed.), 1972, pp.5~19.

Smith, William, *The Religion of the Semites*, New York: Meridan Books, 1956.

Smole, William J., *The Yanomamo Indians: A Cultural Geography*, Austin: University of Texas Press, 1976.

Solheim, William, "Relics from Two Diggings Indicate the Thais Were the First Agrarians," *New York Times*, January 12, 1970.

Soustelle, Jacques, *Daily Life of the Aztecs on the Eve of the Spanish Conquest*, Stanford: Stanford University Press, 1962.

Spengler, Joseph, *Indian Economic Thought: A Preface to Its History*, North Carolina: Duke University Press, 1971.

_____, *Population Change, Modernization, and Welfare*, New Jersey: Prentice Hall, 1974.

Spooner, Brian, *Population Growth: Anthropological Implications*, Cambridge: M.I.T. Press, 1972.

Sprague, G.F., "Agriculture in China," *Science* 188, 1975, pp.549~555.

Steinhart, J., and Steinhart. C., "Energy Use in the U.S. Food System," *Science* 184, 1974, pp.307~315.

Stevenson, Robert, *Population and Political Systems in Tropical Africa*, New York: Columbia University Press, 1968.

Steward, Julian, *Theory of Culture Change*, Urbana: University of Illinois, 1955.

Sweet, Louise, "The Women of 'Ain and Dayr'," Anthropological Quarterly 40, 1967.

Tannahill, Reay, *Flesh and Blood: A History of the Cannibal Complex*, New York: Stein & Day, 1975.

Taylor, C.M., and Pye. O.F., *Foundations of Nutrition* 6th ed., New York: Macmillan, 1966.

de Tapia, Andrés., "Relación Hecha por el Senor Andrés de Tapia sobre la Conquista de México," in Icazbalceta, J.G. (ed.), *Colección de Documentos para la Historia de México* Vol.2,, Nedeln/Liechtenstein: Kraus Reprint, 1971, pp.554~594.

Thapar, Romila, *A History of India*, Baltimore: Penguin, 1966.

The Cambridge History of India, *The Cambridge History of India*, Cambridge: Cambridge University Press, 1923-1927.

Thompsion, J.E., *The Rise and Fall of Maya Civilization*, Norman: University of Oklahoma Press, 1954.

Thwaites, Reuben, *The Jesuit Relations and Allied Documents* Vol.13. New York: Pageant Book Co., 1959(1637).

Trexler, Richard, "Infanticide in Florence: New Sources and First Results," *History of Childhood Quarterly* 1, 1973a, pp.98~116.

_____, "The Foundlings of Florence, 1395~1455," *History of Childhood Quarterly* 1, 1973b, pp.259~284.

Turner II., B.L., "Prehistoric Intensive Agriculture in the Maya Lowlands," *Science* 1, 1974, pp.118~124.

Uberoi, J.P.S., *Politics of the Kula Ring: An Analysis of the Findings of Bronistow Malinowski*, Manchester: Manchester University Press, 1962.

Ucko, Peter, and Dimbleby. G.W., *The Domestication and Exploitation of Plants and Animals*, Chicago: Aldine, 1969.

Ucko, Peter, and Dimbleby, G.W., and Tringham. R., *Man, Settlement and Urbanism*, London: Duckworth, 1972.

Ulmen, G.L., "Wittfogel's Science of Society," *Telos* 24, 1975, pp.81~114.

Van Bath, B.H., *The Agrarian History of Western Europe: A.D.500-1850*, London: Edward Arnold, 1963.

Van Ginneken, J.K., "Prolonged Breastfeeding as a Birth Spacing Method," *Studies in Family Planning* 5, 1974. pp.201~208.

Varma, K.N., *Population Problem in the Ganges Valley*, Agra: Shiva Lal Agarwala, 1967.

Vayda, Andrew P., "Expansion and Warfare among Swidden Agriculturalists," *American Anthropologist* 63, 1961, pp.346~358.

_____, "Phases of the Process of War and Peace Among the Marings of New Guinea," *Oceania* 42, 1971, pp.1~24.

Vishnu-Mittre (in press), "The Archaeobotanical and Palynological Evidences for the Early Origin of Agriculture in South and Southeast Asia," in Arnott, M. (ed.), *Gastronomy: The Anthropology of Food and Food Habits*, The Hague: Mouton.

Wade, Nicholas, "The World Food Situation: Pessimism Comes Back Into Vogue," *Science* 181, 1973, pp.634~638.

Wailes, Bernard, "Plow and Population in Temperate Europe," in Spooner (ed.), 1972, pp.154~179.

Wallerstein, Immanuel, *The Modern World-System*, New York: Academic Press, 1974.

Walsh, Maurice, and Scandalis. B., "Institutionalized Forms of Intergenerational Male Aggression," in Nettleship, Givens, and Nettleship (eds.), 1975, pp.135~156.

Warner, W. Lloyd., "Murngin Warfare," *Oceania* 1, 1930, pp.457~494.

_____, *A Black Civilization*, New York: Harper & Bros, 1937.

Watt, Kenneth, *Ecology and Resource Management: A Quantitative Approach*, New York: McGraw-Hill, 1968.

Weaver, Muriel, *The Aztecs, Maya, and Their Predecessors*, New York: Seminar Press, 1972.

Webb, Malcolm, "The Flag Follows Trade: An Essay on the Necessary Integration of Military and Commercial Factors in State Formation," in Sab-loff, Jeremy, and Lamberg-Karlovsky, C. (eds.), *Ancient Civilization and Trade*, Albuquerque: University of New Mexico Press, 1975.

Webster, David, "Warfare and the Evolution of the State," *American Antiquity* 40, 1975, pp.464~470.

Wedgwood, Camilla, "Some Aspects of Warfare in Melanesia," *Oceania* 1, 1930, pp.15~33.

White, Benjamin, "Demand for Labor and Population Growth in Java,"

Human Ecology 1, 1973, pp.217~236.

_____, "The Economic Importance of Children in a Javanese Village," in Nag (ed.), 1975, pp.127~146.

Whyte, R.D., "Evolution of Land Use in Southwestern Asia," in Stamp, L.D. (ed.), *A History of Land Use in Arid Regions*, UNESCO Arid Zone Research, 1961, p.14.

Wilkinson, Richard, *Poverty and Progress: An Ecological Perspective on Economic Development*, New York: Praeger, 1973.

Willey, Gordon, *An Introduction to American Archaeology* Vol.1, New Jersey: Prentice Hall, 1966.

Wittfogel, Karl A., *Wirtschaft und Gesellschaft Chinas*, Leipzig: C.L. Hirschfeld, 1931.

_____, *Oriental Despotism: A Comparative Study of Total Power*, New Haven: Yale University Press, 1957.

_____, *Agriculture: A Key to the Understanding of Chinese Society Past and Present*, Canberra: Australian National University Press, 1970.

_____, "The Hydraulic Approach to Pre-Spanish Mesoamerica," in MacNeish, R. (ed.), 1972, pp.59~80.

Wolf, Eric, *Peasants*, New Jersey: Prentice-Hall, 1966.

Wood, Corinne, "New Evidence for the Late Introduction of Malaria into the New World," *Current Anthropology* 16, 1975, pp.93~104.

Woodbury, Richard, and Neely. J., "Water Control Systems of the Tehuacan Valley," in MacNeish, R. (ed.), 1972, pp.81~153.

Wright, Quincy, *A Study of War*, Chicago: University of Chicago Press, 1965.

Wyon, John, and Gordon. J., *The Khanna Study: Population Problems in the Rural Punjab*, Cambridge: Harvard University Press, 1971.

Yerkes, Royden, *Sacrifice Greek and Roman Religions and Early Judaism*, New York: Scribners, 1952.

Young, Cuyler, "Population Densities and Earyly Mesopotamian Origins," in Ucko, Dimbleby, and Tringham (eds.), 1972.

Zeuner, Frederic, *A History of Domesticated Animals*, New York: Harper & Row, 1963.

Zohary, Daniel, and Hopf. M., "Domestication of Pulses in the Old World," *Science* 182, 1973, pp.887~894.

마빈 해리스 Marvin Harris, 1927-2001

미국의 대표적인 문화인류학자로 문화유물론의 발전에 큰 영향을 미쳤다. 그는 지성사적 관점에서 마르크스와 엥겔스의 영향을 받았지만 문화에 대한 자신만의 독특한 유물론적 접근법을 구축했다. 1953년부터 1981년까지 컬럼비아 대학에서 교수로 지내다가 플로리다 대학으로 옮겼다. 미국 인류학협회 인류학 분과 회장을 맡기도 했다. 주요 저서로는 『문화의 수수께끼』(*Cows, Pigs, Wars and Witches: The Riddles of Culture*), 『식인문화의 수수께끼』(*Cannibals and Kings: The Origins of Cultures*), 『음식문화의 수수께끼』(*The Sacred Cow and The Abominable Pig: Riddles of Food and Culture*) 등이 있다.

정도영 鄭道永

서울대학교 동양사학과에서 공부했으며 합동통신사 등에서 외신부장, 경제부장, 출판국장 등을 지냈다. 옮긴 책으로는 한길사에서 펴낸 에릭 홉스봄의 명저 『혁명의 시대』『자본의 시대』를 비롯해 윤건차(尹健次)의 『현대일본의 역사의식』, 마빈 해리스의 『식인문화의 수수께끼』, 시오노 나나미의 『바다의 도시 이야기』 등이 있다.

식인문화의 수수께끼

지은이 마빈 해리스
옮긴이 정도영
펴낸이 김언호

펴낸곳 (주)도서출판 한길사
등록 1976년 12월 24일 제74호
주소 10881 경기도 파주시 광인사길 37
홈페이지 www.hangilsa.co.kr
전자우편 hangilsa@hangilsa.co.kr
전화 031-955-2000~3 **팩스** 031-955-2005

부사장 박관순 **총괄이사** 김서영 **관리이사** 곽명호
영업이사 이경호 **경영이사** 김관영
편집 백은숙 노유연 김지연 김대일 김지수 김영길
마케팅 서승아 **관리** 이주환 문주상 이희문 김선희 원선아
디자인 창포 031-955-9933
인쇄 및 제본 예림

제1판 제1쇄 2000년 5월 10일
제1판 제6쇄 2011년 2월 28일
개정판 제1쇄 2019년 7월 5일

값 20,000원
ISBN 978-89-356-7045-1 04380
ISBN 978-89-356-7030-7 (세트)

• 잘못 만들어진 책은 구입하신 서점에서 바꿔드립니다.
• 이 도서의 국립중앙도서관 출판시도서목록(CIP)은
서지정보유통지원시스템 홈페이지(seoji.nl.go.kr)와
국가자료공동목록시스템(www.nl.go.kr/kolisnet)에서 이용하실 수 있습니다.
(CIP제어번호: CIP2017029405)